聚学术精粹·汇天下智慧

汇智文库

QINGHUA
HUIZHI WENKU

聚学术精粹 · 汇天下智慧

国家森林公园总游憩价值评价
理论方法与实证研究

于洋　王尔大　王子昂　亢楠楠⊙著

清华大学出版社
北京

内 容 简 介

本书系统地阐述了国家森林公园总游憩价值评价理论方法与国内外开展的实证研究,主要内容包括:非市场资源经济价值概念,价值评价理论框架与数据获取;非市场(或公共资源)价值评价模型方法,包括条件评价模型、属性评价模型和旅行成本模型;国内外国家森林公园总游憩价值测算实证研究案例。其中,国内研究案例全部来自本书作者近年来完成的科研成果,国外研究案例来自美国国家公园总经济价值评价研究。本书突出国际前沿性,并具有理论方法与实证研究紧密结合的特点。

本书适于从事环境资源价值评价及管理研究人员使用,包括对滨海旅游资源、国家森林公园旅游资源、草原旅游资源、冰雪旅游资源,以及渔业旅游资源等开展价值评价研究的人员。因此,本书也可作为高等院校资源经济、环境经济专业研究生教学参考书。

图书在版编目(CIP)数据

国家森林公园总游憩价值评价理论方法与实证研究 /
于洋等著. -- 北京 : 清华大学出版社,2024. 9.
(清华汇智文库). -- ISBN 978-7-302-67462-7

Ⅰ. F592

中国国家版本馆 CIP 数据核字第 20242UV527 号

责任编辑:张 伟
封面设计:汉风唐韵
责任校对:王荣静
责任印制:丛怀宇

出版发行:清华大学出版社
  网 址:https://www.tup.com.cn,https://www.wqxuetang.com
  地 址:北京清华大学学研大厦 A 座   邮 编:100084
  社 总 机:010-83470000   邮 购:010-62786544
  投稿与读者服务:010-62776969,c-service@tup.tsinghua.edu.cn
  质量反馈:010-62772015,zhiliang@tup.tsinghua.edu.cn
印 装 者:天津鑫丰华印务有限公司
经 销:全国新华书店
开 本:170mm×240mm 印 张:17 插 页:1 字 数:325 千字
版 次:2024 年 10 月第 1 版   印 次:2024 年 10 月第 1 次印刷
定 价:159.00 元

产品编号:093588-01

前言

众所周知,森林资源具有保护生态平衡和推动社会经济发展等多种重要功能,因此蕴含着重要的经济价值。然而,从政策制定和环境资源管理视角来看,仅仅是认识这些价值的存在及其重要性是远远不够的,更重要的是获得这些价值的量化信息,因为只有掌握相对准确的资源价值定量信息,才能为制定资源政策和管理决策发挥实践指导作用,实现资源的合理配置和有效利用。

与普通森林相比,国家森林公园的特殊功能就在于其能够提供游憩服务价值。一直以来,尽管学术界关于国家森林公园生态价值评价研究已有较多的文献记载,然而,时至今日,专门针对国家森林公园总游憩价值评价的研究文献却并不多见,而对于国家森林公园非使用游憩价值评价的研究文献更是罕见。值得注意的是,联合国在 2005 年颁布的《全球生态系统评估专家组报告》中,把全球生态服务系统功能分为四大类(包括支持性服务、调节服务、文化服务、供给服务)、24 种分项服务。在阐述林业系统生态价值服务当中,只是强调了林业生态系统具有使用游憩价值,而对非使用游憩价值却只字未提。同样地,在我国国家林业局 2008 年 3 月颁布的《森林生态系统服务功能评估规范》中,将林业生态系统服务价值划分为八大类:涵养水源、保育土壤、固碳释氧、积累营养物质、净化大气环境、森林防护、生物多样性保护和森林游憩。为了测算其中的每一种价值,有关专家逐一给出了相关价值的测算方法,但是,却唯独没有对如何测算国家森林公园游憩价值给出任何意见和建议。针对这种情况,国务院办公厅于 2016 年提出了《国务院办公厅关于健全生态保护补偿机制的意见》,强调"加快建立生态保护补偿标准体系,根据各领域、不同类型地区特点,以生态产品产出能力为基础,完善测算方法"。此后,国内已有越来越多的学者开始对国家森林公园游憩价值评价研究逐渐予以重视,这一点可从近年来国内学者发表的相关研究论文数量剧增而得到证明。

随着发展绿色和可持续经济理念逐步深入人心,不只是学界,政府部门乃至广大公众近年来都已经深刻认识到国家森林公园具有多种生态价值。然而,如何对这些价值进行科学评价和测算,却一直以来是学术界面对的一个难题和挑战。一方面,由于市场失灵的原因,国家森林公园不能自发地形成市场均衡价格用来计算其具有的经济价值;另一方面,随着自然旅游的快速增长,国家相关管理部门需要系统性地制定国家森林公园发展建设规划。在这个过程当中,国家森林公园发展规划制定者亟待获得开发建设每一座国家森林公园的效益成本信息,用于开展投资项目可行性评估。可见,效益成本信息的缺失,无疑将给国家森林公园科学地制定发展规划带来极为不利的影响,造成公共资源的浪费和滥用。

为了破解这一难题,环境经济学家正面临以下三大任务:一是建立完善的国家森林公园总游憩价值评价理论体系;二是构建科学的游憩价值测算框架;三是寻求科学的价值测算模型方法。一直以来,说到国家森林公园游憩价值,人们普遍认为是其为游客带来的使用游憩价值。这个价值是通过游客前往国家森林公园参加游憩活动来实现的。而对于没有通过参加游憩活动所产生的非游憩使用价值,包括存在价值、选择价值和遗赠价值等却很少得到应有的关注。这一认识的缺欠必然使国家森林公园总游憩价值被显著低估。

那么,为什么会出现这样一种情况呢?究其原因,这是由国家森林公园资源环境特点所决定的。绝大部分国家森林公园游憩资源属于非市场(non-market)资源。而非市场资源的主要特点是其具有**使用的竞争性和非排他性**。**使用的竞争性**,是指旅游者在参加某一国家森林公园游憩活动时,相互之间可能存在竞争关系。例如,在节假日,当一个国家森林公园游客人数达到规定上限,可能不再允许后来游客进入。从这个角度来看,游客之间存在一定的竞争关系。而**非排他性**,是指游客在游览国家森林公园景区过程当中,游客 A 欣赏到的自然景观,如生物多样性,无法排除游客 B 对同一生物多样性的欣赏。

众所周知,在常规市场经济环境下,竞争性需求会导致相关资源或产品的价格上涨,从而刺激市场增加供给,建立新的市场均衡。然而,国家森林公园由于存在明显的稀缺性,因此供给数量有限,供给弹性很低。诚然,如果按照市场规律,原本在对国家森林公园具有绝对垄断能力的条件下,国家可以提高公园门票价格,适当抑制旅游需求,从而实现国家森林公园的供需平衡。但是,作为一种公共资源,国家森林公园的主要管理目标是为广大公众创造最大的社会福利(生产者剩余与消费者剩余的总和),而不是追求经济利润的最大化,更不能只是给有较强支付能力的游客提供参加游憩活动的机会,而把较低收入水平的社会成员排斥在国家森林公园旅游消费市场之外。很显然,这不符合国家森林公园总体管理目标,这种情况明显地违背了产品消费唯一性的常规市场需求的基本假设。

正是由于**使用的竞争性与非排他性**的存在,国家森林公园无法通过供给和需求相互作用的市场机制来实现真实的经济价值,导致价格与价值出现严重背离。因此,国家森林公园游憩价值评价必须采取一些特殊方法。20 世纪 80 年代美国等西方一些学者提出非市场评价理论以来,先后出现了一系列有关非市场价值评价的模型方法，包括旅行成本法（TCM）、条件评价法（CVM）、属性评价法（Attribute-Based Methods，ABMs）、游客满意度法（TSA）、选择实验法（CEM）等。

　　然而，每一种评价方法受其假设条件、使用环境和模型的复杂性的限制，各自都有优点、缺点以及应用的局限性，使得很多价值评价的结果常常不具有横向可比性。比如：同一国家森林公园，由不同学者采用不同的价值测算方法，所得价值测算结果可能相差 $10\sim20$ 倍，甚至更大。这种情况导致了已有的一些国家森林公园游憩价值测算结果没能在国家森林公园发展战略制定和改善国家森林公园日常管理方面充分发挥指导作用。因此，从科学研究角度来说，学术界亟待建立一套完整的国家森林公园游憩价值评价理论方法体系和实证研究模型方法。随后，通过实证研究，将提出的理论和实证方法逐渐加以完善，最终形成一套完整的国家森林公园总游憩价值评价应用体系，为国家森林公园健康和可持续发展提供支撑作用。

　　基于上述目的，我们撰写了本书。本书的内容是基于作者多年从事非市场评价部分研究工作的积累。本书的直接资助来自国家自然科学基金应急项目（71640035）、辽宁省社会科学规划基金重点项目（123AGL013）、辽宁省经济社会发展研究课题（2024lsljdybkt-080）和辽宁省属本科高校基本科研业务费专项资金资助项目（2024JBYBR005）。

　　本书包括四大部分共 10 章的内容。第一部分是经济价值概念与非市场评价理论框架（包括第 1 章：经济价值及其评价意义；第 2 章：非市场品评价的理论框架；第 3 章：获取非市场评价数据）。这部分内容的核心是关于非市场评价研究的理论准备，包括介绍基本价值概念、价值分类、非市场评价理论体系、价值测算框架，以及如何获取价值评价相关调查数据。第二部分是非市场评价模型（包括第 4 章：条件评价模型；第 5 章：属性评价法；第 6 章：旅行成本模型），主要介绍国家森林公园游憩价值评价研究的国际上较为普遍应用的模型方法，包括每一个模型理论基础、假设条件、计量经济学模型结果、主要模型结果解释，以及评述各自的优缺点等。第三部分是国家森林公园总游憩价值测算实证（包括第 7 章：研究案例 1-大连西郊国家森林公园总游憩价值测算；第 8 章：研究案例 2-国家森林公园游憩属性价值比较分析；第 9 章：美国国家公园总经济价值评估）。该部分选取了三个典型研究案例，包括单一国家森林公园的总游憩价值测算研究、国家森林公园游憩价值比较研究和美国国家公园总经济价值评价研究。其主要目的是对本书前两个部分提出的理论和部分模型方法进行应用，通过实证检验所提出的理论和模型方法的可行性，并阐述实证研究过程，为推动本领域研究起到引领和示范作用。同时，利用研究发现为制定国家森林公园相关政策，改善园区管理提出意见和建议。第四部分（第 10 章）为结束语。本书前言和第 1、2、3、4、5、9 章由于洋负责撰写；第 6 章和第 10 章由王尔大负责撰写；第 7 章由王尔大和王子昂负责撰写；第 8 章由亢楠楠和王尔大负责撰写。

　　本书在撰写过程中得到研究生苏慧、杨梓漪、曹海怡、朱肖霖的大力支持。为完成本书，各位同学在收集资料、图表制作、书稿排版校对等各个环节都做了大量的工作。

大连海洋大学经济管理学院

2024 年 4 月

目录

第一部分　经济价值概念与非市场评价理论框架

第二部分　非市场评价模型

第一部分

经济价值概念与非市场评价理论框架

第1章 经济价值及其评价意义

1.1 管理问题

  试想国家林业管理部门面对我国东北森林区林木采伐管理问题。众所周知，必要的林木采伐对发展国民经济、改善民生具有重要的作用。但值得一提的是，保留林地和树木(不进行林木采伐)会对发展旅游经济发挥重要作用。此外，保护森林还会以比较复杂的形式影响到各种濒危野生物种栖息地，以及它们继续生存的可能性。因此，管理者在面对多种因素相互影响时，需要认真权衡它们之间的利弊关系，作出利大于弊的选择。为了实现这一目的，管理者必须学会如何协调各种选择方案之间存在的矛盾和冲突。只有这样，才能作出最佳的管理决策。然而，科学的资源管理决策离不开各种森林利用和保护活动所能创造价值的信息，包括木材使用价值、发展旅游价值和保护濒危野生物种价值，等等。

  我们人类今天正生活在一个资源匮乏和生态系统十分脆弱的环境中，我们必须密切关注人类活动可能会对生态系统造成的各种影响。比如，过多地使用某种特定的生态服务或一味追求保护某种特定的自然资源，就意味着其他用途的生态资源的数量会减少。环境资源管理者必须接受这样的事实：既有得也必然有失。为了实现对得失的正确认识和比较，管理者必须学会如何评估从各项环境资源利用当中获得收益的多少，从而帮助管理者知晓当作出一项管理决策时，管理者可能会牺牲哪些价值。要做到这一点，管理者需要找到一种评估净效益的方法或度量工具用于衡量资源管理决策产生净效益的大小。根据这一信息，管理者就可以选择最佳的生态资源利用方式，实现社会效益的最大化。

  如果把林业系统看作整个生态系统中的一个子系统，它为人类提供了广泛的服务，包括木材、纤维、牛羊饲料等物质，还有各种户外游憩活动。森林能够调节水流，控制地面径流和土壤侵蚀，吸收大气中的二氧化碳，并为各种动植物物种提供生境，保护生物的多样性。当我们选择增加木材的产量，会导致我们生活舒适度的降低和各种生物物种栖息地的减少。当森林植被遭到破坏，会造成下游增加地表径流、土壤侵蚀和植被退化；同样地，也会导致河口处及其邻近高地提供的各种服务的减少，如限制商业性渔业开发，使原有的居民住宅区、工业和商业空间结构布局发生改变，此外，还会对钓鱼、划船和观鸟等各种游憩活动产生负面影响。

概括起来，自然生态系统能够为我们人类提供四种直接性服务：第一，提供经济活动所需物质投入的来源，如化石燃料、木材、矿物、水和鱼类。第二，提供生命支持服务，如提供可供人们呼吸的空气和适宜居住的气候条件。第三，提供各种各样的便利服务，包括：游憩活动，观赏野生动物与自然风景，与人的直接使用无关的服务（如被动使用价值）。第四，分散、转化和储存由各种经济活动产生的废弃物。

自然生态系统除了为我们人类提供许多直接性服务之外，还能提供许多间接性服务。这方面的例子包括养分循环、分解有机物质、改善土壤肥力生成、帮助作物授粉以及生物控制农作物害虫等。

此外，自然生态系统的服务还包括一些联合产品，即增加或减少一个系统的产出流量会同时增加或减少另一个系统的产出流量。这意味着自然生态系统具有稀缺性的特点，所以我们需要采用机会成本的概念来权衡各种利弊得失。由于自然生态系统提供的某些服务流与市场经济直接相关，因此市场会对自然生态系统的某些改变作出反应。但是，在自然生态系统当中提供的有些服务流具有公共品的特点，如存在非排他性、不可耗尽性等外部性。这意味着，在没有严格市场监管的条件下，由于市场失灵，依靠自然生态系统本身是无法实现各种服务流的最优配置的。这就需要在这类自然生态系统管理当中，发挥公共政策的作用。然而，公共政策的制定同样离不开各种服务流的经济价值信息。

从整个社会的角度来看，自然生态系统管理的目标是实现社会福利的最大化，在这个前提之下，对各种生态服务流进行有效配置。然而，在一个分散的完全自由竞争的市场经济体制下，是无法实现这一社会目标的。因此，公共政策对实现公共品有效配置就显得至关重要。而非市场评价研究可为实现最佳资源配置提供必要的信息支撑。

本书的目的就是为从事自然生态系统价值评价的学者，特别是对国家森林公园进行价值评价研究的学者提供实证研究指南。在本章，笔者将阐述经济评价对制定政策的作用，阐述经济价值的本质、价值的概念及其测量方法。

1.2 环境服务类型

本节将介绍环境服务分类的方法。虽然存在多种对环境系统分类的方法，但是，任何一种分类方法都是根据其具体的使用目的。

　　环境系统分类的一个主要基础是环境介质的类型。环境对人的影响是通过某种媒介传递形式产生的,如按照空气质量、水质量、土地质量变化等。尽管目前环境管理和污染控制的法律条款和行政职责划分与环境分类基本上是保持一致的,但随着科学进步,我们对某些媒介与环境要素之间产生相互作用的理解越来越深入,使得之前的环境服务分类边界越来越模糊不清。例如,控制土地的使用能够缩小与降低非点源污染发生的规模和强度。

　　第二种分类方法是基于影响人的福利水平的经济途径。在这个背景下,环境服务可分为两种方式:第一种方式是通过市场渠道对人的生活产生影响,如由市场商品价格的变化给生产者收入和消费者的消费带来影响,即借助商品在市场上的流通过程对人的生活产生影响。第二种方式是对人体健康的影响,如空气质量、水质量和户外游憩活动质量影响人体健康。本书采用第二种衡量方式,即探究国家森林公园非市场服务价值评价。然而,几乎任何环境系统管理政策都会对市场商品和服务和非市场品和服务产生影响。因此,在对公共资源政策进行评价时,既要考虑市场价值评价,又要考虑非市场价值评价。

　　第三种分类方法是根据环境系统是对人的生活或生命产生直接影响,还是通过先影响其他生物或无生命系统,然后再间接地影响到人的生命。

　　对人的生活或生命产生直接影响,比如:空气和水污染,有毒物质排放,农药残留等,导致人的发病率和死亡率提升,或者使人处在亚健康的状态,还可以通过不良气味、降低水和空气能见度和户外环境质量,对人体健康产生不利影响。

　　对于某些生物反应机制对人体健康产生间接影响,人类还没有实现充分的认识,以及由于管理能力有限,导致农业作物产量、商业木材产量和商业渔业产量下降等。市场价值评价方法可直接用于对这些影响进行评价。当然,生物反应机制也会对非市场品产生影响,如对狩猎、捕鱼和自然景观等产生影响,还可以通过其他间接方式影响生态系统的中间环节,如影响作物授粉、物质分解、生物害虫控制和养分循环等。

　　涉及通过非生命系统对人类生产和生命产生间接影响,则包括:材料和结构的损坏以及生产商和公司清洁与维修成本的增加,这些可以通过市场价值估价技术来进行测算。还有对天气和气候的影响,可以采用市场或非市场评价技术来进行价值测算。

　　最后,从消费者个人视角,我们把环境服务价值分为两大类,即使用价值(on-site value)和非使用价值[也叫被动使用价值(off-site passive-value)]。这种价值分类是我们在本书当中所采用的。

1.3 政策评价问题

对于一个公共政策制定者来说,他要面对从多种不同备选政策方案中进行选择的挑战。作出这样的选择是非常重要的,因为一些政策对很多民众的生产、生活乃至生命都会产生重要的影响。通俗地讲,一项政策的选择可能会使一些人的生活变得好起来,而使另一些人的生活变得更差。政策制定者希望自己作出的政策选择能够在最大程度上增进整个社会的福利,也就是说让社会中绝大多数成员从选择的政策中受益。当决策者从备选政策方案中进行选择时,他们必须知道关于每个备选方案产生有利(效益)和不利(成本)的结果是怎样的,然后才能选择最佳的方案。

然而,为了确定最佳方案,决策者必须考虑三个关键问题:第一,评估备选方案的依据是什么? 也就是说,确定备选方案优先的标准是什么? 第二,当一项政策影响到多个事项时,如何对不同事项利弊设置不同的权重。第三,对有利因素和不利因素的影响进行汇总,即测算出一项政策对社会福利产生的净影响。

环境资源管理政策评估涉及四个基本步骤:第一,制定评估标准。该标准必须回答或解决以上提出的三个问题,即确定优先选择的依据,通过权重设置权衡不同的影响,包括当一些人生活变得更好而另一些人生活变得更差时,分别计算各自的影响。第二,确定和描述要评估的备选方案,包括放弃选择的选项。一般来说,任何政策评估都至少要包括对两个备选方案进行比较,因此需要明确说明各个备选方案的核心内容。第三,预测对每一政策选择影响的关键变量。第四,将影响转化为价值数量,然后进行加总。下面,我们将对这些步骤进行详细的讨论。

1.3.1 标准

在没有一个确定的社会目标函数或社会福利函数情况下,用"收益"和"成本"概念来定论一项政策是好还是不好是没有意义的。经济学家采用的政策评估标准是为社会成员带来福利的多少。而福利被定义为个人的偏好和个人为得到某种利益的意愿支付,以及为遭受某种损失愿意接受的补偿。经济评价方法就是用来测算某一政策能够给社会每一成员生活福利带来净价值的工具。这些工具规定了测算个人获得效益和经受损失的规则和程序,最终得出一个用货币衡量的指标。

1.3.2 指定备选方案

每一个备选方案都可以被描述为对环境资源系统产生影响的一系列活动,这些活动当中可能包括环境资源的收获或开发,用于改善资源的投资金额或资源投入的数量,同时会向环境系统排放各种污染物。分析者必须详细地描述每个政策备选方案中所涉及的各种活动的类型,将其作为分析的依据。例如,对于一个改善水质的政策,只是简单地描述项目的目标是改善水的清洁度是不够的。政策必须明确指出是针对哪片水域,政策实施后会把水质从现有状态提高到什么新的水平,以及需要采取哪些行动才能实现设定的水质目标。

进行效益成本分析的目的是确定某项政策在经济方面是否是可行的。只有在政策实施后产生的经济结果比没有施行政策产生的经济结果好,才能算是一个可接受的政策。因此,效益成本分析被看作对提供的两种备选方案结果进行比较的一把尺子,对有政策状态与保持现状(或没有政策)进行对比。在同时考虑多个政策情况下,最好的政策是指能够优先于所有其他任何政策,包括不采取政策的选项。

1.3.3　量化影响

原则上,效益成本分析包括比较两种不同状态下所有受到政策影响的各方人群的福利变化。两种状态是指有项目和没有项目。这需要通过建立模型来对可能影响到各类人群在两种状态下的福利变化因素进行预测。例如,如果政策选择是从某一水电站大坝释放水特定时间模式,则有必要对随时间变化的电力需求进行建模,因为这将有助于确定大坝发电的价值。同时,也有必要分析泄洪对下游水文的影响并进行建模,包括水的流速、水位和温度以及泥沙输送和沉积的数量,还需要模拟各种植物和动物将如何受到来自预测的水文变化的影响。最后,还要模拟泄洪给位于下游地区人们的生产和生活带来的各种影响。例如,泄洪政策可能会增加下游地区人们从事露营和河水漂流运动的机会,但可能会降低休闲渔业活动的质量。这当中提到的许多模型,都不属于经济学的模型,然而,它们却为开展经济价值评价提供了必要的基础。

1.3.4　价值衡量标准

界定和衡量效益和成本的依据必须与政策评估的选择标准保持一致。在 1.4 节和 1.5 节,笔者将着重解释经济价值的概念,它是如何运用到政策评估当中的,以及测算经济价值的基础。

1.4　经济价值的概念

"价值"这个词在不同学科领域有着不同的含义。例如,生态学家和经济学家在讨论生态系统服务功能时所使用"价值"一词的含义是不同的。生态学家通常用价值来表示"任何物本身就值得人的尊敬。因此,世上任何物包括动物、植物本身都有内在价值"。而经济学家使用"价值"一词,是指能用货币来表示某物值多少钱,如一个商品能卖多少钱。类似地,可以采用货币单位来衡量个人福利的大小。

以上是对价值的两种不同的解释。而从哲学家角度来看,价值可划分为内在价值和效用价值。根据哲学家的观点,某物具有内在价值是指它的存在本身就有价值,这个价值不是基于它的有用性,就是说与人的使用没有任何关系,是独立于任何其他物或人,价值存在于自身并结束于自身(Callicott,1989)。相反,经济学家所说的价值,是指某物对人的有用性,是指它为人实现某一目的所能够发挥的作用。根据这一观点,某物的价值在于它能够为人实现某种目标所做的贡献(Costanza et al.,1997)。

一些学者认为,自然界具有的内在价值来自多种原因,包括起到促进各种动植物和谐共生作用。生物保护学家可能会认为,自然界是由各种有机体之间相互作用组成的,基因多样性本身就具有内在价值。但是,这种观点无法对大自然的内在价值进行量化描述。只要基因的多样性得到保存,其内在价值就得到了保存。其实,把内在价值的概念运用到环境资源领域,从很多角度来看也是有意义的,只是它无法解决如何对环境资源进行有效管理的问题。相反,基于经济学效用价值的概念能够帮助我们回答很多对环境资源进行有效管理的问题。

经济学是研究社会内部各个成员如何进行劳动组织与工作协同,使每个成员都能获得生计和福利的学科。从这个角度来说,经济学研究的目标是提高人类的福祉。经济价值是基于物质能够满足人类需求和愿望的能力,或提高人的福祉或效用的潜力。某物的经济价值可用来衡量对人的福利产生的贡献。那么,整个环境资源系统的经济价值就是指它能够为人的福利所做的贡献。

1.5 经济价值的定义

基于有用性价值的经济学概念是源自新古典福利经济学的两个基本假设:一是经济活动目的是增加社会所有成员的福利;二是在一个给定的条件下,社会成员中的个人是自己幸福水平的最佳判断者。就是说,个人对某物的选择偏好是进行经济价值评价的基础。那么,是什么决定了个人对各种选择偏好的排序呢?假设个人的选择行为都是从自身利益出发的,从一组事物或商品中挑选出对个人产生最大利益的选项。具体地说,当个人根据效用大小来对可供选择的各种不同物进行偏好性排序时,这种选择排序取决于产品(或物质)和服务的数量。如果一个人认为状态 A 提供的一组产品和服务好于状态 B 提供的一组产品和服务,那么他就会选择状态 A 而不选择状态 B。基于这样的假设,在个人面对各种不同状态进行排序时可能存在三个问题：①状态中含有哪些商品和服务，使得个人对其产生偏好？②个人对不同状态的偏好具有哪些性质？③出于个人效用最大的选择假设是否完全忽略了对他人效用水平的考虑？下面，我们就来对这三个问题逐一进行讨论。

1.5.1　选择状态当中包括了什么

对于可以在市场上进行买卖的商品和服务选择来说，可以把所有消费品，如房屋、汽车等家庭资产，以及其他各种耐用消费品都包括在被选择的状态之中，这一点是不存在任何争议的。但是，对于时间要素来说，它既可以用于休闲活动，又可以用在劳动力市场上，从中换取工资收入。因此，个人必须对时间的利用作出选择性的排序。比如，计划把多少时间用于阅读、多少时间用于户外运动，以及多少时间用在工作挣钱上。政府的作用是为广大公众提供各种服务，目的是增进公民的福利。从环境产品生产来看，环境质量，如清洁的空气、干净的水、美丽风景等，也能增进居民的福利。但是，所有这些产品、服务、游憩活动和环境舒适度的生产和供给都包含个人和/或社会的机会成本。就是说，当某人在一项活动上花费时间较多，就意味着他用于从事其他活动的时间会减少，包括工资收入的减少。为了改善环境的舒适度，政府需要投入财力、物力用于控制环境污染。这样一来，政府用来改善民生其他方面的服务的资源就会减少。那么，在经济价值分析中应该包括哪些内容？答案是：应该包括人们想要的所有东西，即提供这些东西的机会成本。

1.5.2　偏好的性质

人的偏好有两个重要的性质：第一是不满足，即"多好于少"。这意味着，在其他条件都相同的情况下，含有某种产品数量较多的购物筐要好于含有同样产品数量较少的购物筐。第二是偏好排序中的各种产品之间存在可替代性。这意味着，如果减少购物筐中的某一种产品，但同时增加了该购物筐中其他产品的数量，对购物筐的选择不会产生任何影响。

可替代性是经济学家提出的价值概念的核心。这是因为可替代性建立了人们所关心的两种产品之间的交换比率。当人们以较少数量的某种产品去交换较多数量的另外一种产品，这就从中揭示了两种产品各自具有的经济价值。如果其中一种商品具有货币价格，它就代表了被交换产品的经济价值。一种市场商品的货币价格是交换率的一种特殊表现形式，表示把钱花在购物筐中的一种产品（即支付的价格），必须同时减少对购物筐中另外一种或多种其他产品的购买，以使得购物筐中具有的总价值不发生改变。

如果个人的偏好顺序具有上面表述的属性,我们就可以用序数函数或者含有反映各种产品数量变量的效用函数来表示。该函数值与其所包含的所有变量存在递增关系,即具有唯一单调增函数。这种偏好函数与古典效用论所说的基数效用函数有所不同。由于序数效用是没有度量单位的,所以函数不能相加,也就导致个人效用之间不能直接进行比较。

鉴于可替代性在经济价值定义当中的核心作用,上述假设构成了个人选择模型的基础,并被广泛运用于分析和预测人的各种市场经济行为当中。这些模型包括消费者需求模型、价格变化分析模型和劳动力供应模型等,还包括:如何在环境质量与个人健康之间选择行为模型,在工作与户外游憩活动之间如何选择,面对不同程度风险的工作进行选择,面对房屋质量配套设施和环境污染水平进行选择,以及在居住地和工作地之间进行选择,等等。如果替代性不能反映个人的偏好,那么这些模型的应用就是不可能的。

另外一个需要考虑的问题是:个人主义和个人利益最大的假设是否完全排除了利他思想或个人对他人福利水平抱有冷漠的态度?原则上,答案是否定的。一个人偏好的商品可能也是另一个人愿意消费的商品。事实上,在现实世界里我们很难对人的一些常见行为给出完全合理的解释。例如,送给别人礼物和慈善捐赠行为,如果不是个人偏好之间存在相互依存关系或效用函数关系,对于这类现象是难以作出合理解释的。然而,在典型的福利经济学和效益成本分析中,普遍假设人的各种偏好之间是不存在相互依赖性的。此外,以人为本的经济价值理论也并不完全无视对其他物种生存和利益的考量。人可以认为其他物种的生存对他也是有价值的,因为他会从对这些物种的利用中(如食物和游憩活动)获得好处。还有出于利他主义或伦理道德方面的考量,这些考量成为产生被动使用价值的主要动机。

1.5.3 衡量价值补偿

基于可替代性的环境变化价值的度量可以采用补偿剩余(CS)或等同剩余(ES)。原则上,CS 和 ES 度量是运用个人喜欢的替代品来对所要评价的产品进行价值测度。在下面的讨论中,研究者把货币作为交换比率的计价单位。但实际上,CS 和 ES 可由对个人具有实际意义的任何其他产品来衡量。对环境改善的 CS 是个人愿意支付的最大金额,而不是去选择放弃对环境的改善。这一愿意支付的最大金额能够使个人获得环境改善与放弃环境改善。环境改善的 CS 也被称为支付意愿(WTP)。

环境改善的 ES 是指为了让个人选择放弃环境改善,需要给他支付的最低钱数。这个钱数使个人在选择放弃环境改善,但同时得到这一补偿钱数之间没有差异,换句话说,就是由这一钱数所能产生个人效用的增加值等同于个人从环境改善中获得的效用。环境改善的 ES 也被称作接受意愿(WTA)补偿。

CS 和 ES 这两种价值衡量都是基于个人偏好具有可替代性的假设,只是每一个衡量方法采用的参考点不同。CS 的参考点没有环境改善,而 ES 参考点有环境改善。原则上,对于同等环境质量(Q)的变化,用 CS 和 ES 衡量的价值不一定要完全相等。这是因为 WTP 衡量受到个人收入水平的约束,而对于用放弃环境改善去换取补偿的货币金额(WTA)是没有上限约束的。

这两种测量指标也包含了与选择结果相联系的权力和责任。CS 测量是假设个人无权获得环境质量 Q 的改善,但有权保持环境质量 Q 处在原有水平。相反,ES 测量是假设个人有权获得新的更高水平的环境质量 Q,如果没有达到这个新的环境质量水平 Q,就必须获得补偿。基于这样的解释,一些经济学家认为,在两者之间作出什么样的选择属于道德层面的问题。这就是说,它是取决于价值的判断,该价值判断的出发点是实现均等的产权分配。

1.5.4　一些问题

基于个人偏好和行为观察来衡量经济价值存在三个方面的问题。

首先,个人对于环境服务流的属性及其如何影响人的福利水平没有准确的信息,特别是对于那些我们在 1.2 节所提到的间接或中间服务所产生的影响缺乏了解。如果个人不了解生态系统对个人福祉会产生多大的贡献,那么他们的行为或他们对提出问题的回答,只能反映他们的无知,而难以使我们获得有用的价值评价信息。这样一来,基于观察人的行为或他们对提出问题作出的反应,可能导致严重的价值估计偏差。例如,如果人们不知道某种昆虫能够对一种有价值的粮食作物或高等观赏植物进行授粉,从而提高了作物和观赏植物的产量和质量,那么人们对这种昆虫的价值估价就不会反映出它对人们福利产生的间接贡献。

其次,个人对经济价值进行的评价会受到个人收入水平的制约。如果社会中收入分配是不公平或不公正的,那么穷人给出的价值评价和富人给出的价值评价,其结果可能会差距很大。这样的价值评价结果就不具有好的价值衡量标准。这一问题导致了在政策评估中需要考虑社会公平问题。

最后,个人对公共政策偏好具有的特点。在福利经济学研究框架中,假设个人对购物筐中的各种产品能够进行明确的偏好性排序,当然,这主要是针对市场商品而言。对于市场商品,消费者会受到来自商品价格和个人收入水平的约束,他们是在这些约束条件下来对个人的偏好进行排序的。而环境价值评价理论是把个人偏好范围扩展到包括环境产品和服务的领域,这些产品和服务在市场上是没有的。因此,我们需要把环境产品和服务纳入个人偏好排序当中,也就是说,此时个人的排序范围既包括市场商品,也包括环境产品和服务。

一些学者曾提出人们在对市场产品和非市场产品(如环境产品)进行成本效益分析和经济价值评价时,可能存在着不同的偏好系统(Kelman,1981;Sagoff,1988)。相关研究者认为,人们有一套偏好用于市场商品的选择(消费者偏好),而有另一套偏好用于政府政策或公共品的选择(公民偏好)。因此,他们认为使用消费者偏好来推断对环境和公共政策偏好可能是错误的。美国学者 Sen 对此提出这样的问题:

这种以市场为导向的方法存在的基本问题是,个人的市场行为难以准确反映其对环境政策选择的偏好。另一种观点是把个人看作公民,他们能够站在社会的角度(社会偏好)来对政策进行选择。当然,在这个选择当中他们不仅只是考虑个人的利益,还会考虑许多其他人的利益(Sen,1995,第 23 页)。

关于作为公民偏好还是作为消费者偏好,这属于一个实证研究的问题,可以通过收集适当的证据来回答。当从政治角度来制定某项环境政策时,经济评价的标准做法是从个人的表述或者从他们参与政治活动的行为中,推断出人们的偏好。当个人从私人角度或公共角度来对某一环境政策进行选择时,这种选择的差异性可用统计分析方法进行检验。当然,除非进行这样的统计检验,而且得到检验的结果是支持公民偏好不同于消费者偏好的假设,否则,在一般情况下,标准的经济学假设应该继续适用于作为非市场评价的基础。

1.6 利用经济价值信息进行管理决策

在本节中,笔者要讨论当每个人从政策中得到不同数量的收益和损失时,如何对个人福利的变化(即是 CS 或 ES)进行加总。福利经济学的基本价值判断是,一个社会对各种政策的排序应该是根据社会中各个成员对每项政策的偏好排序的结果来确定的。那么,一个关键问题是,当每个人对各个备选方案给出不同的排序结果时,该怎么办呢?帕累托原则给我们提供了从个人偏好排序中得出社会偏好排序的原则。该原则规定,如果社会成员中至少有一个人认为政策 A 好于政策 B,而其他所有人都对政策 A 和政策 B 给出同样的偏好或排名得分,则社会对该政策的偏好排序就是 A 好于 B。当对这两个政策(A 和 B)的偏好进行比较时,可能出现以下四种结果:①A 好于 B;②B 好于 A;③A 和 B 同等;④A 和 B 为帕累托不可比。

　　结果④可能发生在这样的情况：至少有一个人喜欢 A 和一个人喜欢 B。那么采用任一政策对于那个不喜欢该政策的人来说都是相当于施加了成本。只要有一个人会因某项政策实施而遭到损失，那么该政策就不满足帕累托偏好条件。很难想象在现实政策制定当中（从限制企业污染排放、增加企业环境污染税收、强迫企业增加公共产品生产，再到打破企业市场垄断等），无不存在因产品价格上涨或员工可支配收入减少，使得一些人遭受经济损失。基于这样的情况，就需要采用潜在的补偿测试来对各种政策进行优先排序。

1.6.1　潜在的补偿测试

　　效益成本分析是希克斯-卡尔多(Hicks-Kaldor)潜在补偿测试或潜在帕累托改善(PPI)标准的应用，它是用来判断所提出的政策能否产生福利改善的标准。根据这个标准，一项政策原则上被认为是可以接受的，如果那些从政策中获益的人，愿意将其增加的部分收益转移给那些遭受经济损失的人。这种补偿支付使那些受到政策不利影响的人，至少能够保持与没有政策实施情况下相同的福利水平。而对那些给别人支付补偿的人，福利水平也有所提高。因此，如果某一政策或项目实施了，并且能够实际支付对损失的补偿，那么就会出现有一些人从中受益，同时没有人遭受损失的结果。这个补偿行为会将 PPI 转化为真正的帕累托改善。

　　Kaldor(1939)最初提出了这个补偿标准，但他没有提及支付赔偿是否需要实际发生。其实，希克斯-卡尔多潜在补偿测试的目的是区分实施政策的效率与公平的问题，如补偿支付是否发生指的就是实现社会公平问题。但一些经济学家，尤其是 I. M. D. Little(1957)批评了这一看法。Little 认为，如果不能实际支付补偿，则应该修改 PPI 标准，以便只有在通过了 Hicks-Kaldor 潜在补偿测试，而且真正实现了令人满意的福利再分配结果的情况下，该政策才能实施。因此，Little 认为，判断收入分配是否公平的问题是不可回避的。

　　潜在的补偿测试也为定义和衡量公共政策的收益和成本奠定了重要基础。一项政策的成本是指社会中一部分人所经受的福利损失。这些损失可能是货币收入的减少，也可能是通过市场购买消费品的价格上涨，以及环境舒适度水平下降等。对于个人而言，成本是支付给个人用来补偿损失的钱数。个人可以使用这笔补偿钱购买其他商品和服务，从中弥补福利的损失。同样，对于那些从该政策中获益的人来说，收益是用从该人手中拿走的钱数来衡量的，从而减少了对其他产品和服务消费，与没有政策情况相比，他没有变得更好（无差别）。这是我们前面定义的 WTP 或 CS 的度量方法。因此，成本和收益的衡量取决于偏好具有的可替代属性。要知道,在没有可替代性的情况下,是无法实现对成本进行补偿的。

一项政策的收益成本分析,首先是测量受益者总 WTP,称为收益。然后,测量损失者的总 WTA,称为成本。如果收益大于成本,则净收益为正。那么,根据定义,受益一方有足够的资金可以转移给损失一方。进而,在交易完成之后实现了帕累托优先。但是,PPI 或净收益标准并不要求实际发生支付补偿。

潜在的补偿测试或 PPI 标准可能是福利经济学中最带有争议性的问题。一方面,PPI 被批评为与帕累托原则不兼容,因为前者允许对帕累托不可比的项目进行排序。而在现实当中,PPI 已得到普遍应用,而且被认为是合理的。其理由是在实施多个 PPI 项目时,项目的收益和成本将会得到充分分配,使每个人都可以从全部的项目当中成为净受益者,即使有时有极个别人在个别项目中蒙受一些损失,但最终还是可以从其他项目获利中得到补偿。因此,把效益成本分析作为选择政策的唯一基础是不稳定的。但是,这种担心并没有阻止政府使用 PPI 对政策进行选择,更没有阻止经济学家将 PPI 广泛地运用于环境资源政策选择当中。

Kaldor(1939)和 Hicks(1939)提出的 PPI 测试,是采用不同的参考点作为确定补偿的基础。这意味着,福利变化有两种不同的定义。

Kaldor(1939)提出的补偿测试是询问从政策实施中获益的人,是否具有足够的收入转移给政策损失一方,而使得后者的福利不会变差。这种做法是将福利水平现状作为参考点。对于获利者,这个测试需要确定个人的最大支付意愿,而不考虑没有项目实施的情况。这属于 CS 度量。对于损失者来说,这项测试需要确定在项目实施时,对损失者给予最低的钱数,使他们在保持现状和接受项目并获得补偿之间没有差别。这也是一种 CS 度量。如果测量的收益总额超过了成本补偿总额,则该项目就通过了 Kaldor 潜在补偿测试。如果在支付了补偿成本总额之后,收益总额仍然是正数,那么在该项目实施中就没有输家,而且一些人从中获得了正收益。事实上,也有可能发生成本过度补偿的情况。在这种情况下,就实现了每个人都获得正收益的结果。

Hicks(1939)提出的潜在补偿测试是说,一个政策提案应该遭到拒绝,如果项目受损者会去主动花钱买通项目获利者,目的是让获利者放弃项目。为了实现这一补偿测试,需要知道有多少潜在的获利者,以及需要多少补偿才能诱使获利者放弃项目。这个补偿的最低数额应等于每个获利者从项目当中获利的总钱数,或项目的损失者愿意支付买通获利者的钱数,也等于受损者从项目实施中遭受损失的钱数。因此,希克斯版本的补偿测试需要福利变化等效或 ES 测度。如果这些等效收益和损失度量值之和大于零,则项目通过了希克斯潜在补偿测试,这意味着那些从项目中遭受损失的人不再可能采取买通的方式去说服那些潜在获利者同意放弃项目。

这两种补偿测试形式的主要区别在于福利衡量采用参考点的位置。希克斯测试衡量是以项目实施产生的福利水平为参考点,而卡尔多测试福利变化衡量的是无项目作为参考点。效益成本分析所采用的视角可能是依据社会或集体对权力作出的判断。而且,这种判断可能会依据所要处理的具体情况而有所不同。例如,如果所面临的问题是,是否在一个居民区附近修建一座垃圾处理厂,那么,当地社区可能会作出价值判断,因为当地居民有权力保持当地社区的环境现状,出于对保护当地环境美观的考虑,而选择不同意建立垃圾处理厂。考虑到这一价值判断,计划制定者就需要考虑,给当地居民提供多少经济补偿,才能弥补他们由建立垃圾厂造成的环境美感的损失。在该情况下,采用福利变化的补偿测量和卡尔多福利测试都是恰当的。类似地,政策问题也可能是,是否可以通过实施一系列法规来降低空气污染水平。如果仍然是让社会作出价值判断,那么公民有权获得清新的空气质量。那么,如果让居民放弃提高空气质量,他们就需要得到补偿。这个补偿金额应等于由空气质量提高给居民带来福利的增加额。在这种情况下,采取福利变化等效测量指标是恰当的,即采用希克斯提出的潜在补偿测试。

1.6.2　效益成本分析和不确定性

在进行效益成本分析中,遇到的一个问题是模型中采用的某些物理、技术或经济参数值具有不确定性。这种不确定性,来自环境质量指标测量技术水平的限制,从而导致环境价值测算结果存在不确定性。这就引出了一些问题:政策制定者是否需要等待进一步的研究,直到获得更加准确的参数值,然后再进行收益和成本分析?否则的话,我们就应该设法使用目前已有的一些带有分布范围的各种参数值。

在许多情况下,选择等待一些精确的模型采用的参数值可用了之后,再来进行成本效益分析的做法是不可取的。这将无异于永远无法开展效益成本分析。我们不能期望技术发展很快为我们提供各种精准的环境变化参数值。即使我们有了精准的环境参数值,也无法保证得到的价值评价结果就是完全确定的,因为基于抽样和统计分析技术本身,就存在着一些难以克服的不确定性和测量误差,更不用说我们人类目前对物理、生物和社会经济系统的复杂性还没能做到完全了解。此外,模型建立和参数估计过程也同样难以做到完美。那么,面对所有这些不确定性,政策制定者应该如何做呢?

最简单的方法是,根据不确定参数的期望值来计算收益和成本的预期值,然后根据这些预期值进行决策。决策者往往想知道关于收益和成本估计值存在的不确定性的大小,即是给出期望值的上限和下限的变化范围。如果采用参数的上限值计算的政策收益小于采用参数下限值估计的成本,则该政策在经济上就是不可行的。然而,如果用参数分布范围的下限值计算的政策收益大于运用参数上限值计算的项目的成本,那么从经济学角度来看,该政策就是可行的。

这种做法使我们朝着正确的方向迈进了一步,但它也可能会受到来自其他方面的批评,因为这个测算过程并没有考虑采用的每一个参数的统计分布值,以及得到价值评价结果的统计学分布。严格地说,这个范围值仅反映了从两项研究中得出的最高值和最低值,而忽略了每一项研究质量的信息,并且也没有与其他类似研究结果进行比较。

还有一种处理不确定性更为正式的方法,它是利用了不同研究中所有可用的信息,并允许对每个研究的质量进行判断。这种方法是采用概率表示某个可能发生事件的置信度,对所有价值估计的结果给出发生概率的大小,其中发生较高的概率表示研究结果的可信度较高。一旦指定了概率,就可以执行各种统计操作。例如,通过计算参数的期望值(概率分布的平均值)计算效益和成本。使用方差估计价值的置信区间,从而为决策者提供关于各种估计值具有的不确定性信息。此外,当存在多重不确定性时,还可以使用蒙特卡罗方法从假设分布中得出价值结果的概率分布。

1.6.3 结论

当政策制定者面对为社会中某些人产生利益,而为另一部分人产生成本的政策选择时,经济学家建议采用总净收益指标作为政策选择标准,并揭示受益者可能通过某种途径去补偿损失者,从中证明采取这一政策的合理性。但是,根据总净收益的政策选择标准存在的一个问题是,它忽略了福利分配的公平性,或政策的实施对不同收入水平的人群收益和成本产生的影响。在福利分配当中,考虑公平因素的问题可追溯到 Bergson(1938)的研究,其具体做法是根据社会当中不同群体获得福利大小的相对重要性来设置权重,即建立社会福利函数。在该函数中,对低收入群体设置较高的权重,以体现侧重考虑这部分人利益的目的。然而,这种寻求建立社会福利函数的方法一直没有获得成功。在实践当中,分析者是采用抽样调查数据进行模型分析,得出所要评价要素价值的平均值。然而,如果意愿支付(或价值)是收入的递增函数,采用价值的平均值则意味着低估了高收入个体的价值,高估了低收入个体的价值。但是,至少这样的结果从定性分析角度来看,相当于运用了社会福利函数概念。

必须承认,基于总净收益的政策评估方法的一个主要缺陷是,它无法对所有被评价的政策提供任何有关收入分配与公平的信息。认识到了这一点,许多经济学家认为尽管得到有关政策的收益和成本的信息很重要,但它不能作为政策制定的唯一标准。因此,总净收益标准应该是作为政策选择考虑的一个主要因素,但不能作为政策选择的唯一准则。

1.7 价值评价方法

本书不是为了系统介绍非市场评价采用的各种模型方法,而是挑选其中与本书第 7、8、9 章实证研究有关的几种模型方法,包括条件评价法(第 4 章)、属性评价法(第 5 章)、旅行成本法(第 6 章)。但是,这三章的内容却涵盖了两大类非市场评价方法:陈述性偏好(SP)和揭示性偏好(RP)。第 4、5 章是基于个人对假设问题的回答,如“如果在什么条件下……你会做什么? 或者你愿意为此支付多少费用?”由于研究者对受访者个人的偏好是观察不到的,而是通过个人的陈述表现出来的,所以我们把这类方法称为“陈述性偏好法”。第 6 章介绍的方法是基于观察人在现实环境中的实际行为数据进行价值测算,所以将其称为“揭示性偏好法”。

本书在第 3 章介绍了在陈述性偏好和揭示性偏好研究方法当中采用的数据收集方法。在陈述性偏好法问卷设计当中,需要注意一些特殊的问题。例如,当人们被问及他们是否愿意为某事或某物支付多少钱时,他们的回答可以是“0”,表示他们有权利选择拒绝为与个人无关的事或物支付任何费用。值得注意的是,在其他所有带有假设性问题的调查问卷中存在的问题,也同样存在于陈述性偏好的问卷设计和调查当中。例如,在进行回答问卷之前,调查者需要先进行情景描述、抽样设计,以及如何处理受访者拒绝参与问卷调查等问题。对于所有陈述性偏好方法来说,最为关键的问题是获得可靠和有效的调查数据。也就是说,在对调查中提出的所有假设性问题的回答中,将不可避免地存在某些偏差,导致收集的数据中存在大量的“噪声”。在这样的情况下,研究者难以得出有用的统计分析结果。关于这些问题我们将在第 4 章和第 5 章中详细讨论。

最为常用的陈述性偏好法是条件价值评价法。该方法是在描述了对所要进行价值评价的产品或项目之后,直接要求受访者给出他们的最大支付意愿,或者要求受访者表示是否愿意为该项目支付事先指定的一些费用。第 5 章的属性评价法也属于陈述性偏好法的一种。它是针对环境产品的属性进行价值评价。基于属性的价值评价方法,目的是获得产品中一种属性水平相较于其他不同属性水平的偏好程度。所有陈述性偏好法都具有一个共同的特点,就是数据都是基于个人陈述获得的,而不是通过观察个人的实际行为。

揭示性偏好方法是基于个人的实际消费行为,反映人们在受到某些约束条件下如何进行效用最大化选择。这些方法相当于一种探测的方法,通过观察人对各种环境因素和价格作出的行为反应,然后将其作为重要线索来推定有关环境资源的经济价值。

旅行成本法是最具代表性的揭示性偏好评价方法。除此之外,还有享乐评价法(hedonic valuation method,HVM)。第 6 章描述的旅行成本法,是从个人前往游憩地发生的费用中推断游憩活动体验的价值。本书的第 7、8、9 章为实证研究部分。结合本书前面介绍的理论方法,特别是模型方法,将其运用于国内外实证研究当中。

第 2 章　非市场品评价的理论框架

2.1 引　言

对资源环境等公共品或非市场产品进行价值评价离不开经济学理论的指导。经济学理论是开展公共品价值评价研究的基础。因此,本章将介绍一些主要相关经济学的理论,为后续开展环境资源价值评价实证研究奠定必要的基础。

第一,笔者要建立一个非市场品或公共品的消费者个人选择模型,用来刻画非市场品具有的公共品属性。第二,运用该模型推导出价值评价或福利计算相关指标。第三,考察消费者在面对公共品消费选择环境时如何进行选择决策。第四,讨论为什么市场需求不能充分反映出一些公共品具有的全部价值,包括无法反映一个旅游景区具有的被动游憩价值。

2.2 公共品的理论模型

公共产品价值估价不同于市场商品的价值计算。大连的空气质量、老虎滩公园周边海水质量以及公共用地的面积都是公共产品的例子。这些资源环境产品当中的每一种产品的数量都会因为社会公众的选择而发生改变。但是,作为社会成员的每一个人无法单独地去选择个人想要的空气质量水平、水质或公共用地的面积。同时,这些公共品有一个共同特点,那就是每个人体验到的公共品数量,如资源环境质量水平都是一样的。比如,每一位大连市居民所能体验到的当地空气质量、海水质量、公共用地面积都是相同的。

新古典经济理论的基本前提是,人们对商品具有偏好性。在我们的例子中,消费者对不同的市场商品和非市场品都有偏好性。在不考虑成本的情况下,假设每个消费者都能根据个人的偏好,对一组商品的偏好强弱进行排序,从而构成一个产品偏好序列集合。消费者具有的这个产品偏好序列构成了购买商品选择的基础。要知道,经济学需求理论最基本的要素就是消费者具有对产品进行偏好排序的能力,更简单地说是个人需求的欲望。货币在为消费者实现消费欲望当中起着重要的作用,因为个人只有有限的货币用于购买他们想要的许多东西。资源环境等公共品对消费者产生价值,来自多重原因,包括个人使用、作为遗产留给后代或仅仅是为了让资源保持存在,如希望改善空气或水质,或保护濒危物种。享受任何产品的原因是多样的,包括是"自私的、利他的、忠诚的、恶意的或受虐的",等等。

消费者对一组商品偏好的排序可以用效用函数来表示。比如,我们用 $X = [x_1, x_2, \cdots, x_n]$ 表示个人选择的 n 种市场商品的向量。如果是有 k 种公共品,就可以表示为 $Q = [q_1, q_2, \cdots, q_k]$。那么,对于每一组产品 (X, Q),其效用函数水平可表示为 $U(X, Q)$。对于任意两组产品 (X^A, Q^A) 和 (X^B, Q^B),且 (X^A, Q^A) 优于 (X^B, Q^B) 时,就可以写成函数 $U(X^A, Q^A) > U(X^B, Q^B)$。

货币是因为考虑了产品的稀缺性,而将其加入函数分析当中的,表示人们受到钱的数量约束,不能够满足我们喜欢和需要的一切产品或东西。对于市场上的商品,个人可以根据自己的喜好来选择购买,满足市场商品价格 $P = [P_1, P_2, \cdots, P_n]$ 和收入水平的约束。但是,对于非市场品,由于它是配给的,个人无法单方面地选择这类产品的数量。据此,消费者面临的选择问题是函数(2.1)。

$$\max_{X} U(X, Q) \text{ s.t. } P \cdot X \leqslant y, \quad Q = Q^0 \tag{2.1}$$

这个函数表示人们的选择需要面临两个约束条件:首先,市场商品的总支出不能超过个人收入水平;其次,非市场品的水平的供给数量是固定的。求解该函数中,对 X 的需求取决于收入水平(y)、所有市场商品的价格(P)和配给的公共品数量(Q)。对于每一个市场商品,我们是在求包括三个元素的最优需求函数的节,$x_i^* = x_i^*(P, Q, y)$。把最优需求向量写成类似的形式,$X^* = X(P, Q, y)$,该向量给出了消费者对每一个市场商品的最优需求。如果我们把这个最优需求函数集代入最初的效用函数,可得到间接效用函数 $U(X^*, Q) = v(P, Q, y)$。据此,产品的需求取决于价格、公共品的水平和收入,获得的最高效用水平也取决于这些因素。

因此,需求函数表达了在给定价格向量和收入水平下消费者对各种产品的需求数量。需求函数也可以被解释为边际价值曲线,因为商品的消费发生在边际收益等于边际成本的交点之处。正因如此,需求分析对于价值评价而言具有重要的社会意义。

2.2.1　补偿福利测量和等效福利测量

增加或扩大公共品的供给或公共政策项目投资需要付出成本。这就要求政策决策者对要实施的政策或投资项目进行价值评价,以确保从项目获得的收益不低于成本。例如,考虑一个大连星海公园海水质量改善项目。大连市居民特别是居住在该公园附近的居民会非常关心这项海水污染治理项目,因为人们经常到该公园游玩,从事跑步、玩沙、观海、看海鸥和钓鱼等游憩活动。为了支付海水治理项目,市场商品的价格可能会因销售税的增加而提高,或者政府可能会直接要求大连市每户为海水治理项目支付一次性费用(相当于居民筹款)。经济学理论提出两个基本的价值衡量标准,可以用来评估大连海水污染治理项目的收益。

第一个是为了给项目捐款,我需要暂时放弃一定的收入。但是,在项目结束后,我需要从项目实施当中拿到同等金额的补偿,从而使个人效用水平与对项目进行捐赠之前保持不变。这一补偿叫作补偿性福利标准,将其称为 C。用上标 0 表示初始条件,用上标 1 表示实施政策后的新条件,可以把 C 表示到间接效用函数的定义当中。

$$v(P^0, Q^0, y^0) = v(P^1, Q^1, y^1 - C) \tag{2.2}$$

式中,C 的含义是,由于政策的实施我放弃了 C 之后,我的效用水平仍能与原来的效用水平保持不变。但是,这里 C 可能是正的,也可能是负的,这取决于商品价格上涨的幅度和我被要求一次性支付捐款的数额大小。如果购买产品的成本小于 C,这会让我比实施该政策之前生活得更好。如果成本大于 C,我的福利会变差。

第二个是在初始条件下,我需要得到多少额外的收入才能获得与政策实施之后相同的效用。这被称作等效福利测量,称为 E,定义如下。

$$v(P^0, Q^0, y^0 + E) = v(P^1, Q^1, y^1) \tag{2.3}$$

以上这两项价值衡量标准的不同之处在于产权的归属。对于补偿测量,是以初始效用水平作为基础与其进行比较。而对于等效测量,是以政策实施后的效用水平作为基础进行比较。在实际应用当中,是采用补偿福利测量,还是采用等效福利测量,要根据具体情况而定。假设我们正在考虑一项之前所说的大连海水污染治理项目。在这种情况下,产权归属就是保持现状。因此,我们应该使用补偿福利测量。然而,在有些情况下,采用等效福利测量在概念上是正确的。回到前面海水治理的例子,假设大连市政府在水环境保护法中规定了最低的海水治理标准。那么,从本质上讲,法案已将产权赋予了规定的海水质量标准。如果水质下降到规定的标准以下,我们就要考虑通过海水治理项目将海水质量恢复到规定的最低标准。那么,等效福利测量就是适合的测量。因此,我们需要从概念和实践两个角度来决定是采用补偿福利测量还是采用等效福利测量。

2.2.2　对偶性与支出函数

到目前为止,笔者一直使用间接效用函数来描述经济政策分析中使用的基本福利测量。为了更容易地讨论和分析具体的价值变化,我们可以使用支出函数来测量福利价值。在间接效用函数中,我们是把需求表示成价格 P、公共品 Q 和收入 Y 的函数,通过决定需求使个人效用达到最大化。效用最大化的一个必要条件是我们以成本最低的方式分配我们的收入。为了说明这一点,假设我购买市场商品的价格是 P 和公共品 Q,得到的效用水平是 U^0。现在假设我没有最小化我的支出,就是说我还可以用更少的钱来买到同样数量商品。如果这是真的,我就没有实现效用的最大化,因为我可以花更少的钱来实现 U^0,用剩下的钱购买更多的市场商品,从而获得比 U^0 更高的效用水平。这种推理就是在微观经济学中所说的对偶问题。这里我们不考虑在满足预算约束的条件下实现最大化效用,而是考虑在获得给定的效用水平下,实现支出最小化的对偶问题。支出最小化问题可以函数(2.4)来表示。

$$\min_X P \cdot X \text{ s.t. } U(X,Q) \geqslant U^0, Q = Q^0 \tag{2.4}$$

这个问题的解就是一组补偿剩余或希克斯需求的集合,它是价格、公共品供给水平和给定效用水平的函数, $X^* = X^h(P,Q,U)$。普通需求和希克斯需求函数之间的对偶关系就可表示成 $X(P,Q,y) = X^h(P,Q,U)$ 当面临支出最小化问题中的 $U = v(P,Q,y)$,或者效用最大化问题中的 $y = P \cdot X^h(P,Q,U)$ 时。正如"对偶性"一词所暗示的,这些关系代表了同一选择过程的两种观念。补偿性需求在概念上的重要特征是把效用固定在某个特定的水平上,这与补偿福利测量和等效福利测量直接相关。对于支出最小化问题,是使用支出函数 $e(P,Q,U) = P \cdot X^h(P, Q,U)$ 代替了间接效用函数。

值得强调的是,支出函数是理解福利经济学的关键。它不仅在概念框架上完全符合福利经济学的效用恒定不变的性质,而且本身也具有一些非常方便的性质。特别是,支出函数方法使我们能够将改变多种商品或价格的政策分解为一系列变化,这些变化将在下面讨论。

到目前为止,已经介绍了补偿福利测量和等效福利测量的概念。希克斯(1943)根据价格和产品数量的变化,提出了如何进行补偿福利测量和等效福利测量,并将由价格变化引起的福利变化命名为价格补偿变化和等效变化,把数量变化引起的福利变化命名为数量补偿变化和数量等效变化。这两个不同的价值衡量标准通常被称为由价格变化引起的补偿变化和等效变化,以及由数量变化引起的补偿剩余和等效剩余。使用支出函数很容易对这些价值进行测量,特别是在人们理解"等效"和"补偿"的术语的情况下。

在直接讨论变化和剩余计算之前,先讨论一下收入变化。收入变化也可能是由政策引起的结果,所以我们首先要处理收入的变化。例如,监管污染企业的行为可能会减少对劳动力的需求,从而导致工人收入水平下降。

2.2.3　处理收入发生的变化

设 $U^0 = v(P^0, Q^0, y^0)$ 表示变化前的效用水平,$U^1 = v(P^1, Q^1, y^1)$ 表示收入、价格和公共品发生一般变化后的效用水平。我们的补偿测量和等效测量就可以用以上阐述的形式来表达,所不同的是需要加入收入变化。这两种测量可用式(2.5)来表示。

$$v(P^0, Q^0, y^0) = v(P^1, Q^1, y^1 - C)$$
$$v(P^0, Q^0, y^0 + E) = v(P^1, Q^1, y^1) \tag{2.5}$$

我们也可以用支出函数来表示 C 和 E。

$$C = e(P^1, Q^1, U^1) - e(P^1, Q^1, U^0)$$
$$E = e(P^0, Q^0, U^1) - e(P^0, Q^0, U^0) \tag{2.6}$$

为了确定如何处理收入变化,需要重新表达 C 和 E。在支出函数表述,$y^0 = e(P^0, Q^0, U^0)$ 和 $y^1 = e(P^1, Q^1, U^1)$,$y^1 = y^0 + y^1 - y^0$。利用这些等式,可以将 C 和 E 改写为如下形式。

$$C = e(P^0, Q^0, U^0) - e(P^1, Q^1, U^0) + (y^1 - y^0)$$
$$E = e(P^0, Q^0, U^1) - e(P^1, Q^1, U^1) + (y^1 - y^0) \tag{2.7}$$

这种新的形式[式(2.7)]表明,对于 C,我们在初始效用水平上评估价格和公共品数量的变化,同时考虑收入的变化。对于 E,我们是考虑了在效用水平发生改变之后,价格和公共品发生变化,同时又考虑了收入的变化。产生的补偿测量从收入中扣除[式(2.2)],而产生的等效测量是把收入加上去[式(2.3)]。如何估计由价格和公共品数量发生变化而产生价值的变化是我们下面要讨论的问题。

2.2.4　测量由价格 i 变化引起的福利变化

假设我们正在考虑一项政策,该政策引起商品 i 的价格下降,$p_i^0 > p_i^1$。Hicks 把由价格变化引起的补偿福利测量称为补偿变化(CV),将等效福利测量称为等效变化(EV)。由于价格下降使消费者生活变得更好,两个测量都会是正的。$\boldsymbol{P}_{-i}$ 表示移除 P_i 后的价格向量。

$$CV = e(p_i^0, P_{-i}^0, Q^0, U^0) - e(p_i^1, P_{-i}^0, Q^0, U^0) \qquad (2.8)$$

$$EV = e(p_i^0, P_{-i}^0, Q^0, U^0) - e(p_i^1, P_{-i}^0, Q^0, U^1) \qquad (2.9)$$

使用 Roy 等式和积分基本原理,补偿变化和等效变化可以表示为初始价格和后续价格与希克斯需求曲线之间构成的面积。这里 s 表示沿价格 P_i 的积分路径。

$$CV = e(p_i^0, P_{-i}^0, Q^0, U^0) - e(p_i^1, P_{-i}^0, Q^0, U^0) = \int_{p_i^1}^{p_i^0} X_i^h(s, P_{-i}^0, Q^0, U^0)\,ds$$

$$(2.10)$$

$$EV = e(p_i^0, P_{-i}^0, Q^0, U^0) - e(p_i^1, P_{-i}^0, Q^0, U^1) = \int_{p_i^1}^{p_i^0} X_i^h(s, P_{-i}^0, Q^0, U^1)\,ds$$

$$(2.11)$$

对于价格变化,补偿变化仅仅是初始效用水平下由希克斯需求曲线和两个价格围成的面积。类似地,等效变化是在新的效用水平下由希克斯需求曲线与两个价格围成的面积。图 2.1 描述了价格变化引起的福利或价值的两种测量。

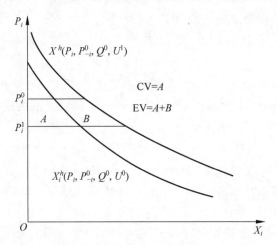

图 2.1 由价格 P_i 下降引起的补偿变化和等效变化

关于价格变动的福利分析,有几个问题值得注意:首先,这里只是介绍了单一价格变化的情况。如果是多种价格变化可以做出类似的补偿变化框架来测算,只是把多重价格变化按顺序分解为多个单个价格变化。第二,由普通需求(非补偿)曲线与两个价格围成的面积可以近似地表示补偿变化或等效变化。根据 Willig(1976)发表的研究,在许多情况下这种近似估计是可信的,取决于需求收入弹性和价格变化的大小。Hausman(1981)提供了一种从普通需求中推导出精确希克斯测量的方法。Vartia(1983)提供了另一种使用数值方法来推导精确希克斯测度的方法。虽然从普通需求中推导补偿变化福利测量的两种方法都是令人满意的,但 Vartia 的方法非常简单。最后,我们还需要考虑价格上涨的情况,它在概念上与价格下降的情况是一样的,只是现状价格低于变化后的价格,$P < P^1$。当然,现在两个福利测量结果是负的。在补偿变化的情况下,我们不考虑负数,即出钱,因为新的价格水平使福利水平下降。类似地,最初我们在旧价格时就放弃钱以使原来效用水平与新价格下效用水平相等,这相当于使我们有一个负等效变化。

2.2.5　公共品 j 变化的福利测量

现在,假设我们正在考虑增加一个公共品 Q 的数量。回想一下,我们的补偿测量和等效测量可被称为补偿剩余(CS)和等效剩余(ES)。用支出函数表示的这些剩余如下。

$$\mathrm{CS} = e(p^0, Q^0, U^0) - e(p^0, Q^1, U^0) \tag{2.12}$$

$$\mathrm{CS} = e(P^0, q_j^0, Q_{-j}^0, U^0) - e(p^0, q_j^1, Q_{-j}^0, U^0)$$

$$= \int_{q_j^0}^{q_j^1} p_i^v(P^0, s, Q_{-j}^0, U^0) \mathrm{d}s \tag{2.13}$$

$$\mathrm{ES} = e(p^0, Q^0, U^1) - e(p^0, Q^1, U^1) \tag{2.14}$$

利用支出函数的性质,可以以一种有洞察力的形式重写数量补偿变化和等效变化。Maler(1974)指出,关于非市场商品的支出函数对于公共品 j 的导数就是公共品 j 的反希克斯需求曲线的负数。这个导数等于虚拟价格的负数,即公共品 j 的影子价值。再次应用微积分的基本定理,我们可以重写用影子价值表示的剩余测量。注意,通过使用积分的性质来改变积分极限的顺序,即可抵消负因子。类似于价格变化,用 Q_{-j} 表示去掉 q_j 后公共品向量,s 代表 q_j 沿着积分区间。

$$\mathrm{ES} = e(P^0, q_j^0, Q_{-j}^0, U^1) - e(p^0, q_j^1, Q_{-j}^0, U^1)$$

$$= \int_{q_j^0}^{q_j^1} p_i^v(P^0, s, Q_{-j}^0, U^1) \mathrm{d}s \tag{2.15}$$

图 2.2 显示了这一公共品数量增长引起的补偿剩余和等效剩余。该图看起来与图 2.1 相似,只是现在变化是发生在数量空间上,而不是在价格空间上。

在考虑把补偿变化和等效变化变换成补偿剩余和等效剩余表示时,需要强调什么是公共品、什么是私人品,进行这样的区分是有用的。就市场商品而言,价格是公开透明的,对于这类商品的需求会因人而异。而对于公共品,其供给水平是人人都看得见的,每个人分享的数量相同,但其对于每个人的边际价值则不同。这些规则帮助我们从图形上区分是采用补偿变化和等效变化,还是采用补偿剩余和等效剩余。

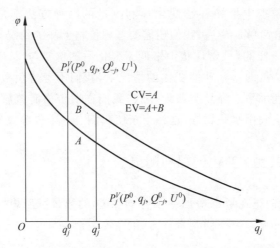

图 2.2　公共品 Q 数量增加引起的补偿变化和等效变化

2.2.6　补偿变化和等效变化，支付意愿和接受意愿

如果我们就初始价格水平和公共品水平取得共识,那么我们就可以对补偿和等效福利测量给出明确的定义和正确理解。另外两个术语:支付意愿和接受意愿补偿,经常被用作补偿测量或等效测量的替代名称。WTP 通常与好的期望变化相关联,而 WTA 补偿则与负变化相关联。考虑表 2.1 中给出的价格变化情况。

表 2.1　表示价格变化的 CV、EV、WTP 和 WTA

福利测量	涨　价	降　价
EV-意味着产权归于变化	避免使用支付意愿	放弃 WTA
CV-意味着产权归于现状	接受 WTA	获得 WTP

资料来源:FREEMAN Ⅲ M A. The measurement of environmental and resource values, theory and methods[M]. Washington, DC: Resources for the Future,1993:58.

正如表 2.1 所示,在使用 WTP 时,你要明确自己在为什么而支付费用;在使用 WTA 时,需要明确你被补偿的是什么,或者你为什么得到补偿。在效用变化被清楚地确定为正或负时,WTP 和 WTA 很适合运用。然而,在面临有利变化和不利变化交织的情况下,如改善水质的同时带来购买市场商品销售税的增加,那么 WTP 和 WTA 就不那么有用了。这是因为如果一项政策的总效果是坏的($U^0 > U^1$),那么补偿福利测量是 WTA,而等效福利测量是 WTP 为了防止政策实施。如果政策的整体效果是好的($U^0 < U^1$),则补偿福利测量是 WTP 为了得到政策实施,

而等效福利测量是 WTA 为了放弃政策。这种情况可能导致获得和损失交织,使我们用 WTA 测量价值损失、用 WTP 测量获得。例如,我们可以考虑一项政策,为大连西郊国家森林公园引进野生梅花鹿。这一政策能够提高野生动物保护的价值,但是会给公园周边种地农民的经济带来损失,使得农民的福利水平下降。根据等效福利测量或补偿福利测量,可以分别测算出获利多少和损失多少。

这些获得和损失的概念指的是个人层面的得失。正如第 1 章所讨论的,可采用不同的方法来从个人信息层面扩大到整个集体人群的情况。卡尔多和希克斯提出的潜在补偿测试是最广泛使用的测算集体或相关人口总的补偿福利测量和等效福利测量方法。

<h2>2.3　环境产品的隐性市场</h2>

根据定义,我们个人无法明显地购买公共品。我们常常会购买很多市场产品,而我们对这些市场产品的需求与公共品存在着一定的联系。例如,当我们选择到哪个旅游景点去旅游时,我们会认真考虑景点的环境质量。此外,环境质量也会影响我们选择居住的区域,影响到我们会选择在什么地方买房子。可见,市场产品与资源环境等公共品存在着紧密的联系,因此,通过增加消费者对市场商品的需求和购买行为,我们可以推断出资源环境等公共品的价值。对于一个特指的非常评价技术而言,这种揭示非市场品价值的方法,叫作揭示性偏好法。本章我们将介绍一些与环境价值有关的基本概念。

2.3.1　价格变化与环境价值

假设我们正在增加非市场品数量 q_1,我们想衡量这种变化的货币价值,并且决定采用补偿剩余作为价值测量指标。使用支出函数,仅有一变量发生改变,即 q_1。把从向量 Q 中去掉 q_1 后的向量表示成 Q_{-1}。

$$CS = e(P^0, q_1^0, Q_{-1}, U^0) - e(P^0, q_1^1, Q_{-1}, U^0) \qquad (2.16)$$

现在,通过引入任意价格变化和公共品数量变化,加上和减去一个相同的项。这样的处理并没有改变补偿剩余的数量。

$$CS = e(P^1, q_1^1, Q_{-1}^0, U^0) - e(P^0, q_1^1, Q_{-1}^0, U^0)$$
$$- [e(P^1, q_1^0, Q_{-1}^0, U^0) - e(P^0, q_1^0, Q_{-1}^0, U^0)]$$
$$+ e(P^1, q_1^0, Q_{-1}^0, U^0) - e(P^1, q_1^1, Q_{-1}^0, U^0) \qquad (2.17)$$

式中第 2 项和第 4 项为原函数(2.16)中的原始项,其他 4 项是"零"项。注意对这些不同项的安排。第一行是价格变化在新的数量水平 q_1 的价值。第二行是在初始数量水平 q_1，价格变化的负值。第三行是在新价格水平下 q_1 变化的价值。如果满足一个称为弱互补性的特殊条件，那么这种安排是有用的，它构成了旅行成本模型的理论基础。

2.3.2　弱互补

假设市场商品 x_1 的补偿需求取决于 q_1 的水平，并且二者存在正向关系，也就是说当 q_1 增加时，会使得 x_1 需求曲线向右移动。进一步假设，如果该市场商品的消费为零，则 q_1 变化的边际价值也是零。Maler(1974)将这种情况称为弱互补性。现在回到式(2.17)中补偿剩余，并对其重新表述。假设价格的变化是从原始价格水平到需求量等于 0 的扼阻价格。这个扼阻价格被指定为 $\hat{p}_1$，如下所示。

$$CS = e(\hat{p}_1, P_{-1}^0, q_1^1, Q_{-1}^0, U^0) - e(p_1^0, P_{-1}^0, Q_{-1}^0, U^0)$$
$$- [e(\hat{p}_1, P_{-1}^0, q_1^0, Q_{-1}^0, U^0) - e(p_1^0, P_{-1}^0, q_1^0, Q_{-1}^0, U^0)]$$
$$+ e(\hat{p}_1, P_{-1}^0, q_1^0, Q_{-1}^0, U^0) - e(\hat{p}_1, P_{-1}^0, q_1^1, Q_{-1}^0, U^0) \qquad (2.18)$$

根据定义，弱互补商品在 $\hat{p}_1$ 时的需求为零，所以函数(2.18)的最后一行等于零。现在我们的补偿剩余就是弱互补性商品的总消费者剩余的变化。

$$CS = e(\hat{p}_1, P_{-1}^0, q_1^1, Q_{-1}^0, U^0) - e(p_1^0, P_{-1}^0, q_1^1, Q_{-1}^0, U^0)$$
$$- [e(\hat{p}_1, P_{-1}^0, q_1^0, Q_{-1}^0, U^0) - e(\hat{p}_1, P_{-1}^0, q_1^0, Q_{-1}^0, U^0)]$$

$$= \int_{p_1^0}^{\hat{p}_1} x_1^h(s, P_{-1}^0, q_1^1, Q_{-1}^0, U^0)\,ds - \int_{p_1^0}^{\hat{p}_1} x_1^h(s, P_{-1}^0, q_1^0, Q_{-1}^0, U^0)\,ds \qquad (2.19)$$

使用弱互补方法是方便的，因为评价非市场品价值变化可以通过评估弱互补商品的消费者剩余来实现。图 2.3 给出了这种弱互补商品的补偿剩余。

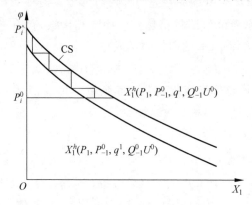

图 2.3　市场商品 x_1 的弱互补性和非市场品 q_1 变化的补偿剩余(CS)

为了使 q_1 的边际价值等于零,几种市场商品的消费可能需要为零。一个例子是提高河流沿岸两个旅游景点的水质量。提高水质的价值可能为零,如果前往两个景点的旅游人数为零,这是一个联合弱互补条件。这些概念与笔者到目前为止所介绍的概念类似,不同的是等于 0 的方式。然而,研究者有多个价格要考虑。举一个简单的两个产品价格的例子。假设对市场商品 1 和 2 的需求为零,那么 q_1 变化的边际价值也等于零。补偿剩余可表示如下。类似于早期采用的表示符号,$\boldsymbol{P}^0_{-1,-2}$ 是在价格向量中去掉第一个和第二个元素价格要素而形成的价格向量。

$$CS = \int_{p_1^0}^{\hat{p}_1} x_1^h(s, P_{-1}^0, q_1^1, \boldsymbol{Q}_{-1}^0, U^0)\,ds - \int_{p_1^0}^{\hat{p}_1} x_1^h(s, P_{-1}^0, q_1^0, \boldsymbol{Q}_{-1}^0, U^0)\,ds$$

$$+ \int_{p_2^0}^{\hat{p}_2} x_2^h(\hat{p}_1, s, \boldsymbol{P}_{-1,-2}^0, q_1^1, \boldsymbol{Q}_{-1}^0, U^0)\,ds - \int_{p_2^0}^{\hat{p}_2} x_1^h(\hat{p}_1, s, \boldsymbol{P}_{-1,-2}^0, q_1^0, \boldsymbol{Q}_{-1}^0, U^0)\,ds$$

$$(2.20)$$

补偿剩余是由公共品数量 q_1 的增加引起两种商品消费者剩余的变化来表示的。对于第一种商品,消费者剩余的变化是基于所有其他商品的价格都保持在原始水平 P_{-1}^0。对于第二种商品,消费者剩余的变化取决于第一种商品的扼阻价格 $\hat{p}_0$ 和剩余市场商品的原始价格 $P_{-1,-2}^0$。如果研究者有第三种商品,则第三种商品的消费者剩余的变化将取决于第一种商品和第二种商品的扼阻价格。这种调整对于衡量任何价格变化序列的消费者剩余变化都是必要的,而不仅仅是扼阻价格。只要研究者正确地以其他价格为条件,那么价格变化的顺序并不重要(Braeutigam et al.,1984)。

2.3.3　家庭生产函数

与上述方法略有不同的方法是家庭生产函数。家庭生产框架是非市场评价评价的另外一个理论基础。假设研究者想要决定一个非市场品 q_j 的价值。家庭生产函数假定了消费商品 x_p 和 q_j 之间的关系。市场商品是对消费者有价值的最终产品。让我们将市场商品向量 $\boldsymbol{X}$ 划分为 $[\boldsymbol{X}_1, X_p]$,式中,X_p 是由个人根据 $x_p = f(I, q_j)$ 生产的。I 是从市场购买的生产投入要素,$\boldsymbol{X}_1$ 是消费的市场商品的向量。假设 q_j 成为选择问题只有通过生产 x_p,那么效用最大化问题可表示如下。

$$\max_{X_1, I} U(X_1, x_p) \text{ s.t. } p_1 \cdot X_1 + p_I \cdot I \leqslant y, \quad q_j = q_j^0, x_p = f(I, q_j)$$

$$(2.21)$$

$$\frac{\partial U}{\partial x_p} \cdot \frac{\partial f}{\partial I} = \lambda \cdot P_1 \qquad \frac{\partial U}{\partial x_p} \cdot \frac{\partial f}{\partial q} = p_{q_j}^v \cdot \lambda \qquad (2.22)$$

从式(2.21)和式(2.22)这两个函数可以解出 q_j 的边际价值:

$$p_{q_j}^v = p_I \cdot \frac{\left(\frac{\partial f}{\partial q}\right)}{\left(\frac{\partial f}{\partial I}\right)} \tag{2.23}$$

因此,研究者可以从投入的价格和投入要素与 q_j 之间的边际转换率推导出 q_j 的边际价值。采用这种技术处理的好处是我们不必对消费者偏好进行建模。当然,我们仍然需要建立生产函数模型。当我们跳出只是使用单一的生产投入要素和生产一个产品的情况,模型很快就会变得很复杂。因为我们需要得到边际效用,所以,我们需要对生产过程和消费者偏好过程都进行建模,正像我们在本节开始所介绍的基本框架那样,分别建立效用函数模型和生产函数模型。

2.3.4 享乐的概念

我们可以把消费的一些商品看作具有一组捆绑属性。例如,房屋具有不同的属性,包括面积、卧室数量、所在位置和环境质量等。一个公共活动场地(如广场)也有其构成的属性,包括面积大小、卫生条件,以及与居民住宅的距离等。对于一些愿意跳广场舞的居民来说,房屋与广场之间具有合适的距离就是一个很有价值的属性。一座距离广场较近的房子,在其他各种条件都相同的情况下,其价格就会较高。考虑到这样一种价格梯度,购房者会在这样一个位置买房子,即靠近广场买房的边际成本等于边际收益。这个房子距离广场的属性存在一个隐形市场,因为房子的价格随着与广场的距离不同这一属性而发生变化。这一概念奠定了享乐非市场评价技术的基础。其他关于住房市场属性的例子包括空气质量、与繁忙街道的距离的远近,以及孩子上学的方便程度等。环境风险是工作的一种属性,使得人们在选择工作时会在考虑工资水平与面临工作中出现风险大小之间进行取舍,包括容易受伤或中毒的风险。享乐模型的重要特征是,产品的某些属性存在一个隐性市场,如接近广场的距离或面临某种工作风险等。但是,却看不到这些属性在市场上进行明显的交易。

在家庭购买房子的情况下,消费者通过购买房子而买到一些环境质量。因此,效用大小仍然取决于消费者对市场商品 X 和非市场商品 Q 的消费,但现在假设 Q 的某些方面被认为是可以选择的。重要的是认识到这种选择水平是有限的。例如,个人不能购买广场空地,因此,Q 的数量是固定的。但是,可以买一个距离广场空地较近的房子。就空气质量而言,就个人而言,质量好坏程度是固定的。大连市一个居民无法独自控制大连市环境质量,但是他可以选择在理想自然环境里买房子。可以这样理解,他在买房子时除了房子本身,可能更在意周边的自然环境质量。例如,他可以住在空气质量相对较好的海滩附近,但在市中心工作,那里空气质量却很差。可以把空气质量(Q)作为住房效用函数的一个解释变量,而且该变量与其他解释变量是相互独立的,没有相关关系。

　　享乐方法最初就是把房屋看作被捆绑在一起的多种属性。很多人都关心这些属性,使它们变得稀缺和有价值。虽然我们为房子支付了一揽子价格,但实际上我们是在为每个属性付费。在构建消费模型当中,就是把市场商品 $X=[X_1,X_2]$ 和非市场商品 $Q=[Q_1,Q_2]$ 区分开来。在市场商品和非市场品划分中的第二个向量是在购买住房时选择的那些属性。房子的总价是这些属性的函数,$p_h(X_2,Q_2)$。其最大化可表示成

$$\max_{X,I} U(X_1,X_2,Q_1,Q_2)$$

$$\text{s. t. } p_1 \cdot X_1 + p_h(X_2,Q_2) \leqslant y, \quad Q_1 = Q_1^0 \tag{2.24}$$

　　重要的特征是,消费者通过购房选择 Q_2 水平,基于边际收益等于边际成本。需要强调的是,相等边际替代率条件(称为等边际条件)需要在 Q_2 中任一要素和单个市场商品 X_1 和 X_2 都是得到满足的。

$$\frac{\left(\dfrac{\partial U}{\partial q_j}\right)}{\left(\dfrac{\partial U}{\partial x_j}\right)} = \frac{\left(\dfrac{\partial p_h}{\partial q_j}\right)}{\left(\dfrac{\partial p_h}{\partial x_j}\right)}, \quad q_j \in Q_2, x_i \in X_2$$

$$\frac{\left(\dfrac{\partial U}{\partial q_j}\right)}{\left(\dfrac{\partial U}{\partial x_i}\right)} = \frac{\left(\dfrac{\partial p_h}{\partial q_j}\right)}{p_i}, \quad q_j \in Q_2, x_i \in X_1 \tag{2.25}$$

　　正如市场商品的情况那样,组合的边际替代关系可以产生对应的边际替代曲线,称为个人报价函数。相反,卖家通常都在努力使他们的房子卖到最高的价格。价格函数 $P_h(X_2,Q_2)$,是买方和卖方相互作用产生的市场均衡价格。使用需求数据可估计出价格函数,运用该函数可以估计 Q_2 的边际价值信息。附加的结构可用来估计报价函数,然后用来估计非边际变化的价值。

第3章 获取非市场评价数据

3.1 引 言

环境和自然资源具有的一些独特性质使得对它们进行价值评价具有挑战性。对于常规市场商品来说,价格可以作为反映价值的重要标准。但是,对于环境资源等非市场产品,它们不具有这些能够反映价值的价格信息。因此,非市场品的价值估计只能是基于向公众直接询问他们从这些非市场品利用当中获得的价值是多少。这就导致非市场品价值的估计对于从公众调查获得数据信息的质量具有高度敏感性和依赖性。这就是为什么我们要在本书采用一章的篇幅来重点讨论如何进行数据收集用于非市场品价值评价。

非市场价值评价所需要的数据信息,包括一手数据和二手数据。在陈述性偏好法中,研究者主要是通过调查获得一手数据。例如,条件评价法就是直接向受访者询问对某种非市场品的意愿支付货币数额。而在采用揭示性偏好法进行的非市场品价值评价中,则主要是运用二手数据或运用一手数据和二手数据相结合的数据。例如,当运用特征模型(或享乐模型)评价一片休憩用地的价值时,是采用二手数据间接性地推断休憩地的价值。这个二手数据就是通过收集位于休憩地周边房产的价格信息。房子售价的数据可通过房子销售记录或房产税记录获得。

在使用二手数据时,研究者必须清楚地了解数据是如何收集的,不同的数据收集过程会伴随产生一些特定类型的错误。将在3.3节描述一些在手机二手数据可能产生的一些错误。本章的其余部分主要讨论非市场评价的调查问卷设计和如何开展问卷调查。由于还没有一套标准的操作程序能够确保收集到高质量的分析数据,因此,在很多情况下研究人员需要基于个人的判断来制订和实施调查计划。本章只是为这些开展数据收集的环节提供一些指导。

3.2　确定研究所需数据

　　研究人员必须事先明确非市场评价研究的内容和研究目标，从中确定需要获得什么样的数据，以及怎样获得这些数据。一般来说，大多数这类研究都有一个较为宽泛的研究目标，如为制定某些资源环境保护政策提供信息支持，包括评估由于自然资源遭到破坏而遭受的经济损失有多大、环境破坏案件的裁决、如何制定经济补偿和赔偿标准等，当然，也可能是为了探究某些学术性问题。在这些宽泛目标当中，研究人员应明确需要解决的经济问题是什么。例如，价值测量是采用等价剩余指标进行测量，还是采用补偿剩余指标进行测量？等等。如果一项研究是为了解决某个学术问题，研究者需要提出用于进行检验的假设。提出具体的研究目标和打算解决的经济问题，这将有助于确定采用最合适的收集数据类型和采用的价值评价技术。反过来，在知道需要采用的价值评价技术之后，可以确定是使用现有数据，还是需要重新收集数据。如果需要收集一手数据，那就需要根据具体的经济问题和总体研究目标来决定抽样技术、调查手段、调查内容以及进行什么样的分析。

3.3　收集二手数据

　　如上所述，使用已有数据也可以进行非市场价值评价研究。但值得注意的是，虽然使用二手数据可以节省研究者大量的时间、成本和精力，但二手数据的使用必须是基于研究者对数据的质量有充分的把握。许多大规模全国性的调查数据，如国家每五年或十年进行的人口普查是在经过精心设计的条件下进行的，其收集的数据较为真实可靠，因此可用于非市场评价。任何国家的人口调查局都会定期或不定期地开展多种人口统计和社会经济统计调查活动。但就游憩活动调查而言，美国和欧洲等一些经济发达国家和地区开展的全国性的调查较多，涵盖信息较为全面。比如，美国和加拿大等国家资源管理部门开展了大量的关于居民钓鱼、狩猎和与开展野生动物游憩活动等统计调查。同样地，中国国家统计局承担很多社会经济调查，包括人口普查、土地普查、野生动植物物种调查等。这些统计调查数据，有些可以通过政府网站查询，有些则作为出版物正式发行，供各级政府部门和科研人员购买使用。除此之外，地处北京的多家高校、科学研究机构，也有设立单独的机构开展全国性的统计调查工作。使用这些二手数据的一个重要考虑因素是，数据中是否包含了开展非市场价值研究所需要的信息。此外，还要知道这些统计信息采用的计量单位。例如，如果想采用一个旅行成本模型评价旅游地的经济价值，已有的关于游客旅行花费的数据，一些统计指标可能是采用了每年的旅游总花费数据,而另一些统计指标可能是采用了每个人每次参加旅游成本的数据。在旅行成本模型分析当中,就需要把旅行成本统一到每人每次到某一特定旅游景区的旅游花费数据。这样的转换过程是必不可少的。

使用二手数据需要考虑的另外一个因素是,数据是否代表了适当的人群。这个问题将在 3.4 节调查抽样问题中讨论。当然,统计抽样问题直接与获取一手数据有关。在明确了所要研究相关人群后,就要慎重考虑如何保证抽取的样本对所要研究人口群体具有代表性。当然,关于数据代表性的问题,即使在使用二手数据的条件下,也是同样存在的。

3.4　获得一手数据

一项好的调查数据应具有以下特点:无论采用何种数据调查方法,一个好的抽样调查应该是确保研究有关人口的群体中,每一个成员都有一个已知的机会被抽作为调查样本(避免不被抽样引起的误差);需要采取随机抽样方法,而且确保抽取的样本足够大,从而获得准确的估计结果(限制抽样误差);调查问题的设计和描述要使被调查者感觉清楚易懂(避免测量误差);确保抽取样本中的每个人都对调查的问题作出响应(避免无响应误差)(Diliman,1991,第 228 页)。

然而,在实际调查当中,却很难避免出现所有上述这些误差。但是,通过好的调查设计和调查实施过程,可以尽量减少相关误差,并在必要时对收集的数据进行事后调整。

本章的其余部分内容将着重讨论如何收集具有高质量的非市场评价数据。表 3.1 列出了需要采取的调查设计步骤。尽管表 3.1 及以下各节是按顺序安排的,但是各个实施步骤计划安排通常是在一起进行的,无分先后。例如,如果项目预算不允许研究者进行较大样本的现场调查来获得准确的价值评价所需要的信息,那就需要考虑采用其他问卷调查方式,如采用电话调查或者发送电子邮件调查。调查方式的选择会影响到样本结构的选择,而样本结构的可用性将影响如何进行调查的管理。以下部分就是为调查过程中采取的每个步骤提供各种选项。

表 3.1　非市场评价研究数据收集采用步骤

1.	选择问卷调查管理模式
	当面调查
	电话调查
	邮件调查

	电子邮件和网络调查
	设立调查中心站进行数据收集
	混合调查模式
2.	准备调查材料
	找到适合的测量标准
	通过适当的问题设计获得合适的测量标准
	采用定性研究方法设计调查资料
3.	调查管理
	施行小样本(或预备)调查
	施行最终正式调查
4.	准备数据
	对数据进行编码
	数据录入
	数据核对

3.4.1　样本设计

样本设计首先是界定所要研究的人口总体、样本收集的架构和采用的抽样技术。在整个调查过程中,研究人员要预判可能产生数据收集错误的环节在哪里、这些错误将会如何影响整个研究结果。比如,在抽样范围设计阶段,最容易产生的一个错误是覆盖误差。就是说样本抽取的范围与所研究的人口总体不一致,出现覆盖误差,导致一些人口群体或地区在抽样时没有包括在内。例如,如果研究的人口群体是涵盖所有的美国居民,那么如果把抽样人群的范围仅限于参加政府政治选举登记的选民,就不能代表全部的国家居民,因为一些居民并没有参加进行政治选举的选民登记。如果从抽样范围内选择采样单元的程序有缺陷,也可能发生其他类型的错误。比如,样本抽样的范围或架构是定在以县为单位的大连市居民,确定从中选取 500 户居民。那些排列在前边县的人口可能会被抽取的数量较多,造成代表性过大,而排列在后边县里的人口被抽取的数量可能会很少甚至根本没有,这就产生了部分或完全的抽样遗漏。

另一个抽样误差是来自被抽取样本中的个体没有回答问卷,这会产生实际调查参与者与样本架构之间的差异误差。这种误差来自回应调查问卷的人与不回应调查问卷的人可能对所调查的问题持有不同的意见或反应。当然,这样的错误自然会对价值测量的结果的可靠性产生影响。如果研究人员使用旅行成本模型来估算特定湖泊休闲垂钓的价值,而在使用的样本中女性垂钓者的比例明显大于在实际垂钓者群体中所占的比例,那么,如果女性垂钓人的旅行距离或旅行支出与男性钓鱼者有所不同,则会导致价值估计结果的偏差。

3.4.2 研究人群

非市场评价研究运用于许多领域,包括效益成本分析、自然资源破坏价值评估和政府公共政策分析。在每种情况分析中,都可能涉及不同的研究人群。定义研究人群时,一个重要的决定因素就是是否与估计的价值有关。在某些情况下,确定所要研究的人群是很简单的事情。以一所大学为例,假如我们要分析使用学费支付学校互联网能够给学生带来好处的问题。那么,合适的研究人群一定是目前在该大学所有注册的学生。学生群体应该是既包括拥有大学互联网账户的学生,也包括那些没有申请学校互联网账户的学生,假如所有学生都为该项学校提供的互联网服务交付了学费。将所有学生纳入研究的人群将允许衡量互联网服务给当前学生用户和潜在学生用户带来的好处。在本例中,我们想知道学校提供的互联网服务将在多大程度上受益于交付学费的学生。值得一提的是,在评价其他一些资源环境价值(如评价国家公园的游憩价值)时,准确识别当前受益群体和潜在受益群体,可能是一项非常复杂的任务。

特别是在测量被动使用价值时,确定相关受益人群体将更加具有挑战性,因为受益人可能超出了直接承担支付所要评价产品费用的范围。Loomis(2000,第312页)认为,如果公共物品提供的效益远远超出了该物品所在地直接管辖人群的范围,那就需要由美国联邦政府提出这类项目的资金援助拨款,用于改善这类公共物品资源的质量与合理使用,而不能把付款的责任全部推给当地纳税人来承担。换句话说,在某种资源具有较大溢出效益的情况下,如果只是根据资源所在地居民的边际供给成本等于边际供给效益来决定公共产品数量,这将会导致该公共品出现严重的供给不足。因此,在我们评价某种环境舒适度具有的边际价值的时候,仅仅是基于环境资源所在地居民具有的边际效益和边际成本,然后,以此来决定环境产品的生产数量或计算环境产品的总价值是不正确的。然而,到目前为止,还没有一个确切的方法来指导研究者如何确定环境舒适度供给量所涉及的全部人口数量。从实际应用角度来看,我个人的看法是,这个人口范围的确定应考虑那些从这类环境资源的供给当中获得明显收益的人群,同时还要考虑让这些人付款具有的可操作性。基于这两点,研究者可大致确定总的价值评价当中应该涵盖的人口数量。

3.4.3 确定样本抽样范围

样本抽样的范围就是确定列出选取的抽样单位。在理想情况下,样本抽样范围应该涵盖全部研究人口(二者完全相匹配)。但是,在实际研究中,满足这样的条件是很少的。严格来说,调查样本只能代表所涉及的抽样的范围,而不能代表全部研究的人口总体。当然,从原则上来说,抽样的范围应该是最大限度地接近涵盖到了研究人群。举一个例子,如果研究的目的是调查当地居民的基本情况信息,为此可由当地手机销售商提供当地居民手机号码簿,从中抽取一些居民手机号。然后,拨打对这些手机号进行电话沟通来收集相关信息。这种做法,就不是一个确定样本抽样范围的合适方法,因为当地有一些居民可能不用手机,在手机号码簿上也就查不到这些居民的手机号码。在这种情况下,一个好的样本抽样范围就应该是采取多种抽样途径,比如可以通过座机、手机、家庭汽车车牌号等来抽取样本,有些信息还可以从专业调查公司那里进行购买。

有时非市场评价研究会指定涉及的人口范围。例如,美国学者 McCollum,Haefele 和 Rosenberg(1999)采用邮寄信件的方式调查估计美国科罗拉多州钓鱼者对各种不同野外钓鱼管理情形的意愿支付。这项研究涉及的人口是科罗拉多州1997 年持有钓鱼执照的居民,即是在这一年里购买了钓鱼执照的当地居民。该项调查就涵盖了该州全部参加钓鱼的人群。

3.4.4　抽样程序

基本上有两种类型的抽样程序:非概率性抽样和概率性抽样。非概率性抽样类似于在课堂上采访学生或在购物中心招募顾客作为受试者。这样的抽样技术,人群中的每个人都不可能知道自己被抽取为样本的概率是多大。非概率性抽样多适合在不需要把调查样本信息外推到人群总体的情况下使用。这种抽样获得样本数据常用于对调查研究方法进行比较分析的问题,如在不同处理条件下个体的行为反应。在实验经济学领域多使用非概率性抽样来观察个体的行为。所以,使用非概率性抽样主要是用于估计一个消费者(如条件价值)。这种模型有时候也使用样本平均值来预测全部人口的行为。然而,对于这种使用方法仍存在争议。笔者建议,如果要将调查样本均值推广全部人群,应使用概率性抽样方法。

通过概率性抽样,抽取样本中的每个个体都有一个已知的被抽取作为样本的非零概率。概率性抽样允许从样本推断研究总体的情况。如果抽取的样本不能充分代表所要进行研究的人群总体,这样的抽样样本就是不可靠的。如果统计学的推论是进行非市场评价,那么概率性抽样就是最合适的。在实证研究当中,存在几种概率性抽样技术,其中最为普遍的是随机抽样。简单的随机抽样需要对整个研究人群包括的所有个体进行列表排序,然后从这个排序列表中随机抽取样本。简单的随机样本是比较理想的,因为每个样本单位都有同样被抽取的概率,并且不需要对最终数据进行权重设置。如果总体列表过长，那么简单的随机抽样可能会很麻烦，此时最好使用系统性的抽样技术。

如果研究的人口群体在地理分布上十分分散，采用简单的随机抽样或系统抽样可能会导致样本在地理分布上也很分散。对于面对面调查来说，如果面试对象所处的位置过于分散，每个调查对象所处地理位置相距很远，这会导致调查成本很高。因此，在确定了完整的样本结构的情况下，随机抽样最适合的方法是通过电话、信件或电子邮件进行调查。

另一种常用的概率性抽样技术是分层抽样。分层抽样是根据一些测量指标对全部所要研究人口群体进行没有重叠的小组划分（分层）。在每个分组当中，可采用多种形式的样本选择。例如，如果样本是从每个分层小组中随机进行选取的，则该过程称为分层随机抽样。在不同分组中可以使用不同的抽样方法来抽取样本单位。

分层取样主要用于以下三种情况：首先，分层抽样用于确保在每一个分层小组中抽取足够的样本规模，这一特点是非常重要的。例如，当考虑一项非市场评价研究的首要目标是估计改善进入某一游憩地，消费者的平均支付意愿。其次，是比较城市居民和农村居民对利用该游憩地的平均意愿支付差异。在这种情况下，一个简单的随机抽样可能不会包含足够数量的农村居民受访者，用来测算平均意愿支付水平的差异。为了解决这样的问题，可以将调查样本划分为农村和城市两个层次，并使得从农村人口层次抽取的样本数量足够多，以确保有足够数量的受访者用于分析。使用分层抽样的另一种情况是，当各分层数据之间的相关测量变量的方差不相等时。在这种情况下，可以从具有较大方差的分层数据中抽取更多的样本，以提高其在总样本中被抽取的概率。这种情况被普遍运用于分层样本数据代表不同组织的人群（如教育系统、医疗系统或企业系统）的情况。而在非市场评价研究中，通常是采用收集消费者个体样本，常常不采用这种分层抽样方法。在上述农村-城市的例子中，与农村人口相比，城市人口人均支付意愿方差要更大一些。第三种使用分层抽样的情况是获得的调查反馈在不同分层样本之间存在着较大的差异。这方面的一个例子是，在对没有互联网账户的个人进行的互联网和电话相结合的调查当中，要想获得同样数量的反馈问卷或信息，采用电话分层抽样调查要比采用互联网分层抽样的调查成本更高。在给定的一个调查预算条件下，就减小样本方差来说，从产生低成本分层数据抽取不成比例的样本量是可取的。

第三种概率性抽样（聚类抽样）适用于面对面调查，为了尽量减少相邻面试之间需要花费的交通成本，一般的做法是，受访者从各个分组或聚类中进行抽取。例如，一个简单的聚类样本可以将城市中不同的街道或小区设定为不同的聚类。当首批调查街道或小区选定之后，即可从每个街道选取调查对象或受访者。但是，聚类抽样可能是相当复杂的,需要聘请调查统计学家来设计抽样程序。

多阶段区域抽样类似于面访调查,但不需要设置完整的样本结构。多级区域样本包括:首先针对特定的地理区域进行抽样,然后从每个区域内的部分地区再确定抽样单位。例如,美国学者 Carson 等人在 1992 年石油泄漏事故调查中采用了多阶段区域采样,用来测算由于埃克森瓦尔迪兹号(Exxon Valdez)石油泄漏造成的被动使用价值的损失,该研究采用了条件价值评估方法。在第一阶段,他们从美国所有县的列表中抽取了 61 个县;第二阶段,是从这 61 个县中选择了 330 个街区。最后,从 330 个街区中选取了 1 600 个住户。通过对各个样本设置适当的样本权重,即可把价值损失估计的结果外推到美国全部的人口。

3.4.5　样本量

与选择样本调查密切相关的信息是决定选择多少个样本或确定样本规模。以下是确定抽样规模的几个考虑因素。

首先,明确样本误差是样本规模的函数。产生样本误差是因为一个样本信息不能代表总体信息。那么,对于较小的研究人口群体,需要抽取相对较大的人口比例,才能确保获得可以接受的样本抽样误差水平。例如,对于规模为 1 000 的研究人口群体,需要从中抽取 200～300 个观察值,才能保证达到 ±5% 的抽样误差。随着研究人口规模的扩大,抽样误差对于样本规模的敏感度下降。无论研究人群的规模是 10 000 还是 100 000 000,仅需要抽取大约 380 个样本量,即可实现 ±5% 的抽样误差控制。这个样本数量并不比之前研究的人口群体为 1 000 时需要抽取的样本数量增加很多。

其次,统计检验的能力与样本量有关。统计检验能力函数是测度当 0 假设是错误时,拒绝 0 假设的概率。这个能力随着样本量的增加而增强。要知道所有的统计检验都是基于统计样本数据的。如果统计检验是使用调查数据的子样本,那么每个子样本都必须具有足够数量的观测值。当然,最终样本量通常要比初始样本量小得多,因此应事先考虑预期调查问卷反馈率多少的因素,来确定初始样本的规模。在可以忽略项目调研成本的条件下,样本数量可以说是越大越好。不过在选择大样本时,同样需要确定可接受的抽样误差标准,并考虑项目预算是否允许开展大样本调查。

最后,样本量也与采取抽样的方式有关。在给定的预算情况下,选择成本较高的抽样调查管理方式(如当面调查),意味着要比选择成本较低的抽样调查管理模式(如采用邮件调查),需要调查的样本量小一些。3.5 节我们就来讨论各种抽样调查管理模式下的成本问题。

3.5　制定抽样调查框架

选择非市场评价样本抽样调查的管理模式需要考虑以下几个问题。但是,没有一种抽样调查管理模式会明显优于其他样本抽样管理模式。所以,必须考虑权衡各种抽样调查管理模式的优缺点,即优势或劣势:包括调查管理成本、时间限制、样本覆盖规模、样本无响应偏差和其他一些具体问题。在本节中,我会描述那些最常用的抽样调查管理模式及其各自具有的优缺点(表 3.2)。这些总结和梳理是从大量非市场评价研究进行的抽样调查管理模式中得出的。

表 3.2　各种抽样调查管理模式的优点(十)和缺点(一)

比　较　项	当面 调查	电话 调查	邮件 调查	电子邮件和 网络调查	设立调查中心站 进行数据收集
对调查过程的掌控力	+	+	—	+	+
借助视觉帮助能力	+	+	+	+	+
利用不完全样本框架能力	+	+	—	—	+/—
调查者的影响	—	—	+	+	+/—

3.5.1　当面调查

当面调查是由调查者与被试者面对面进行的,通过调查者向被试者提出问题并记录被试者给出的回答结果。此类调查可在受访者家中、便利地点(如购物中心或街道上)或目标活动参与者聚集的地方进行。例如,游憩活动调查通常是在游憩活动场所进行(如徒步旅行地段、乘船登陆或露营地等)。此类调查被称为"拦截"调查,因为调查对象在参加游憩场所当中被拦截参与问卷调查。当面调查的主要优势体现在调查者能够对整个调查过程具有控制能力。比如,调查者可以控制提问问题的顺序,有时还可以使用一些视觉辅助工具(如图片、录像等)。当面调查还可以控制家庭中由谁来参加完成调查。同样地,调查者可以当面解释清楚一些较为复杂的调查问题。当面调查的另一个优点是,调查者可以了解到在什么情况之下受访者采取了拒绝参加调查,以及拒绝参加调查的原因。获得这些信息要明显优于采用电话、邮件或互联网调查,因为在采取后者的调查管理模式中,对于调查者来说,受访者拒绝参与调查的原因可能无从得知。然而,由于当面调查涉及对调查者进行培训,并需要为其支付工资和差旅费用等,当面调查往往要比其他抽样调查管理模式昂贵得多。值得一提的是,即使是训练有素的调查者也会出现测量误差,如社会期望偏差。这种偏差发生在当受访者刻意向调查者给出他们认为是社会期望的答案,或者说在某种程度上受访者对某一问题的回答是尽可能地为了取悦于调查者。例如,如果受访者认为慈善捐赠是一种社会理想的活动,他们可能会夸大自己愿意对慈善组织进行捐赠的意愿或捐款数额。与其他管理模式相比,当面调查更容易产生社会期望偏差。

在过去,当面调查通常被认为是所有抽样调查管理方法中能得到最高质量的数据。然而,从 2000 年至今的 20 多年的研究对这一观念提出了挑战。只有根据研究的具体情况,才能决定采用哪种调查抽样管理模式最为合适。1993 年,一个由美国学者组成的专家组向美国国家海洋和大气管理局提交了一份关于自然资源损害价值评估方法的报告。在该报告中(Arrow et al. ,1993),专家组建议在自然资源损害评估中采用当面调查,因为通过邮件调查难以得到可靠的价值估计结果。尽管采用电话调查在节约成本方面比采用调查控制中心方法会有些优势,但还是应该鼓励采取当面调查。然而,该建议主要适用于以上所讲的调查背景,而不能将其推广到所有价值评价研究当中。研究人员需要通过仔细考虑各种抽样调查管理模式之间的利弊权衡,来确定最为合适的抽样调查管理方法。

其实,很少有实证研究对采用不同抽样调查管理模式对非市场价值评价结果影响进行分析。之前有学者(Mannesto et al. ,1991)在对条件评价研究中,比较采用当面调查和邮件调查方法产生的价值评价结果之间的差异。调查对象为游客对休闲划船者和垂钓的意愿支付。在这项研究中,研究者先选择在湖泊划船钓鱼现场对活动参与者进行当面调查。同时,研究人员在个人停船场地登记船只拥有者的家庭住址信息,以便事后对其进行邮件调查。运用这两种调查方式获得数据测算意愿支付、问卷反馈率、相关指标数据等指标,然后对其进行比较分析。结果发现,当面调查问卷的完成率(97%)明显高于邮件调查的反馈率(24%)。可见,当面调查问卷的反馈率要大大高于邮件调查问卷的反馈率。经验丰富的调查者由当面调查获得数据测算的游客平均支付意愿为 70 美元,而经验不足的调查者从调查中获得数据测算的游客平均支付意愿是 37 美元。基于邮件调查得到数据测算得出的平均支付意愿(38 美元),与经验不足调查者获得数据测算的意愿支付相差无几。此项研究表明,一种抽样调查管理方式不能在很多测量指标方面都能主导其他抽样管理模式。研究表明采用当面调查的条件如下:①没有给出调查人口列表;②通过邮件或电话调查难以得到受访者的配合,或者无法采用邮件或电话联系到受访者;③调查的问题本身比较复杂;④项目具有充足的资金用于聘请经验丰富的专业人士进行问卷设计和开展问卷调查。

3.5.2　电话调查

我国绝大多数家庭和个人都有电话,这使电话调查成为非市场价值评价研究的一种可行方式。电话调查和当面调查一样需要一位面试人员,只是面试人和受访者不是进行当面沟通。电话调查可以使用诸如电话列表之类的信息,有时还会添加诸如车辆登记列表的附加信息,用来核实被调查人员和家庭的真实性。根据电话列表信息,随机选号拨打。与当面调查一样,电话调查者可以控制调查问题的顺序以及家庭中调查对象。这在一定程度上能够保证调查顺序安排和调查问题的完整性,降低部分数据的丢失率。其另一个优点是电话调查人员可以在同一地点进行调查,无须受到地理条件或距离的限制。此外,调查者可以将调查结果直接输入计算机里,保证数据随时可用。最重要的是,电话调查比当面调查大大降低了调查的成本。但是,电话调查也有以下缺点,包括:可能会获得一些受访者提供的社会期望答案,而且任何视觉辅助性工具都需要事先邮寄给受访者。然而,这在使用随机拨号的条件下是不可能的。另外一个问题是,难以进行复杂信息的交流。

还可以采用邮件和电话混合调查的方法。比如,先采用电话调查进行初步的电话呼叫获得参与者的承诺,然后向同意参与调查者邮寄调查小册子,说明调查目的和内容,及使用相关的视觉辅助工具。最后再进行邮件调查。关于采用邮件调查和电话调查二者之间的差异,Loomis 提出了四个考察标准:①对支付意愿问题的总体回复率和无回答各自所占的比例;②受访者人口统计的差异;③Logit 方程和支付意愿金额的差异;④在对人口特征进行校正后,比较支付意愿的差异。

一般电话调查的回复率(56%)要高于邮件回复率(35%)。总的来说,特别是关于支付意愿的问题,邮件调查中没有回答的问题所占的比例会更高。在这两种调查方式中,发现参与者的人口特征(性别、教育程度、年龄和收入)有着显著不同。基于邮件调查数据估计的支付意愿要高于基于电话调查数据估计出的意愿支付。即便是在校正两种处理人口特征差异之后,二者在支付意愿上存在的差异仍没有明显减小。正常来说,人们会觉得社会期望偏见可能导致电话调查受访者给出更高的意愿支付。一般来说,采用邮件调查获得的信息会更加准确一些,因为受访者会有更多的时间思考和咨询家庭其他成员的意见。研究结果表明,在电话调查中的确存在社会期望偏差的证据,因为电话调查的受访者比邮寄调查的受访者更愿意支付增加公园门票费用(Whittaker et al. ,1998)。

3.5.3 邮件调查

邮件是最常见的调查管理模式,这是基于以下几个原因:邮件调查使用的资源较少,要比采用电话调查和当面调查成本明显低。实施邮件调查的程序不那么复杂,也无须雇用调查研究公司开展调查计划。此外,可以避免由面试官的一些行为可能对被调查者产生的影响,还可以使用视觉辅助工具,同时可以按照受访者的时间和节奏而不是面试者的时间和节奏来完成调查问卷。

邮件调查的主要缺点是存在一些潜在的错误。比如,调查的样本不能充分代表所要分析人群的总体,出现研究人群覆盖不全的问题。还可能由于一些人没有回复问卷,样本分析结果出现错误。此外,受访者可以先查看调查问卷内容,然后根据个人兴趣来决定是否完成调查问卷。这可能导致受访者和非受访者之间产生重要差异。完成邮件调查通常要求受访者阅读调查问卷。邮件调查的另一个缺点是难以控制受访者对选择回答问题的顺序。比如,在邮件调查中受访者可以根据对调查问卷后部分提供的信息,去更改问卷前部分填写的内容。对于这一点,目前尚不清楚其存在的利弊关系是怎样的,但这种情况是不可控制的。在通过邮寄信件进行调查中,如何确保收集到完整数据所需的时间也是一个问题。研究表明适合采取邮件调查的条件是:调查者具有可靠的联系人地址信息,能够与调查参与者使用信件联系,无须通过他人进行信件转递,以及能够缓解研究经费不足和存在开展面访调研人员短缺的情况。

3.5.4　电子邮件和网络调查

在互联网发达的今天,使用电子邮件或网络调查成为一个重要途径。互联网调查可以通过电子邮件发送给个人,也可以让受访者访问事先设置好的网站完成调查。如果调查是通过发送电子邮件,它可以采用电子邮件附件的形式。受访者把完成的调查问卷通过电子邮件返回给发件人。这种调查管理模式有很多优点:其一是获得调查样本信息所需的时间要比邮寄或电话调查快得多,特别是对于开展大样本调查,这一优点更为明显。其二是电子邮件调查比邮件调查成本低,因为不用花费邮寄费用或打印费用,当然需要的劳动力也少得多。然而,对电子邮件的管理可能会产生较高的成本。由于电子邮件账户常常需要以不同的格式读取收到的邮件和附件信息,这就要求调查问卷在传输过程当中必须适应多种阅读软件。而且在抽取的调查样本中一些人可能没有电子邮件账户,在这种情况下就无法保证电子邮件调查对群体的覆盖。采取将电子邮件调查与其他形式调查(如邮件调查)相结合方式开展调查,可以减少抽样样本覆盖不全方面的错误。电子邮件调查的另一个问题是无法采取匿名回复。对于非市场评价调查而言,这是否是一个严重的问题还需要进一步加以探究。

一些研究对电子邮件调查与邮件调查结果进行了比较。首先是对比问卷中出现的无回答的问题,研究结果各有利弊(Bachmann et al.,1996)。与采用邮件调查相比,一些研究发现电子邮件调查出现的无应答率较高,也有一些研究发现两者没有明显差异(Schaefer et al.,1998)。研究还发现,电子邮件调查的受访者比邮件调查的受访者提供了更加完整的问卷反馈信息(问题的不答复比率也较低),并且电子邮件调查的完成时间更快。总的来说,电子邮件似乎是一种很有前途的调查管理模式。网络调查是让受访者登录指定的网站并在那里完成调查。也可以使用包含网站链接的电子邮件进行访问调查,供受访者点击进入参与调查。利用网站开展调查可以控制调查的管理。比如,调查的问题可以一次出现一个或出现多个,从而控制回答问题的顺序。网络调查的另一个优点是数据可以即时获得,还可以跟踪受访者完成每个问题所需的时间,以及受访者在调查期间是否访问了相关链接网页以获取所需要的信息。与电子邮件调查一样,基于网络调查的人群不太可能具有普遍的代表性。为了防止同一个人多次填写问卷,通常会通过使用密码来进行控制。

3.5.5 设立调查中心站进行数据收集

在非市场评价研究中,越来越多的研究者开始采用设立中心站点方式进行数据收集。其具体做法就是在一个方便的地点设立一个调查站点,召集调查对象。调查可以通过多种方式进行。通常情况下,采用口头陈述信息,让受访者回答,完成数据收集,或者发给受试者问卷,让其填写完成自己的调查问卷。数据收集还可以在计算机上进行。这个方法的优点是可以使用视觉辅助工具对问题进行详细的解释,从而通过与被试者进行深入对话,达到对问题进行深入分析的目的,在这个过程中肢体语言也会起到一些辅助作用。采用中心站调查方法的成本要比调查人员去到住户家中进行调查低。该调查方法的缺点是,参与者的招募方式不是随机的。

3.5.6 混合模式调查

许多研究是采用多种调查管理模式进行的。混合调查模式可以达到两个目的:首先,可以通过对样本总体不同部分的群体使用不同的调查模式来适当减小样本覆盖的误差。比如,在访问一部分互联网使用人群(有电子邮件地址的用户)的同时,调查另一部分不使用电子邮件的人群,对于这部分人采取邮件调查。类似地,可以把当面调查与电话调查结合起来使用。使用混合模式调查的另一种方法是使用多种模式去联系同一个人。例如,可以先采用一种调查模式进行初始联系,然后再采用其他适当调查模式进行跟踪补充调查。混合模式的目的是提高调查的响应率。关于将电子邮件方法与其他管理模式相结合,需要强调采用电子邮件调查具有明显的成本和速度优势。研究人员可以先采用电子邮件调查,然后对那些无回应者采取成本花费较高的调查方法,直到得到可接受的样本反馈比率。

采用邮件与电话混合的调查方式,最初是采用随机数字拨号联系到个人。在个人同意参加调查的情况下,再进行简短的电话调查,同时询问受访者是否会愿意参加另外追加一次的电话调查。如果同意的话,他们会收到一封信和一本信息手册,如评价森林公园质量。随后,要求被试者参加第二次面试调查,收集意愿支付信息。在另一个邮件调查中,可直接给受访者寄去信件和"某个国家森林公园质量的小册子"。通知个人,他会接到一个邀请电话,请求他参加电话调查。

3.6　调　查　工　具

采用什么样的数据调查方式会直接影响到调查问卷的设计。一般来说,聘用专业人员采取的调查方式与研究人员自己开展调查,其采用的调查设计方案是不一样的。但是,就采用的调查工具而言,二者之间的差别其实很小。由于数据分析的质量与数据本身同样重要,二者都对研究结果的科学性起到了决定性的作用。因此,调查问卷设计和数据调查实施二者都是至关重要的。运用适合的调查工具会向受访者清晰地表达所需的调查信息,并以恰当的方式提出调查问题,对实现调查目的至关重要。在定性研究方法当中,可以通过设立聚焦组来帮助确定调查问题和进行信息收集。此外,研究人员还必须考虑如何与被调查者进行有效的信息交流。

3.6.1　设计调查工具

设计调查工具的第一步就是明确采用测量单位或度量方法。研究者需要知道需要什么样的数据和如何表示这些数据。一般对于研究者来说,他们对开展研究的目标是比较明确的。但是,他们往往会对实现这些研究目标需要采用什么测量指标和度量单位缺乏明确的认知。例如,一个研究者在进行条件评价调查中,用来测算改善钓鱼环境的愿意支付的数量和支付方式,研究者可能就不是很确定,因为这要取决于受访者从事钓鱼活动的经历和个人的一些特点。然而,如果简单地询问"您是一位很有钓鱼经验的垂钓者吗?",这样的提问可能不会提供任何有用的信息。研究者应该提出更为具体的度量指标,比如:您已经从事钓鱼活动有多少年了?您过去每年或每个月去钓鱼几次?您使用什么样的钓鱼设备?因此,研究者在进行问卷设计之前,应该通过文献查阅,了解相同研究都是采用了什么测量指标或测量单位,以此作为自己开展的问卷设计的参考。

有效性评估也要考虑在问卷设计当中。一种形式的有效性叫作理论构建的有效性,它包括评价由经济学理论引发的度量指标之间的关系。例如,测试收入水平是否与意愿支付之间存在正向关系就是一个理论结构有效性的测试。如果研究是用于政策建议或为某一决策过程提供参考信息,研究者需要与研究结果的使用者共同商议,设计出合适的测量指标和测量单位。

3.6.2　编写调查问题

调查问卷当中列出的每一个问题都必须清楚易懂,这就需要尽量采用最为简单的表达语句。可以通过运用聚焦组和其他定性分析过程进行问题识别和设计,包括根据人口状况确定调查采用的语言和调查主题。当然,需要针对采用不同调查方式,来设计不同的调查问题。当面调查和电话调查所采用问题多以口语交流的风格来表述,而采用邮件调查和其他调查形式,则要求运用较为严谨的书面语句。在进行问卷设计时,最好是通过浏览相关调查采用的问题设计作为参考。最后,调查问卷的设计是一个多次重复的过程,需要经过多次修改和测试。下面我们将讨论与调查问题设计相关的一些重要问题。

1. 开放式与封闭式问题

问卷调查问题的设计可分为开放式和封闭式两种。开放式的问题是指不包括指定的回答形式。例如,提问你最喜欢参观吉林长白山国家森林公园的什么景点。这是建议受访者采用自己的想法和表达方式对提出的问题进行回答。当然,对开放式问题的回答也可以是分类形式的,但这样做会带有主观性,而且需要耗费较多时间。非市场评价调查通常由封闭式的问题组成,这是因为封闭式问题对受访者来说产生的负担较小,而且回答信息很容易用于统计分析。封闭式问题设计需要仔细考虑可能的取值范围。设计回答问题的方式采用的一种技巧是,在初期调查问卷设计中使用开放式问题,并根据对开放式问题的反馈情况,再进行封闭式问题设计。

2. 避免混淆

一些带有双关性的调查问题容易令人困惑。像询问受访者回答对某一观点是持肯定还是否定态度,或对某种意见的看法是赞同还是反对等问题。例如,请回答你是否担心吸烟和饮酒会对健康产生影响问题。对于一个关注吸烟对健康有影响,而不关注饮酒是否会对健康产生影响的受访者,将很难对这一问题作出回应。

3. 提取回忆数据

关于一些带有事件发生频率的问题,如询问被试者在过去 12 个月内去医院就诊的次数或在某一地点进行捕鱼的次数等,这类问题在非市场调查中会常常遇到。这类带有频率的问题,对一些受访者来说回答起来可能很困难。首先,受访者需要了解问题的含义以及他们应该回答个人的哪些行为。其次,他们必须回忆或重建这种行为的关联性。再次,如果对问题的回答指定了一个参考期,那么被试者还必须确定相关事件是否发生在该参考期内。类似地,如果问题是指被试者"通常"的行为,受访者必须通过回忆来重构发生事件具有的合理性和代表性,以及这些行为与个人通常行为的偏差。最后,作为回忆或重建行为事件,受访者可以依靠他们的一般认知或其他可以用作参考的信息来推断对问题的答案。

如果调查者向被调查者提供了发生相关问题的一些线索,这会使得被试者更好地回忆事件发生的频率。例如,问一个从事钓鱼的人在一定时间内钓了多少鱼,就不如问一个人为钓某种特定鱼类钓了多少次,后者可以减轻受访者的认知负担。同样,当询问前往特定游憩目的地的旅行支出时,可询问具体支出科目(如燃油、食品、设备等)而不是直接询问总旅行支出。考虑到非市场评价技术需要严重依赖召回数据,如旅行成本法研究,研究人员需要对潜在的数据收集问题保持敏感性,仔细考虑收集召回数据可能产生的各种问题,制订应对措施。

4. 组合数据集

如果把进行调查的数据与现有数据结合起来使用,需要考虑调查数据与现有数据具有一致性的问题。例如,二者之间各项指标的概念界定与测度单位必须是相同的。又如,如果现有数据家庭收入被定义为税前收入,则调查数据也必须是家庭税前经济收入。

5. 问题顺序和格式

在编写好了调查问题之后,研究者需要考虑提问的先后顺序和方式。一般的原则是遵循从简单到复杂,初始问题应尽量消除受访者可能出现的一些担心。在一些非市场评价问卷调查中,事先需做好充足的铺垫,清楚地解释所要进行价值评价产品的作用,它与人们日常生活之间的关系,特别是可将其与类似的市场商品的价格和购买支付方式进行比较,以便让被试者正确认识调查问题的目的。

还需要注意的一个问题是对提问的顺序和调查时间的安排。例如,对于个人收入等敏感问题,一般都是在调查将要结束时提出。这是因为被试者知道调查已经进行了十几分钟时间了,接近尾声。此时再提出个人收入等带有较强个人隐私的问题,他们就会配合完成,不至于采取中途退出问卷调查。这就是为什么在非市场评价问卷调查当中,研究者常常把涉及被试者人口统计学问题放到调查问卷的末尾完成。

6. 测量工具的测试与改进

一般来说,调查问卷最终采用的测量工具通常与最初设计采用的测量工具几乎没有相似之处。这是因为任何调查问卷从开始设计到最终确定调查问题和采用调查工具都是经历了许多次的修改、尝试来逐步加以完善。在这个过程当中,通过采用焦点小组进行一对一访谈,逐渐测试采用的调查工具。由于非市场评价调查通常会涉及居民可能很不熟悉的一些问题,了解受访者在参与调查前知识水平就显得非常重要。其实,采用聚焦组的定性方法也有助于理解受访者是如何思考和谈论所要调查的主题。例如,受访者是如何理解问卷调查当中采用的一些关键术语或词汇。当然,值得注意的是非市场评价调查工具的开发,需要依托有行业经验的人来进行或审定。

7. 选择聚焦小组

焦点小组一般由 7～12 人组成,一起参加问题讨论,目的是获得有用的反馈意见,以帮助制定调查问卷。讨论由焦点小组主持人安排,主持人按照议程来主持讨论。主持人通常会提出开放式问题,以促进有关主题的讨论。主持人面临的一个挑战是在遵照议程内容和允许小组人员对相关问题展开广泛讨论之间取得平衡;另一个挑战则是处理焦点小组中每个人的不同意见。如果主持人无法正确地管理参与者,并做到从比较保守的参与者那里得到他们的意见,就会出现几个个性强烈的参与者主导了焦点小组的意见。当然,一些研究项目的预算,单独明确提出聘用有经验的主持人主持焦点小组讨论,并分配适当费用用于租用讨论会议的场地。其实,在更非正式的环境中(如大学的教室或当地图书馆)举办成本较低的焦点小组讨论会,同样会使研究人员学到很多东西。重要的是,聚焦小组活动要有周密计划,参与者选择要体现出一定的多样性,对主持人要进行培训,这样才会从聚焦小组讨论当中获得更多有用的信息。虽然焦点小组参与者不代表全部研究人群,但该小组提出的问题往往与更广泛的人群的意见密切相关,并且有助于更好地设计调查工具。研究者应该仔细观察小组成员对讨论的各种问题的敏感性,以及他们最关注的问题是什么。例如,参与者有时很容易在他们本不会考虑的问题上随波逐流。焦点小组通常是采用录音或录像的,因此主持人可以更加专注于小组讨论内容,而不用担心去做笔记。随后,再对录音或录像进行回顾和总结。

8．一对一访谈

另一种用于开发和完善非市场调查问卷内容的定性方法是一对一访谈。一对一访谈允许对调查材料进行详细反馈，而不必担心群体反应，因为面试过程只涉及面试官和调查参与者。这种面试通常采取两种形式：要么要求被试者填写调查材料，同时说出个人的所有想法，要么是面试官从结构化列表中提出问题，并探究受访者的更多信息。可在受访者回答完调查问题后，询问他们回答问题的动机。一对一访谈的面试官可以发挥适当的引导启发作用，并适当控制好面试的时间。由于每个受访者有所不同，各自花费的面试时间会有所不同。

3.7　调查实施

应制定调查实施的程序，目的是从调查样本中收集到统一、可靠的数据，并使时间和预算得到适当控制。虽然调查实施程序在计划时可能看起来很完善，但在实际测试进行之前，个别严重的问题通常不会被发现。研究人员不能在实施最终调查时犯有重大错误。因此，必须认真仔细考虑如何实施最终调查，并采取试点调查进行测试。在理想情况下，所有接触的被试者都会完成调查问卷。然而，实际调查当中总会有一些被试者不能完成调查过程，或问卷填写不完整，从而导致响应错误。响应错误的严重程度因每个调查的特点而异，当响应调查的个体与未响应个体对于某个关键问题持有相反的意见时，响应错误可能变得很严重。研究表明，除了调查问题本身具有的某些特点之外，调查实施方式也会影响问卷的反馈率。实施调查的具体程序有很多，并因管理模式而不同。影响反馈率的一个更重要的问题是调查主题对样本分析显著性的影响。比如，狩猎者对狩猎调查问卷的反馈率要比普通公众对参加可再生能源调查问卷的反馈率大得多。

研究者应该在调查问卷设计和实施方面尽量预判好合理的响应率。大多数问卷调查程序适用于多次进行随访，即与初次接触没有反应的被试者再次接触，以提高问卷调查的反馈率。当然，这样做需要仔细权衡每一次额外随访的效益和成本。合理的反馈率才能够为所进行的分析提供足够的数据，并具有可接受的误差范围，从而用样本估计的结果去推断群体结果的准确性。

3.7.1　试点调查

试点调查是最终实施调查程序之前开展的小规模问卷调查，目的是确保最终调查程序实施的安全性，也是确保大范围开展正式问卷调查顺利进行的最后关口。

试点调查有几个目的：第一，它允许对调查样本进行测试。一些样本抽样设计可能存在问题，但研究人员往往在到达调查现场时才意识到这个问题，并且已经产生了较大的费用。例如，笔者参与了一项邮件调查的设计。在该调查中，调查样本是使用注册选民列表编制的。尽管该列表在试点研究期间是最新的，但最后发现列表中的许多地址无效，导致大量调查问卷无法送达。最后，笔者不得不使用完全不同的样本抽样进行最终调查。第二，试点调查还能帮助判断预期反馈率，从而估计出后续需要调查的数量和最终调查成本信息。第三，试点研究允许对调查实施程序进行测试。对于条件评价研究，试点研究还能提供支付意愿分布信息。如果研究人员计划在最终调查中使用二分式选择连续评价问题，则可在试点研究中使用开放式问题，用来指导最终调查的报价范围。

3.7.2　最终调查

在测试了调查实施程序之后，即可开展大规模实际问卷调查。无论采用何种管理模式，最终调查的实施往往都很忙碌。一个详细的有组织日程计划安排是非常重要的，包括打印测量材料、订购邮费、雇用面试人员、建立数据库都是非常烦琐耗时的工作。要为每一项任务制定时间表。初始样本应输入数据库，以便正确跟踪参与受访者和拒绝参与的受访者。除了跟踪个人是否对调查问卷作出回应外，还要跟踪他们何时回应，这对进行各种后续联系是有益的。这些信息可用于规划未来的问卷调查，并允许分析早期被试者和晚期被试者之间存在的差异。关于调查问卷完成情况的信息应每天输入数据库，每次输入新信息时都应备份数据库。由于大多数非市场评价调查都要获取诸如家庭年收入等敏感信息，因此必须向受访者保证，他们的回答将是保密的，并且他们的姓名不会与他们的回答相关联。

标准程序是为初始样本中的每个人分配一个唯一的识别号，用于跟踪该人作出了何种反应。最终数据集当中，只包括个人身份编号，而没有受访者的姓名或地址信息。调查面试者要有道德责任，对所有回答问题严格保密。按照唯一识别号的顺序组织完成的调查，使数据输入和验证更加容易。输入数据后，有时候研究人员可能还需要核实录用的信息，检查是否存在不一致或其他错误。如果不按识别号码进行排序，那么查找出现的某个特定问题就会非常耗时。

第二部分

非市场评价模型

第4章 条件评价模型

4.1 引　言

条件评价法是一种基于问卷调查获取数据、通过模型分析测算出非市场产品经济价值的方法。一般来说，这类公共品主要包括资源环境（如国家森林公园、水质、气候、空气、海洋渔业）、公共政策和公共基础设施等。首次条件评价研究是由美国学者 Davis(1963)进行的，目的是评价美国缅因州大型动物狩猎的价值。

由于条件评价法是基于假设或虚拟的市场交易环境，而不是基于真实的市场交易过程，所以，自该方法提出以来，一些学者对它提出各种批评意见，特别是认为这种基于假设的市场交易环境得出的价值评价结果缺乏可信度(Scott,1965)。针对这种批评，美国环境保护署专门组织有关专家开展了一次研讨会，目的是根据已有的条件评价研究结果，对价值测算结果的可靠性进行论证(Cummings et al.，1986)。论证结果表明运用条件评价法得出的价值评价结果是可信的。随后，专家组提出了 CVM 应用研究需要具备的基本条件、操作步骤和其他一些具体的指导意见。首先，CVM 应用条件是被调查者对要进行价值评价的非市场品具有一定的熟悉程度、感性认识和个人亲身选择经验，估值过程不能包含不确定性，并使用适合的价值报价方法。Freeman(1986)指出，这些条件的限制意味着条件评价只能在那些也可以采用旅行成本，或其他揭示性偏好方法进行评价的条件下才能使用，以便用后者研究获得的结果去佐证 CVM 评价结果的可靠性。基于这样的观点，条件价值评价的用途将会受到很大的限制。基于此，Cummings，Brookshire 和 Schulze(1986)出版的书中进一步回顾和评论了大量 CVM 研究项目，目的是论证 CVM 评价结果的有效性，同时探索运用 CVM 进行价值评价研究具有的局限性。

自 CVM 提出以来，对其批评的声音似乎从未停止。值得一提的是，在 Exxon Valdez 石油漏油事件发生后，由于大量石油泄漏到海洋，海洋环境严重污染。事故发生后，美国联邦政府很快提出了因石油泄漏引起环境赔偿问题。这在美国政府、企业和民间引起了强烈的反响。在这个过程中，Exxon 公司资助出版了一本书，目的是批评由 Hausman(1993) 撰写的专著中提出的 CVM 缺乏科学性。针对这种情况，美国国家海洋和大气管理局(NOAA)对此事作出了回应，通过成立一个蓝带专家小组仔细论证使用 CVM 评价资源环境非使用价值的可信度(NOAA，1993)。

NOAA 小组就如何设计和开展非使用价值评价研究的可靠性，提出了具体建议。与 Cummings，Brookshire 和 Schulze(1986) 以及 Mitchell 和 Carson(1989) 对 CVM 的评价有所不同，NOAA 小组的建议并不是建立在对现有条件价值评价研究文献的基础之上，而是提出了如何提高非使用价值评价结果可靠性的重要指导意见。虽然 Cummings，Brookshire 和 Shulze(1986)，Mitchell 和 Carson(1989) 发表的著作，以及 NOAA(1993) 小组报告都是具有里程碑式的贡献，但它们并没有消除一些学者对 CVM 的批评。事实上，随着时间的推移，对 CVM 的批评变得更加具有针对性，特别是在把 CVM 运用到环境破坏价值赔偿定价方面，一些人仍持怀疑态度。这就使从事 CVM 研究的学者在进行公共政策价值评价和环境破坏案件制定价值赔偿标准时，变得十分谨慎。然而，一个无可否认的事实是，不论是在政策分析还是在环境损失价值赔偿方面，都可以看到 CVM 研究的大量运用，而且相关研究数量一直呈现快速增长的势头。与其他任何科学研究领域一样，CVM 研究的进步引起了研究人员的极大兴趣，进而推动了资金的可用性和各种广泛的学术争论。

然而，时至今日，许多从事 CVM 研究的学者在设计 CVM 调查问卷时，并不总是非常清楚如何通过研究设计提高价值评价结果的可靠性，以及二者之间的密切联系。回答这个问题，请参考 Mitchell 和 Carson 的著作(*Using Survey to Value Public Goods：The Contingent Valuation Method*)。该书为开展 CVM 研究打下了重要的理论方法基础，是一本难得的参考书。读懂这本书会使 CVM 研究学者受益匪浅。自 1989 年这本书出版以来，在 CVM 研究领域已有大量新的研究成果问世。业内有很多学生、学者和政策制定者，特别是国内学者非常渴望得到一本关于非市场价值评价研究更加通俗易懂的书。本章旨在满足这些需求。本章专注于 CVM 研究设计，并对开展设计的每一步进行详细介绍。因此，关于研究文献的梳理，特别是 1990 年以前的研究文献不作为本章介绍的主要内容，因为在此之前，Mitchell 和 Carson 的专著已经概括了这些早期研究的成果。感兴趣的读者，可以通过网络搜索 1990 年以前关于 CVM 研究发表的文献。

下面研究者将以对地下水进行价值评价研究作为例子，帮助解释在 CVM 研究设计当中所涉及各个关键步骤。当然，条件评价可以应用于其他一系列的政策研究问题，自然生态旅游价值评价问题，如狩猎、钓鱼、观景等游憩活动，以及医疗保健等。实际上，CVM 可用来研究各种类型的资源环境价值评价问题，而不是仅限于研究某一种特定资源或环境价值评价问题。值得注意的是,关于条件评价研究发表的期刊论文的数量正在逐年增加,无论是经济学期刊还是其他学科的期刊都发表了大量 CVM 研究论文。这表明,学术界已经广泛地接受了 CVM。此外,环境经济学领域以外的其他学科也对 CVM 抱有很高的兴趣。这一简单的事实表明了 CVM 将会有更加广阔的发展前景。

4.2　条件价值评价研究步骤

条件价值评价研究的核心工作是开展研究设计和调查数据分析(表 4.1)。对这两个环节质量控制得好坏,决定了条件价值评价结果的可信性和可靠性。因此,认真进行研究设计和数据分析对于保证条件评价研究质量是至关重要的。

表 4.1　开展条件价值评价研究的步骤

1	确定需要评估的资源环境数量或质量的变化。
2	确定要评价哪些价值。
3	确定数据采集方式。
4	确定选择调查样本的规模。
5	设计调查测量工具的信息组成。
	5.1 描述要评价的事项。
	5.2 解释供给途径。
	5.3 选择支付工具。
	5.4 选择决策规则。
	5.5 选择付款的时间框架。
6	设计条件评价问题。
	6.1 选择价值问题回答方式。
	6.2 允许受访者回答 0 元价值。
	6.3 确定如何测试抗议回答和其他误导性回答。
7	提出辅助性问题并将其纳入调查工具。
	7.1 为建立价值评价模型选择使用的协变量信息。
	7.2 提出一些有助于判断反馈信息有效性的问题。
8	预调研和正式调查。
9	制定数据分析程序和进行统计分析。
10	报告价值评价结果。

4.2.1　确定是对环境产品数量变化还是对质量变化进行价值评价

这一步涉及建立一个价值评价的理论框架,该框架能够衡量基于当前环境条件(基础条件)的效用水平与新的或变化的环境条件下的效用水平之间的差异。根据第 2 章采用的函数符号规定[见函数(2.2)],保护地下水不受污染的希克斯剩余可定义为

$$v(p^0, Q^0, y-c) = v(p^1, Q^1, v) \qquad (4.1)$$

式中,$v(\cdot)$ 为间接效用函数,p 为抽取地下饮用水的价格,Q 为地下水水质,0 为当前水质,1 为未实施保护方案后的水质,y 为收入,c 为希克斯补偿变化(WTP)。研究者的目的是分析保护地下水,使其不受污染的价值($Q^0 > Q^1$),即维持地下水质现状的价值。这里的目的不是深入剖析价值或福利变化理论定义的细节(第 2 章的内容),而是讨论在进行 CVM 研究设计时必须明确价值的定义。

价值的理论定义包括三个关键组成部分:首先,明确在某一政策实施前后运用适合的语言表达所要进行价值评价的对象(步骤 5.1)。其次,明确开展 CVM 分析需要的统计数据和价值估计模型(步骤 9)。最后,明确价值评价结果的确切含义,特别是在特定的政策环境之下,对价值的内涵给出清晰的解释。如果政策应用涉及新的法律和法规,需要明确在违反这些法律条件下,肇事者应如何进行经济赔偿,这为开展价值评价研究工作的学者带来新的挑战。

在进行条件评价研究中,第一难点是确定某种环境资源是通过何种物理变化而给居民的效用带来影响。经济学家通常依靠物理和生物信息来描述现状条件(Q^0)和对在没有政策干预的条件下的环境发展状态进行预测(Q^1)。当然,预测得到的一些信息可能是不确定的,所以需要考虑影响预测结果不确定性因素的信息。例如,如果制定一项政策是为了降低地下水被污染的可能性,可以把地下水保护计划的价值定义为

$$\Pi_1 v(p^0, Q^0, y-op) + (1-\Pi_1)v(p^1, Q^1, y-op)$$
$$= \Pi_0 v(p^0, Q^0, y) + (1-\Pi_0)v(p^1, Q^1, y) \qquad (4.2)$$

式中,$(1-\Pi)$ 为污染的概率,$\Pi_0 < \Pi_1$,op 是减少污染的 WTP。其中,Π 为当前水质 Q^0 不会变坏的概率,Π 为通过使用政策提高了 Q^0 不会变坏的概率。因此,op 是提升维持当前水质可能性的最大 WTP。将条件评价应用于不确定条件时,地下水价值评价是一种常见的例子。

调查中传递的基本信息是采用政策会对目前的资源状态产生多大的影响。例如,如果采取居民分配使用地下饮用水,就需要知道目前地下水池的储量情况。比如,如果按照对地下水池目前的开采使用速度,未来的地下水池变化将会是什么样子的?随着时间的推移,未来地下饮用水供给状态将会如何?

对资源条件变化采用准确的物理指标描述信息往往是无法获得的。在这种情况下,条件评价问题通常是用来评估政策变化可能产生的后果。由于资源变化的信息存在模糊性,受访者只能根据个人的假设来判断政策实施将会产生什么样的

效果。这就存在一个问题,因为不同的受访者会采取不同的假设,也就是说,每个人都可能对资源的不同变化进行价值评价。此外,通常是资源变化,而不是政策本身直接影响人们得到的福利。所以,资源供给服务应该作为间接效益函数中的一个变量。如果没有这些信息,受访者只能作出两个假设:①政策变化如何影响他们所能获得资源的数量;②资源的变化如何影响他们获得服务。在条件评价文献中,这个问题确实没有得到直接和全面的解决,需要给予更多的关注。

一般是在预期政策出台之前就进行了条件评价研究,因此对于将要出台政策的具体细节和出台政策可能会产生的后续影响常常不是十分明确。条件评价研究通常用来估计一系列价值的信息,这些价值信息都是在假设环境条件发生变化或政策实施后发生的各种情形。研究人员通常会对将要实施的政策,以及"有"和"没有"出台政策产生的各种影响进行假设,然后在这些假设条件下估计各种经济价值。这就需要对各种价值的概念给出详细的理论定义,目的是把价值评价的结果与资源发生变化实际情况联系起来。

在处理这一步时,要认识到有两种类型的条件价值评价研究。学术期刊上发表的经过同行专家审议的文献中,大多侧重于方法研究的贡献,而少有针对特定的政策问题研究;另一类研究则是主要关注特定的政策问题,而不是特别关注理论方法研究。了解二者之间的差异是至关重要的,因为方法研究可以使用研究者认为方便的价值定义。而在政策研究中,价值定义必须与假设的政策实施可能发生的效用密切地联系起来。当然,方法研究也同样需要基于理论的价值定义来指导数据分析。从理论上来说,价值评价研究结果可以用于效益转移研究。本节讨论的内容集中在希克斯价值的度量上,这是在条件评价研究中通常采用的衡量价值的理论概念。步骤 5.1 涉及对调查工具提出的价值理论定义和要求受访者对政策变化进行价值评估。

4.2.2　确定需要估计什么价值

一旦确定政策变化,就可以明确受到政策影响的人群。步骤 2 涉及划定受到政策变化影响的全部人口范围,即确定哪些人群将会受到实施政策的影响。这些信息对于选择调查抽样样本框架来说非常重要,因为它们决定了如何选择具有代表性的人群进行样本抽样。条件评价研究的结果都是以人均或每户作为基础计算价值测算单位,统计学上称为点估计。然后,根据受到影响人口的规模,将价值测算的平均值扩展到总人口。明确受到影响的人口群体也会帮助确定最适合的数据收集模式,但是对于使用某种特定资源的人群来说,划定进行抽样的人群就会变得比较容易,因为这类人群都具有一个共同的特点,比如所有从事钓鱼的人都拥有钓鱼执照。

在对地下水实行定量分配使用的例子中,受影响的人口包括那些把该地下水池作为饮用水源的人。如果这个社区的每个人都从该地下水池得到家庭用水,那么受影响的人口就是社区的全部人口。

考虑一个比较复杂的问题是价值的测量单位。条件评价都是先估计出个人的价值或每户家庭的价值。所以,在问卷设计时就要明确价值测算是以家庭为单位还是以个人为单位。如果价值测量是以家庭为单位,就要求受访者提供整个家庭的价值;如果价值测量是以个人为单位,在调查中就要求受访者给出个人的价值。有时候在制定调查问卷时,研究者并不清楚受访者是在回答个人价值,还是在回答家庭的价值,或者有些人是在回答个人价值,而另一些人是在回答整个家庭的价值。但是,在对游憩活动进行价值评价时,如钓鱼活动,一般来说受访者都会认为测量的是个人价值。

然而,对绝大多数纯公共产品的意愿支付研究都是以家庭作为价值衡量单位的。在这种情况下,抽样过程要求受访者是房子的主人或成年人。当以家庭作为价值测量单位时,确定谁是家庭中最有权威的决策者是很重要的。这需要了解在一个家庭中,收入是怎样管理的,是把每个人的收入集中到一起,由家庭成员进行群体资金分配决策,还是每个人做自己的财务分配决定?也许一些家庭采取群体决策,而另一些家庭则采取个人决策。这些问题的回答对条件评价研究结果的可信度具有重要影响。研究人员需要根据被评价的政策变化,在预测试和制定抽样框架环节决定采取哪种价值计量单位。

在选择样本框架时,被抽取的人口群体当中,每个人或家庭都应具有同等的概率被抽为调查样本。测量单位的选择可以在焦点小组调查或一对一访谈中进行确定,并在评价问题设计当中加以说明。

4.2.3　选择数据收集模式

条件价值评价研究普遍采用收集原始数据(步骤 3)。第 3 章已经详细讨论了各种数据收集的模式,因此本节侧重对数据收集采取的模式提出一些个人的见解。

实施条件评价调查最常见数据收集方式是向受访者邮寄调查问卷(Schneemann,1997),但 Mitchell 和 Carson(1989)以及 NOAA 小组(NOAA,1993)都主张使用个人访谈。电话调查也是一种重要选择(Schuman,1996)。每种数据收集方法都有其相对的优势和劣势。

使用邮件调查收集数据的主要优点是成本最低。研究发现,在美国完成一份条件评价调查问卷的成本从邮件调查的 25～30 美元到电话调查的 30～35 美元,再到个人访谈的 50～100 美元不等。因此,采用邮寄信件数据收集形式相对于采用电话调查的成本优势不大,而邮件调查和电话调查的成本要明显低于当面调查。

电话调查比个人访谈更会得到普遍运用,因为在预算有限的情况下,采用成本较低的方式进行数据收集显然是可取的。影响调查模式选择的另一个因素是预期的调查回复率。如果在回复的调查样本中出现一类特定群体选择了不回答问卷,特别是没有回答个人意愿支付价格的问题,这会导致出现有偏差的价值估计结果。然而,即使经过精心的研究设计,条件评价调查的回复率也会受到一些研究者无法控制因素的影响。例如,当调查涉及特定用户人群(如垂钓者或狩猎者),很可能比对一般人群进行调查获得更高的回复率。调查回复率还会受到进行价值评价的资源,以及调查人群本身的一些特点等因素的影响。因此,即使有一个良好的问卷设计,研究者也需要认识到采取的调查实施步骤,以及总体研究设计过程都会对调查回复率产生一定的影响。

获取价值评价相关信息是条件评价调查的基本组成部分。采取个人访谈能够获得比较完整的信息,因为通过面访,研究者可得到一些视觉性的信息,而且面试者可以对调查的问题给予适当的解释。比较而言,邮件调查具有较大的局限性。在实际研究当中,数据收集多采用实地调研和电话沟通以及线上调查的混合模式进行。

数据调查还有其他方法,包括商场拦截和在学校采访学生,或者把受访者带到一个设立的调查中心进行问卷调查。但是,不论采用哪种数据收集模式,研究者都需要解决以下五个方面的问题:①是否能够制定出比较完善的样本框架,以后作为模板使用;②采用不同问卷调查方式,其回复率是否相同;③相同类型的人是否能够对每种调查模式作出同样反应;④不同的调查模式是否会对条件评价问题采取不同的反应;⑤福利测算结果是否会受到调查模式的影响。当在不同的调查模式中出现价值测算结果差异时,很难确定这种差异是由样本框架变化引起的,还是由调查模式引起的。研究发现,调查模式确实会影响价值评价的结果,尽管这种差异很难明确归因于上述五个问题中的一个。在实施问卷调查时,研究者需要考虑每种调查模式具有的优势。

4.2.4　选择样本量

如第 3 章所述,样本大小的选择(步骤 4)是由给定预算范围内选择可接受的精度水平来决定的。一般来说,条件评价研究需要较大样本量,因为(WTP)出价的差异很大。WTP 的标准误差平均值为

$$\overline{\text{sewtp}} = \frac{\sigma}{\sqrt{n}} \tag{4.3}$$

式中，σ 为标准差；n 为样本量。因此，对于给定的方差，可以通过增加样本量来减小标准误差的绝对值。这意味着相同的样本量并不适合所有条件价值评价研究，而从受到影响人群总体数量中按照一定的百分比抽取样本同样是不合适的。σ 越大，表示为达到所期望准确度水平需要的样本量就越大。此外，对于固定的 σ，样本容量在小群体中所占的百分比将大于在大群体中所占的百分比。

对于一些基于大量条件评价的政策应用研究（例如，休闲钓鱼），可能有足够的信息来为新的应用研究确定 σ 的大小。但是，在没有可用参考信息条件下，需要通过实地调查测试获得 σ 的估计值。在实践中，大多数研究都是在给定可用预算的情况下，尽量选择较大的调查样本量。

选择样本量还涉及对问卷预期回复率的考虑。邮寄信件要考虑无效邮寄地址，电话调查要考虑电话号码错误、拒绝参加问卷调查和回答问卷不完整所占比例等。其他考虑因素还包括是否采用分层抽样数据进行分析，以及所接触的每个人或每个家庭是否都有资格参加样本抽样。价值估值的准确度会影响它在政策分析中的有效性。误差范围大的估计值会产生一些明显的问题，如收益是否真的超过成本，或者在自然资源破坏价值的评价中，具体的价值赔偿是否能够被各方所接受。

4.2.5　设计构成测量信息的主要成分

步骤 5 侧重于在调查工具中确定提供给受访者的信息，包括提醒受访者要关注什么、提供何种环境产品，以及受访者如何支付等。虽然这是条件评价调查设计中的一个关键部分，但大多数情况下，研究者把注意力主要集中在出价方式和价值测算结果等方面。也就是说，虽然大多数研究者认为，调查信息内容的设计是任何条件评价研究的重要组成部分，但在许多研究当中，研究者都假设受访者了解这些信息，而且这些信息不会明显影响统计检验的结果。这种隐含的假设是没有根据的，研究者在调查工具中应仔细考虑给受访者提供所有信息。

1. 描述待评价项目

虽然待评价项目的描述是任何条件评价研究设计中的基本组成部分，但对基准条件和政策变化将产生何种影响，提供的信息很少是完整的。虽然一般来说，研究者能够对当前条件或新条件进行描述，但对于其他条件往往是忽视的。这个问题最常出现在评价资源变化的边际变化上。要知道，在实证研究当中，需要回答有价值或无价值的情况是很少的。

为了建立内容效度，研究者必须告诉受访者要对什么进行价值评价。要向受访者提供评价项目的具体信息,以便对所分析的问题得出可信的回答。信息对价值估计的影响与个人对评价物品的了解程度有关。当给受访者提供具体信息之后,就能提高政策变化对受访者个人影响的认识。

其具体信息应包括主要项目和政策变化,这些项目和政策对受访者及其家庭会产生何种影响。这些需要一个清晰的情景设计,使得受访者准确地了解资源的变化给他们福利带来什么样的影响。为达到这一目的,在研究设计中建议使用图片。提供信息还可以采用区域地图和图表,用来描绘被评价产品的变化程度。因此,图表和实际数字都可以用来描绘最终调查工具的变化。

2. 说明提供项目的方法

假设政策是保护一个公用的井水不受污染。提供这种保护的一种方法是在井口周围建立保护围栏,以防止任何可能导致污染井水的活动。一般来说,可在调查设计预测试阶段通过采用焦点小组意见和一对一采访结果,对要提供的政策和环境产品的可行性进行调查。选择提供公共服务项目方法是比较复杂的事情,因为所选择提供的方法可能会向受访者提供某些预想不到的线索,从而影响他们对价值评价问题的回答。比如,考虑公众对水果和蔬菜中的化学残留、转基因食品、“血汗工厂”服装生产、不含海豚的金枪鱼等问题,制定一些与这些产品有关的政策会影响到消费者对市场商品的购买决策。农药残留和转基因蕴含着食品质量的信息。虽然“血汗工厂”的产品可能不会影响购买者使用服装的质量,但它的生产过程代表了一种不受欢迎的外部性。在一些政策研究中,环境产品生产受到一些政策规定的影响,这在价值评价情景中是要重点考虑的因素。在许多事前分析中,环境产品或服务提供的方法尚未确定,研究者需要对可能的价值评价情景进行设计和选择。虽然在焦点小组和一对一访谈中,可预先测试采用某种情景设计是有帮助的,但这是一个需要在研究设计当中进一步明确的问题。要知道使用焦点小组进行预测试,目的是了解环境产品提供的方式会对价值估计的结果产生何种影响。

3. 选择支付工具

支付工具的选择需要在接近实际支付和拒绝支付工具之间进行权衡。例如,水费是非常现实的支付工具,但重视保护饮用地下水的人可能仍然会给出 0 元的意愿支付,表示抗议增加水费。采用所得税工具会因为对高税收的抵制而遇到意愿支付受阻。另外,采取某种脱离现实的支付工具也可能导致抗议反应,受访者会拒绝参加价值评价调查,因为采用的支付工具不可行,所以支付工具会影响价值估计。不可否认,如何选择支付工具是另一个值得进一步深入研究的问题。常用的支付工具有:所得税、提高物价和增加税收,收取入场费,提高旅行成本,呼吁捐款,等等。

支付工具的选择会显著影响价值测算结果,因此应该选择对价值评价结果影响相对较小的支付工具,并考虑到满足制定政策的需要。支付工具的设计可以通过对焦点小组进行预测试来完善。如果计划采用的支付方式在预测试中被拒绝,则需要考虑换一种支付工具。

4. 选择决策规则

决策规则是一种机制,根据条件评价的平均值或总价值估计结果判断该项目或政策议案是否可采用。许多研究忽略了制定明确的决策规则,或者留给受访者个人去判断。这种判断的依据是,如果有 50% 的受访者对二分式选择报价问题的回答是肯定的,那么该项政策就会通过并实施。有证据表明,采用公投决策办法时,人们可能会以"好公民"的身份投票,而不透露他们个人的 WTP。这种情况下,受访者会从他们认为最符合政策影响群体利益的角度作出回应,导致夸大或低估个人的价值。虽然在某些政策背景下,以一个公民身份进行投票是合理的,但当研究目标是衡量个人 WTP,以及使用个人 WTP 去推算的总价值作为一项提案决策标准时,简单地采用公民投票就不是一种有效的办法。

决策规则的选择与支付工具密切相关。当问题涉及提供某种公共产品(如地下水保护),而支付工具选择增税时,采用公投显然是适用的。但是,如果是对资源使用价值进行评价,如休闲垂钓,支付工具应选择个人出行成本的增加,这种情况就不适合采取公投。旅行成本的增加可归因于汽油成本的增加,这是一个合适的支付工具。与使用群体决策规则的地下水示例相反,在钓鱼活动这种情况下,决策规则是根据每个被调查者是否会在提高了旅行成本条件下继续参加钓鱼之旅。

决策规则是条件评价研究设计的一个重要组成部分,随着理论和实证研究不断发展和积累,在未来研究中也会出现新的决策规则。

5. 选择支付时间框架

价值支付时间框架可以选择当下一次性支付,也可以选择在未来产品生命周期(如 20 年)每年支付。就时间框架来说,价值支付工具包括一次性、几次、永远和在未来 X 年里每年支付。与一次性支付相比,重复支付对 WTP 估值在统计上是不同的,它隐含着贴现率因素。重复支付的估计值(就折现值而言)并不一定实质性地大于一次性支付的估计值。研究结果表明,对支付工具的选择必须采取谨慎态度。采取的支付时间框架要与受访者享受政策变化带来好处的时间框架尽量保持一致。因此,在进行调查时需要提醒受访者,在回答在未来多年里每年支付价值问题时,要考虑贴现因素。

6. 总结

支付工具的选择需要结合可行性与合理性，尽量避免拒绝回答。因此，在实施实际调查之前，需要对信息场景进行预测试，多采用焦点小组和/或一对一访谈进行预测试，尽量避免受访者因为对信息的误解，而选择拒绝参加调查和误填信息，最终导致错误的价值估计。

4.3　设计价值评价问题

本节侧重于讨论对条件评价问题的回答方式的选择，以及这些选择会如何影响价值的估计。

4.3.1　选择响应方式

区分各种类型价值评价模型方法的主要依据是提问价值问题的方式，有三种价值问题回应方式：开放式，支付卡，二分式选择。

早期的条件评价研究，要么使用开放式，要么使用重复报价（Randall et al.，1974）。开放式问题是询问受访者"会为某种资源的特定变化支付多少钱"。重复报价问题先是问受访者，"你是否愿意为某一特定政策的实施支付 B 元钱？"如果受访者回答"是"，则提高出价，直到说"不"。如果最初回答是"否"，则降低报价，直到回答"是"。开始出价的大小以及采用重复报价的次数因研究需要而异。虽然开放式报价被沿用至今，但重复报价方式的使用却呈现逐渐减少的趋势，因为存在锚定效应。就是说，重复报价结束时的出价水平与初始出价水平存在相关性。初始出价水平越高，回答"是"的最终出价水平就越高（Boyle et al.，1985）。

在一些研究中仍然愿意使用开放式报价。比如：类似的报价问题是，如果政府计划在未来几年里投资建设一个公共产品开发项目，你愿意每年为这个项目最多花多少钱？

Bishop 和 Heberlein（1979）开始引入二分式选择问题，询问受访者："是否愿意为指定资源的变化支付 B 元钱？"相当于对重复报价方式的首次提问，对不同被调查者，采用不同的报价金额。重复报价的初始问题，引导了研究者逐渐采用更为简单的二分式报价问题形式，而且单次报价问题比重复报价问题更容易管理。Welsh 和 Poe（1998）使用的二分式选择问题，提出如下问题："如果在可预见的未来，这项提案会让你每年花费＿＿＿＿＿美元，你会投票支持这项提案吗？"

这是一个公投方式的二分式选择问题，受访者可以回答"是"或"否"。有研究使用了双边界报价方式,包括第二轮报价。第一轮报价是问受访者是否愿意支付一个给定的钱数(如 5 元),如果回答"是",则询问更高一次的报价;如果回答"否",则降低一次报价。

还有全民公决形式的问题,它与二分式选择问题的区别在于公投是决定的规则。在本书提到的地下水保护计划的例子中,二分式选择问题可以被看作公投问题,但二分式选择问题也可以设定为"同意支付"或"不同意支付"。

20 世纪 80 年代早期,Mitchell 和 Carson(1981)提出了采用支付卡报价问题的形式。这是一张有 k 个报价金额的卡片,让受访者从中选定愿意为一项公共服务支付的钱数,在卡片上圈出所要支付的金额。Welsh 和 Poe(1998)也使用了支付卡报价方法,提出的问题是:"假如通过这项政府提案会让你在未来 10 年里每年为此支付一些钱,你愿意为这项提案最多支付多少钱?"(在表 4.2 列出的各种金额中,圈出你愿意支付的金额)。

表 4.2　支付卡金额信息　　　　　　　　　　　　　　　　　　　　美元

10	50	1	5	10	20
30	40	50	75	100	150
200	200 以上				

最后一种报价形式是多边界报价,它是二分式选择和支付卡混合使用,要求被调查者回答是否愿意为支付卡上给出的每一笔金额付费。其提出的问题形式是:如果通过这项法案,会要求你在未来 15 年里每年付出每一个价钱(表 4.3),你会投票支持这项提案吗?(采取逐项金额提问,把你的答案在卡片上圈出,以表明你投票的态度)。

表 4.3　多边界报价示例

付费	是	否
10 元	A	B
5 元	A	B
1 元	A	B
⋮	⋮	⋮
200 元	A	B

这个多边界报价是一个重复二分式选择问题,对支付卡上列出的每个出价金额都需要受访者给出回答。

从以上介绍的所有条件报价使用问题的形式中,可以看出条件评价报价问题的框架比较简单。但是,设计报价问题形式的关键是去甄别哪种报价问题的形式最为适合。所谓适合,就是指选择的报价形式能够最大限度地引导受访者给出他们最真实的报价,实现口头报价与实际支付相符。

1. 不同报价方式的优缺点

虽然二分式选择报价是最常用的报价方式,但上面提到的三种报价形式都各有其优缺点(表 4.4)。

表 4.4　条件评价报价方式的比较

特　　征	开　放　性	支　付　卡	二分式选择
与理论相容	没有	没有	有好的性质
需要重复报价	是	不是	是
响应/统计效率	连续式	区间式	区间式
潜在问题	零出价,公平响应	锚定	锚定,公民投票

在开放式和支付卡问题中,受访者可以通过他们陈述的价值或选择金额来影响研究结果。例如,如果受访者希望看到政策发生变化,他们会在一个开放式问题形式中给出高的出价或愿意选择支付卡上给出的最高金额,从而导致价值的错误估计。如果把二分式选择与全民公投结合起来使用,将会提高约束力和实用性。也就是说,如果有超过 50% 的受访者投赞成票,那么设计的政策就可以通过。如果预计投票比真实投票产生更多"是"的回答,将导致对 WTP 过高估计。

支付卡和二分式选择都需要受访者进行选择性出价。但设计的报价数量不宜过多,一般选用少数几个重复报价(5~8 个),而且每个重复报价金额聚集在 WTP 中位数附近为宜,而不是处在出价分布的尾部。检验出价设计是否适合取决于价值估计值的中心趋势和离散分布情况。当研究者不确定需要采用多少个重复报价时,可先采用 50~100 个报价值进行现场调查预测试。这要比采用焦点小组仅是抽取小样本量($n=8~12$)要更好一些。

对开放式问题的回答会导致答案在区间 $[0,+\infty]$ 上的连续分布,而对二分式选择式问题的回答仅表明每个出价水平是低于 $(-\infty, B$ 元$)$ 还是高于 $[B$ 元$,+\infty)$ 报价门槛。支付卡问题的回答揭示了被调查者的价值是否在 $k+1$ 的区间内,k 是支付卡上的出价金额的数量。假设一个受访者的真实出价为 15 元,其将对三种报价方式作出如下反应。

(1) 对开放式问题的回答是"15 元"。

(2) 对二分式问题出价为 10 元的回答"是"。

(3) 对支付卡问题,受访者会从卡片上列出的报价金额为 1 元、10 元、20 元和 30 元中,选择"10 元"的出价。

对于二分式选择问题,调查者只知道受访者愿意出价水平所在的区间是 $[10$ 元$,+\infty]$,而对于支付卡问题,出价水平是位于较窄的区间范围 $[10$ 元$,20$ 元$]$。因此,就中心趋势估计而言,采用开放式问题得到价值估计效率最高,而采用二分式问题得到估计效率最低。就估计效率而言,开放式＞支付卡＞二分式选择。

除了不具有激励兼容性之外,开放式问题一般是会产生异常高的0元回答在样本中所占的比例。这是因为人们对于不熟悉的政策,很难给出一个具体的出价金额。然而,如果知道被调查者出价的区间,把支付卡和二分式选择结合起来使用,可能会得到最好的效果。虽然二分式选择报价的使用是为了避免重复报价问题中存在的锚定问题,但其实,二分式选择并没有摆脱锚定问题。也就是说,受访者倾向于给出超出他们真实价值的出价金额。相反,对于低出价受访者也会给出低于他们真实出价的金额(Boyle et al.,1998)。

另一个问题是被称为"赞成说"的问题,就是一些受访者倾向于对提供给他们的任何出价金额都回答"是"。在这里,出价金额的大小似乎没有把产品质量和价格联系起来。这会导致出现"肥尾"问题。比如,对于任何出价水平,都有多达30%的样本回答"是"(Desvousges et al.,1993),从而导致对中心趋势(如平均数)估计值偏大,标准误差也很大。出现这种效果将会进一步降低二分式选择数据的效率。而双边界报价问题只会加剧锚定问题,因为对第二次出价的反应会受到初始出价大小的影响。支付卡似乎消除了锚定的倾向,因为没有一个特定的报价标准让受访者关注。然而,研究已经证明,从出价分布的低端或高端来看,削减出价金额会影响价值估计结果(Boyle et al.,2002)。一些(但不是全部)持有低于截断出价分布最低阈值的人,倾向于对最低出价金额回答"是"。如果对出价分布从上端截断,则适用于相反的逻辑。

对于一个二分式选择问题,当受访者看到所有报价金额,而不仅仅是一个时,重要的是不把所有报价金额聚集在中位数附近。支付卡似乎避免了锚定,受访者可以看到所有k个价位的报价,必须圈出其中一个报价作为个人的出价金额。如上所述,支付卡问题通过缩小回答出价所在的区间,提供了更有效的统计分析信息。多重报价问题似乎与支付卡具有相同的属性。出价是以升序还是降序出现,也会影响到对受访者出价的响应和由此产生对价值估计结果的影响。上升的出价分布,具有直观和逻辑顺序的优点,从而导致较小的价值估计偏差。所有支付卡问题的研究都是按升序形式给出报价金额。

2. 回答模式的比较

许多研究对开放式、支付卡和二分式选择样本数据进行了比较(Boyle et al.,1996；Kealy et al.,1993)。虽然大多数比较结果表明,二分式选择数据对中心趋势的估计要大于使用支付卡和开放式数据进行的估计,但情况并非总是如此。Boyle等(1996)也对二分式选择和开放式数据二者的离散度进行比较,发现二者之间并没有显著区别。

最令人信服的比较研究是由 Welsh 和 Poe(1998)进行的,他们使用开放式、支付卡、单边界和多边界的报价反馈数据。这项研究使用了一个多边界的问题并测试心理学反应,包括"可能""是""不确定""肯定"和"可能不"等多种回答方式。研究发现,当把"肯定"和"可能是"的回答编码为"是",其他类型的回答设为"否"时,多重边界的 cdf 与开放式和支付卡数据的 cdf 几乎无法区分。当把"肯定""可能"和"不确定"的回答编码设为"是",其他问题编码设为"不是"时,多边界的 cdf 与开放式数据和支付卡数据的 cdf 没有明显差异。当把"肯定""可能是"和"不确定"反应编码设为"是",其他设为"否"时,则多边界数据的 cdf 复制了一次出价的二分式选择数据的 cdf。这项研究支持了开放式和支付卡数据具有的收敛效度的概念。

为什么采用二分式选择问题数据产生的价值估计值会大于采用开放式和支付卡数据得出的价值估计值呢?造成这种差异的确切原因尚不清楚,但研究者知道采用开放式数据中 0 元的回答比例很高,以及二分式选择问题中受访者出价水平要依赖于给出的报价金额等,这些因素都可能导致价值估计的差异(Welsh et al.,1998)。

3. 对报价回应模式的总结

在回顾这些文献后,研究者并不完全清楚二分式选择问题模式是否清楚地代表了最佳的报价问题设计方法。作为全民公决投票的二分式选择问题,是最为安全的方法(NOAA,1993)。无论是否使用公投框架,当把价值估算应用到政策分析,以及把研究结果提交给同行专家进行审议时,这种报价问题模式一般不会受到挑战。

采用支付卡和二分式选择模式设计报价水平时需要进行仔细考虑。从统计效率和减少锚定效应的角度来看,在中位数周围设计少量报价水平的建议是值得注意的(Alberini,1995a)。另外,虽然支付卡模式可以与二分式选择问题具有相同的数量出价金额,但不应将设计的报价金额都聚集在中位数附近。尽管双边界报价的效率提高了,但第二次报价金额引入了锚定因素,从而降低了这种报价模式的实用性。多边界问题可能会减少出现锚定问题,但至今这种报价形式仍然没有普遍用于政策分析。

4.3.2　允许受访者给出 0(零)元报价

有些研究者把 0 元出价的问题看作"抗议回应",这种做法存在两个问题:第一个问题涉及那些给出 0 元回应的人,可能是因为他们拒绝接受采用条件评价研究方法,这的确属于抗议回应。4.3.3节将讨论这个问题。在此我们考虑的是如何认识或处理公共品对一些受访者具有真实价值是0元的问题。其原因可能是,任何一项新的政策对抽样样本中的某些人来说可能都不会带来效用,要允许受访者个人给出无价值的表达。

对于开放式问题,受访者可以选择0元的回答。在支付卡问题中应包含0元报价的选项,供受访者选择。当然,研究者有必要对真实价值是0元的人和表示抗议的人加以区分。这个问题需要通过后续的进一步调查来解决。

在采用二分式选择问题时,很难识别真实价值为0和表示抗议回答之间的区别。受访者可以对报价水平回答"不",但他们没有机会准确表达0元的价值。在这些情况下,我们只知道受访者出价是否落在区间$(-\infty, B \text{元})$或$[0, B \text{元})$,取决于模型对使用调查数据的假设。我们事先不知道0元报价分布的概率是什么样子的,其峰值是多少。分析者可对出现0元报价观察值作出如下处理:一是保留报价为0元的全部样本观察值,不管这些报价是出于什么原因,包括属于抗议性的0报价,然后对数据进行分析;二是在问卷当中询问出价为0元的受访者,所要评价环境的变化是否会给个人的生活带来什么样的影响,从中进一步分析0元出价的性质。

不必讳言,任何一项好的政策总会给一些少数人带来负效用,因此这项政策对于他们来说价值是负的。似乎绝大多数研究都把具有负值的人看作0元价值。这种处理方法往往会夸大对中心趋势的估计值。

4.3.3 抗议和其他类型的误导性回应

抗议反应至少有三种类型,所有这些都基于一个假设,即受访者不报告他们真实的价值。第一类包括那些对CVM研究持有反对意见的人。这些受访者可能回答0元价值,使得中心趋势估计值变小,或者他们可能选择不完成调查,其对中心趋势的影响取决于研究者在分析时对这类数据如何处理。第二类,受访者不理解在调查中他们被要求做什么的人,但即便如此,他们还是参与了CVM问卷调查。这种情况可能不会明显影响中心趋势的估计值,但会增加数据中的噪声,从而增加估计平均值的标准误差。第三类是那些采取战略行动的人。这类人试图通过个人战略行为去影响调查结果和政策的走向。如果每个抱有策略行为的人都以类似的方式行事,将会导致中心趋势估计的偏差。然而,有些人可能有低估价值的动机,而另一些人可能有夸大价值的动机,因此对中心趋势估计值的总体实际影响是不确定的。

大多数研究者承认,在CVM调查数据中存在误导性反应的数据,但仍然没有找到一个较好的排除办法。造成这种情况的原因是多种多样的。感兴趣的读者可参考 Champ 等(2003)的文献。

虽然对条件估值中存在的误导性回答问题值得考虑,但这是一个棘手的概念问题和实证问题,通过查阅大量文献,研究者发现这个问题至今仍未得到很好的解决。即使一些研究深入探究了相关概念和开展了实证分析,但是关于这个问题存在的广泛性,以及会对中心趋势和分散估计值产生什么样的影响,仍未得出可靠的答案。

<h2>4.4 辅助问题</h2>

步骤 7 是处理一些辅助性问题,包括收集数据和对条件评价模型进行分析。在建立模型当中,最明显的解释变量是受访者的收入和其他人口统计学变量,这些变量是价值理论涉及的主要影响因素。对于支付卡、二分式选择和多边界数据,这些变量通常用于测算价值的计量经济学模型当中。也就是说,从样本调查数据分析当中,可以观察到每个受访者的价值所在的区间,需要使用计量经济学模型才能得出更加准确的价值估计值。对于开放式问题,可使用平均数来反映价值,而其他协变量并不需要进入 WTP 估计函数。

如 4.3 节所述,样本数据分析应包括抗议反应数据。关于被调查者对调查问题的理解也与评价研究的有效性相关,即使它们不包括在价值测算分析中。这些问题包括受访者对评估资源的理解,以及他们对资源带来的影响是如何考虑的。需要特别考虑的是受访者对调查资源及其变化的个人主观感知和对调查问卷当中一些具体问题的反应。比如,在前边提到的关于地下水价值评价研究中,需要知晓受访者对问题的回答是根据饮用污染水发生的实际风险,还是根据受访者主观认知的风险。如果反应是基于个人风险认知,则需要通过额外增加一些问题帮助受访者把个人主观认知风险和实际风险与政策分析联系起来。

在设计调查问卷时,还要考虑是否已有其他开展类似的调查(例如,人口普查)询问本研究提出的类似问题。如果使用与已有调查相同的问题框架,则可以对两组数据进行直接比较,从中判定获得数据的可靠性。采用了相同的抽样样本,通过合并数据扩大了分析样本,提高了参数估计的准确性,还可补充目前调查数据中缺失的某些数据。

<h2>4.5 预调查和正式调查</h2>

本章的目的不是深入研究调查管理的细节,这是第 3 章的主题。在介绍了设计条件评价研究的基本要素之后,我们转向步骤 8,其主要内容是通过一对一访

谈、焦点小组讨论或实地试验对调查问卷的内容是否完善进行预测试,目的是使研究者确保调查问题对受访者来说是能够理解的,从而得到研究需要的信息。在预测试之后,确定采用最合适的调查办法来实施调查。

4.6 数 据 分 析

在步骤 9 中,对开放式数据分析通常是计算算术平均值:

$$\bar{x} = \sum_i^n x/n \tag{4.4}$$

式中,x_i 为第 i 个被调查者对开放式问题的回答;n 为观察次数。x_i 对受访者出价或价值表达,分别是在方程(4.1)和方程(4.2)中 c 或 op 的值。如上所述,有时候需要对数据进行筛选,剔除抗议响应和一些数据异常值。

在计算平均值之前,把开放式响应作为解释 WTP 变量的函数是符合价值的理论定义,如函数(4.1)和函数(4.2)所示,把 c 或 op 作为因变量求出函数的解。然而,在采用开放式数据进行计量经济学分析中,通常在模型中加入了一些带有逻辑关系考虑的直观性的变量。出现这种情况,就需要使用 Tobit 模型进行估计,因为数据中不允许出现负值和在 0 元观察值处出现一个概率峰值。

对支付卡问题的分析,模型分析得到的是受访者给出的价值所在区间。这些区间是每个被调查者在支付卡圈出的报价金额和下一个最高报价金额。根据 Cameron 和 Huppert(1989)的研究,被调查者的真实价值(C_i)位于区间(B_{I_i} 元,B_{u_i} 元),其中,"I"表示被调查者 i 圈出的低出价,"u"表示列在支付卡上下一个最高报价。用方程(4.1)表示的真实值函数为

$$\log c_i = z_i b + u_i \tag{4.5}$$

式中,u_i 是随机计量误差,假设它符合均值是 0、标准差是 σ 的正态分布。z 是方程(4.1)中解释变量的向量,这些变量解释了对估值的反应;β 是要估计的系数向量。函数 $z'\beta$ 被指定为方程(4.1)或方程(4.2)的解。解释变量是研究者认为从理论上应该包含在间接效用函数中,并对 WTPs 产生影响的变量。因此,由于 c_i 实际上观察不到,同时研究中分析者也不知道影响 WTP 的所有变量究竟有哪些,c_i 落入个人 i 在支付卡上选择的区间为

$$\Pr(c_i \subseteq (\$B_{I_i}, \$B_{u_i})) = \Pr((\log \$B_{I_i} - Z_i\beta)/\sigma < t_i < (\log \$B_{u_i} - z_i\beta/\sigma))$$
$$\tag{4.6}$$

式中,t_i 符合标准正态变量。样本量 n 的对数似然函数为

$$\log L(\beta, \sigma \mid \$B_{I_i} \$_{u_i}, z_i) = i \sum_{i=1}^n \log[\phi(\$B_{u_i}) - \phi(\$B_{I_i})] \tag{4.7}$$

式中，$\phi(\cdot)$ 为正态累积分布函数。利用参数 $(\hat{\beta})$ 的估计值，可以推导出支付意愿的估计值：

$$E(\log_c) = z'\hat{\beta} \tag{4.8a}$$

或者

$$E(c) = \exp(z'\hat{\beta})\exp(\hat{\sigma}^2/2) \tag{4.8b}$$

由式（4.8）表示 WTP 为 z 向量的函数。假设我们想要评价降低不同水平地下水污染浓度的经济价值，z 向量中的一个参数设为表示水中污染物浓度的变量。出于政策目的，将浓度降低的价值平均值定义为

$$E(c_{Jx_2}) = \exp((z_1, z_{2SQ} - z_{2R}, \cdots, z_K)'\hat{\beta})\exp(\hat{\sigma}^2/2) \tag{4.8c}$$

式中，z_2 代表污染物浓度，SQ 代表现状（当前）浓度，R 表示在政策作用下降低的污染物浓度，z 中的其他变量可设在没有发生变化的水平，如受访者个人特点的平均值。

继续采用支付卡数据分析使用的符号，使用二分式选择数据分析可以表示如下：

$$
\begin{aligned}
\Pr(YES_i) &= \Pr(\log c_i > \log \$ B_i) \\
&= \Pr(u_i/\sigma > (\log \$ B_i - z'\beta/\sigma), \\
&= 1 - \phi((\log \$ B_i - z'_i\beta)/\sigma)
\end{aligned} \tag{4.9}
$$

其对数似然函数为

$$
\begin{aligned}
\log L = \sum_{i=1}^{n} I_i \log[1 - \phi(\log \$ B_i - z'_i\beta)/\sigma)] \\
+ (1 - I_1)\log[\phi(\log \$ B_i - z'_i\beta/\sigma)]
\end{aligned}
$$

式中，I_i 等于 1 表示回答"是"，等于 0 则表示回答"否"。对于支付卡数据，平均值和中位数的计算方法如上所述。

Hanemann（1984）提出了另一种随机效用方法用于分析二分式选择数据，但比较而言，Cameron 方法在文献中最为常用。

除了上述参数方法外，一些研究人员还考虑了使用半参数和非参数建模方法来分析二分式选择数据（Creel et al.，1997；Haab et al.，1998）。虽然这些方法在文献中没有得到广泛的接受，但它们值得在未来进一步开展研究。

4.7　报告价值评价研究结果

在步骤 10 报告研究结果中，清楚报告研究结果有两个目的：一是运用于当前政策分析；二是将研究结果通过效益转移方法，运用到新的政策研究地，因为该政

策研究地没有原始的条件评价调查数据可用。其实，即使仅是对于方法论开展的研究，也仍然可以运用到效益转移分析当中。

不论是为了哪种目的，都需要研究者给出研究采用的关键步骤信息，即给出表 4.1 中列出的每一个步骤的处理信息，具体包括属于何种应用研究、价值是如何定义的、采用的样本框架、调查模式和问卷调查回复率。同时，还要介绍在调查中如何对所评价的产品和价值调查场景进行详细的描述。价值评价采用的报价方式，包括描述报价过程，受访者人口统计特征分析和他们对所进行评价资源的利用情况，采取的数据分析方法，包括对 0 元出价和抗议反应是如何处理的，以及采用何种形式的价值估计函数。最后，给出中心趋势估计值和标准差。

以上所做的一切都是为了使当前政策制定者详细了解整个研究过程，帮助他们判断价值估计结果的可靠性，同时也向效益转移应用者传递类似的信息。

4.8 有效性和可信性

有效性是指价值评价的结果是否准确地测算出了所要评价环境资源的价值。通常有三种类型的有效性衡量办法：标准效度、内容效度和收敛效度(Carmines et al.，1979)。标准效度是把条件评价估计结果与采用条件估值研究方法之外的其他研究方法的测量结果进行比较。比如，采用实际现金交易价值信息与条件评价得到的价值估计结果进行比较，看二者之间是否非常接近，越是接近，表示标准效度越高；反之亦然。内容效度是指在价值评价模型分析采用的变量是否与经济理论、实际情况相一致。收敛效度是将考察价值估计结果与另外一种非市场评价方法估计价值的结果进行比较，看其是否具有一致性。比如，把条件价值评价结果与采用旅行成本模型进行价值评价结果进行比较，以及比较采用不同调查数据得到的价值估计结果。可靠性是指通过开展重复性的条件评价研究，看其是否产生相同的价值评价结果的程度。效度、可靠性，以及获得点估计的效率，三者共同构成了可信条件价值评价研究的标准。

许多对条件价值法的批评者似乎认为价值估计应该达到非常准确的结果才有意义。但这样的批评是不现实的，因为即使是在真实的市场交易当中，完美的价值测算结果也是不存在的。关键是要关注条件评价在哪些方面表现得相当好，在哪些方面可能存在一些问题。条件评估可以从标准效度和收敛效度两个角度提供合理的使用价值估计。

Brown 等(1996)发现，当使用开放式问题时，条件评价估计值的中心趋势与采用现金估计之间的差异比使用二分式选择问题要小，条件评价得到的估值与实际交易测算出的价值之间的比值为 4.11，而与使用二分式选择数据估计价值之比是 6.45。

条件评价的有效性和可信度受到质疑主要是来自调查者在条件评价调查设计时作出的一些主观决定。但是,这在调查研究中是不可避免的,拿这一点与实际市场交易相比是没有道理的。所有的研究数据都来自某种形式的调查,甚至包括市场数据。如何获得这些数据离不开调查者具体操作过程。然而,认真遵循本章前面列出的各个步骤,一步一步认真地做,同时注意适当征求同行专家的意见和建议,就可以最大限度地减少调查中出现的各种问题,从而取得良好的调查效果。通过大量文献解读,形成的基本结论是:条件价值估计基本上是可靠的(Loomis,1990;Reiling et al.,1990;Stevens et al.,1994)。因此,条件价值评价结果的可靠性不是一个十分值得关注的问题。

最后,点估计值的方差也可以通过以下途径尽量减小:精心进行调查问卷设计,尽量选择支付卡问题,减少使用二分式选择问题和重复报价问题形式收集价值数据。与 20 世纪 90 年代末相比,当今计量经济学发展能够提供更加有效的点估计中心趋势估计模型。因此,条件评价估值通过完善的调查问卷设计和数据分析处理方法,可以降低中心趋势估计值的分散度。过去 20 多年来,条件估值研究在这些方面的进步明显提高了价值估计的效率。实践表明,条件评价估值能够提供希克斯剩余值的估计,为政策分析和法律诉讼提供重要参考信息。但是,也必须看到条件价值评价似乎存在高估了实际价值的情况。因此,未来关于效度的研究应多加关注如何减少价值偏高估计的问题。

4.9　前沿问题

虽然每位学者都会提出关于条件价值评价研究领域存在各种不同的前沿问题,但笔者在此梳理出了五个问题。

第一个问题是,需要更多的研究探索应该从受访者那里获得什么信息,能够让他们在回答调查问卷时给出更加可信的答案。该研究还应侧重考虑如何向受访者呈现相关信息、呈现什么信息才能使受访者更加准确理解问卷中提出的问题,并尽量避免提供一些没有意义或容易引起对相关问题的错误回答,减小价值估计偏差。如前所述,大多数效度和信度研究都侧重于对条件价值评价问题各种回答模式,而不是特别关注在开展调查之前向受访者进行相关信息的介绍和详细描述产品或政策信息。虽然在逻辑上回答报价问题的模式应该是第一个重要的,但是,根据目前情况,分析如何提高描述评价项目的边际收益可能比分析价值问题模式的边际收益更为重要。

第二个问题是对回答价值问题模式的选择。虽然不应拒绝使用二分式选择问题,但有理由考虑优先使用无锚定的支付卡问题回答模式,或多重边界报价问题模式。事实上,在一项研究中同时采用多个价值问题回答模式,将有助于测试收敛效度,从而提高条件价值评价研究整体的可信度。当受访者看到所有 k 个报价模式可以进行替代性选择,就会降低对单个报价说"是"这种锚定的可能性。当然,同时提出 k 个报价会使受访者难以判断价格和质量之间本质性的联系。此外,支付卡和多个出价缩小了受访者价值所在的区间,这同样会增强价值估计的准确性。

第三个问题是允许受访者在面对条件价值评价问题的回答表达不确定性。虽然允许受访者表达不确定回应的概念和使用的分析方法尚未得到充分研究,但不确定回应选项的使用能够使分析者更好地理解条件价值评价结果与实际交易估值结果之间的联系,以及不同报价回应模式之间的差异。

第四个问题是涉及在调查工具中包含多项价值评价的问题。虽然在条件价值估计的调查中包含的价值评价项目的数量因研究而异,但有研究把联合分析(joint analysis)引入非市场评价研究领域(见第 7 章),使研究人员可以考虑在一次性问卷调查工具中,同时向受访者询问多项价值估值的问题(如同时评价几种环境属性各自的价值)。联合分析方法是向受访者提出多个问题进行权衡选择,有时这种多重选择可以帮助估计一条无差异曲线。这种设计方法正在延伸到条件价值评价研究中。

第五个问题是将条件价值评价数据集与揭示性偏好数据结合起来使用,建立随机效用模型。这意味着研究者接受了揭示性偏好数据与条件价值评价数据具有的一致性,从而使条件价值评价结果弥补显示性偏好存在的对某些价值无法估计的短板。例如,在长期存在水质污染的情况下,可能难以获得人们为提升水质水平采取的一些行为数据,但条件价值评价数据可以填补这一缺失信息(条件行为问题是询问受访者在某些假定条件下会作出何种反应)。需要强调,本章讨论的大多数研究设计问题都适用于收集受访者条件行为数据。

4.10 结　论

条件估值研究需要精心的研究设计和数据分析。一项随意的和抱有侥幸获得成功的条件价值评价研究设计是不切实际的。只有在研究设计阶段,采取十分谨慎的态度,做好一切研究细节的准备,才能获得可靠的研究成果,为指导公共政策的制定发挥建设性作用。不必讳言,几乎所有的条件估值研究都至少在上述步骤中的某个步骤存在不足。这意味着,即使是在价值评价研究领域有丰富经验的人,也仍有改进的空间。虽然这些缺点给批评者质疑条件评价方法的可信度留下了机会和借口,但实际上这些批评导致了更好的条件评价研究设计和强化效度的研究,最终推动条件价值评价研究走向成熟。不可否认的是,条件价值评价研究在政策分析和司法诉讼领域有着极高的需求。

即使经过仔细的预测试步骤,任何条件估值研究的设计仍存在大量主观因素发挥明显的作用。这种主观因素将继续成为条件价值评价方法的致命弱点。然而,随着研究经验的积累,个人主观因素将会逐渐被经验所取代。需要指出的是,研究者对条件评价研究进行的设计以及对价值评价结果的影响与任何其他研究领域都是一样的。简单地说,条件评价研究需要较高的设计技巧和规范实施,通过认真开展预测试和有效性检查过程。

第5章 属性评价法

5.1 引 言

在行为数据有局限的情况下,一直以来经济学家多使用陈述性偏好方法进行环境价值评价。我们在第 4 章介绍的条件评估方法是最为传统的陈述性偏好方法,该方法被广泛用于条件评估研究当中。从 2000 年以来,非市场评价领域出现了一种新的消费者偏好评价方法,通常被称为基于产品属性的价值评价方法。与条件评价方法一样,ABM 也有很多变化形式,如采用不同的问题结构形式来诱发受访者给出他们的偏好。本章将描述目前使用的各种 ABMs,解释如何基于属性评价实验开展环境价值评价。

ABM 属于陈述性偏好法,其目的是评价在技术上可以进行分割的一组环境产品属性的经济价值。受访者可以对于某些环境产品具有的不同属性水平进行选择,从而为资源管理者和政策制定者提供公众对多种环境状态偏好的详细信息。将价格作为一种属性,就可以从多个环境属性中评价出每个属性的价值,用于项目和政策的效益-成本分析。基于对经济价值和消费者支付意愿的关注,环境经济学家对 ABMs 的使用与其他学科采用的联合分析应用区分开来。

相对于其他评价方法,ABMs 具有以下几个优势:①属性的数量和状态可在研究人员的控制下开展实验设计,而无须观察消费者真实的市场消费行为,从而不受人的实际行为所控制。属性的数量和状态可在研究人员控制的条件下开展实验,从而摆脱从市场中无法观察到的人的行为数据和假想的资源环境条件信息的限制。②基于这样的数据来源结合统计理论方法的使用,能够产生更高的信息分析效率,并较少解释变量之间的共线性。③该模型建立了一个多维响应面,提供了比单一的"有与没有"情景评价更为丰富的价值变化信息。④对一些价值显著性较高的属性变量加以一定程度的限制,便于分析属性之间存在的交换代替关系。比如,一个资源属性质量或数量的减少可能会从另一个属性质量的提高和数量的增加得到补偿。

当今 ABMs 的应用是建立在过去几十年的理论和实证研究基础之上。为了阐述 ABMs 在各种学科中的发展过程,本章将讨论 ABMs 在当代应用研究中采用的一些基本概念。在进行了历史回顾之后,我们将系统描述基于属性价值评价实验法的基本步骤。然后,在实验设计中进一步增加各种属性组合的数量。这些属性组合设计对于正确理解 ABM 是非常重要的。接下来,我们将介绍 ABMs 采用的三种衡量属性评级或打分方法,包括评级、排名和选择。

5.2 属性评价法发展历史

ABMs 起源于多种社会科学学科的研究。这种多学科的交叉研究应用,使得选择实验法在一些专业术语分类方面产生了混淆。通过对文献的回顾,我们需要彻底澄清将 ABMs 用于非市场评价条件下使用的主要概念,并试图将其与其他学科研究领域的应用区分开来。

在经济学中,ABMs 概念的基础来自"享乐主义"的思想。该思想认为,人们对任何商品的需求不是对商品本身的需求,而是对每一种商品具有的某些属性的需求。该方法可以追溯到 1939 年(Court,1939),Court 使用享乐回归模型研究消费者对汽车的需求,之后 Griliches(1961)运用该方法建构了享乐价格指数。但是,直到 1966 年才由 Lancaster(1966)提出家庭生产函数理论,为享乐模型奠定了经济学的理论基础。虽然 Hammond(1955)提出的心理学理论认为,人通过大脑信息加工过程解释人的决策行为,但是自从 Lancaster 提出消费者需求理论之后,ABMs 才真正奠定了基本的经济学概念框架。

与此同时,当 Lancaster 提出消费者对商品的需求是由商品属性驱动的时候,出现了一种新的数学心理学测量技术。它把人们对一组复杂商品的选择过程分解为对各种选择属性权重进行加总求和过程(Luce et al.,1964)。这被称为"联合测量",该方法迅速被市场营销研究人员普遍认同,进而运用到了对一些新产品设计当中。从中得出结论,企业在新产品设计当中必须关注新产品关键属性的信息(Green et al.,1971;Green et al.,1975)。这种营销研究方法被称为"联合分析"。

联合分析方法很快在许多商业管理模式当中得到广泛应用,特别是用于对新产品的市场份额预测。典型的产品属性评价研究是要求受访者对某种产品的吸引力进行评级,然后对每个受访者反馈的偏好信息进行建模,测算其中关键产品属性的价值贡献和可能占有的市场份额。这种方法强调把个人层面对产品偏好的异质性作为预测市场份额的关键因素。

离散选择理论提供了一种更简单、更直接的预测市场产品消费选择的方法,该方法主要由 McFadden(1974)提出。该方法假设消费者个人对商品的购买过程是一个效用最大化的选择过程。McFadden(1986,第 278 页)将选择理论置于经济学研究领域,其中包括标准希克斯-萨缪尔森理论中没有发现消费者行为一些丰富信息。基于 Luce(1959)的选择公理和 Marschak(1960)提出的随机效用模型,McFadden(1986)提出把选择享乐分析和随机效用最大化(RUM)方法结合起来建立计量经济学模型。这个模型被称为多项式 Logit(multinomial Logit,MNL)(或条件 Logit)模型。

McFadden 等人通过进一步研究,发现了随机效用模型与福利经济学之间存在着必然的联系。随机效用模型中的效用函数实际上是一个有条件的间接效用函数(以备选项为条件)。因此,把价格或者将收入减去价格作为条件间接效用函数中的一个属性,从而允许对经济价值进行测量(例如,补偿变化)。据此,这样就把 ABMs 在经济学中的随机效用函数与其他非经济研究应用区别开来,因为经济学家通常对价值或福利测量感兴趣,并且非常注重建立任何模型方法都需要与基础理论保持一致,或者说得到经济学理论的支撑。

随机效用概念的内涵十分丰富,其中的多项式 Logit 模型具有较强的实用性。所以,MNL 被广泛用于分析聚合营销数据,以便从中发现最好的营销策略。随机效用模型也在交通需求建模方面得到了广泛的应用。使用 MNL 模型的最初研究是使用对汇合数据分析,但近年来的发展则偏重于通过随机效用模型识别产生个人偏好异质性原因的分析。

将环境项目总价值分解为项目具有一些特定属性及其隐含价值的办法,使得环境经济学家对 ABMs 产生了极大的兴趣。尽管经济学家在进行调查时,已经使用了三种主要对属性度量方式(评级、排名和选择),但关于 ABMs 在环境评价中的首次应用,则是由 Rae(1983)运用国家公园使用排名数据开展的公园空气能见度的价值评价研究的。该研究发现公园排名与景区能见度之间仅存在微弱的关联。后来,Smith 和 Desvousges(1986)运用排名评价了莫农加希拉(Monongahela)河水质的价值,Lareau 和 Rae(1989)运用排名数据评估了减少柴油气味的 WTP,这些排名数据及其模型的应用为属性价值评价奠定了实证研究基础。

使用评级数据评估环境质量的 ABMs 在 20 世纪 90 年代初越来越受到欢迎。Mackenzie(1993)提出了如何将评级数据转换为排名数据和选择数据用于价值评价研究。Gan 和 Luzar(1993)使用评级数据模拟水禽狩猎地点的决策。Roe,Boyle 和 Teisl(1996)研究如何从评级数据中估计补偿变化。

5.3 属性评价法的实施步骤

运用属性评价法应遵循表 5.1 中列出的七个步骤(Louviere et al.,2000)。下面,我们将对其中的每一步骤进行简要的介绍。

表 5.1 属性评价法使用步骤

步　　骤	内　　容
1.	描述决策问题
2.	识别和描述属性
3.	进行实验设计
4.	制作调查问卷
5.	收集数据
6.	估计模型
7.	为政策分析或决策支持提供结果解释

步骤 1 清楚地提出所要进行分析的经济和环境问题。这需要思考两个关键问题：①环境质量变化的地理和时间范围；②要进行评价的价值类型。关于第一个关键问题，应考虑以下几个问题：环境质量变化带来的影响范围是局限于一个地区，还是会涉及多个地区？环境的影响是通过何种溢出效应扩散的？环境变化带来的影响是否会立即显现，还是需要一定的时间才能完全显现出来？第二个关键问题是关注环境质量变化产生的价值类型。这需要考虑以下问题：哪些人将从环境质量改善中受益？环境的被动使用价值是否也会受到影响？如果环境变化影响到使用价值，那么人们会在消费行为方面作出何种反应？什么价值会发生改变？例如，试想对改善一个海滩公园进行效益评估。相关的价值评价将与各种海滩属性的变化有关（例如：海水的清洁度、淋浴用水、野餐区域等）。采用的旅游者行为模型是对于海滩的选择（从一组海滩中）分析参加滨海旅游的人次。同时，还要考虑海滩环境质量的变化是否也会影响到那些不使用海滩的人。在这种情况下，就要考虑对被动使用价值进行评价。

在提出环境价值评价问题之后，就要对相关环境属性进行界定（步骤 2）。继续采用上面海滩公园的例子，研究人员必须确定需要测量哪些属性，以及如何开展相关问题的调查。常用的做法是利用焦点小组，走访部分游客或公园管理者进行结构性问题访谈。明确如何对属性进行测度。例如，可以询问焦点小组成员这样的问题："你会如何定义一个很好的海滩公园，或者是一个很差的海滩公园？"或者"你在选择去海滩公园游玩时会考虑哪些因素？"在这个阶段，还需要确定分析中要考虑多少个属性，以及对每个属性怎样进行测度。研究者要意识到，人们对比较复杂的调查问题的反应是未知的，所以最好保持设计的属性选择集尽可能简单一些，不要过于复杂。

步骤 1 和步骤 2 对于成功应用 ABM 至关重要。但是，如果没有对这些步骤进行认真周到的思考，导致选择了不恰当的调查问题，或者忽略了某些重要属性，那么整个选择实验研究就会失去意义。笔者鼓励研究者花费大量的时间和精力来确定所要分析的环境属性范围，正确使用焦点小组和预测试，并对环境评价场景采用准确的语言进行描述。只有这样,才能确保环境属性的正确选择和有效测量。

在确定要进行评价的属性之后,在步骤 3 中开展实验设计,确定采取什么形式把问题调查设计呈现给受访者。如上所述,ABM 是通过询问受访者的偏好来测算他们对各种环境产品属性的支付意愿。而 WTP 值是根据受访者偏好信息,通过运用计量经济学模型,进行参数估计获得的。呈现给受访者的设计问卷版本必须涵盖各种属性水平组合变化信息,才能进行模型参数的估计。但是,在大多数情况下,想要给受访者呈现所有属性水平组合变化信息是不可能的。因此,必须依靠计算机实验设计程序来制作有效的属性水平组合子集。

步骤 4,在完成调查问卷设计之后,就要考虑采取问卷调查。问卷调查可采用多种模式:邮寄调查、电话调查、设立调查中心站、在景区里对游客进行拦截调查,以及使用互联网调查等。

在让受访者填写调查问卷之前,应采用适当的方式向他们传递有关属性价值评价信息。除了研究者采用口头描述外,还可以采用地图、照片和手画图形等帮助展示相关信息。与任何其他调查研究一样,对问卷进行预测试是非常必要的,以确保受访者清楚地理解调查问卷中列出的各种问题。

步骤 5,根据研究具体情况,采用恰当的方式收集整理调查数据。我们在第 4 章讨论了在条件评价研究数据收集中可能存在的各种问题,这些问题在这里也同样存在。

步骤 6,运用计量经济模型估计价值所需要的参数。计量经济模型的选择取决于属性指标测定的形式(选择、排名或打分)和各种计量经济学因素的考虑。

步骤 7,对模型运算的结果进行解释,用于政策分析和决策支持。开展 ABM 研究的目标是进行价值或福利测算,预测消费者行为,或两者兼而有之。这个模型是用来模拟环境政策影响分析或为制定管理决策提供参考信息。有关价值测算方法见 5.5 节。

5.4　实 验 设 计

基于属性价值评价实验方法的优势在于,它允许研究人员控制与环境属性价值评价相关的解释变量集。然而,如果研究人员没有对实验设计充分正确地理解,那么这种优势可能会变成一种负担。研究设计既决定了采用的数据衡量属性价值类型,也要明确对其影响的解释变量。如果没有采取适当的研究设计,将会产生参数估计偏差,以及因为解释变量中存在共线性导致模型估计错误。

实验设计被广泛地应用于生物、物理和行为科学研究当中,但在经济学研究领域并不常见,因而经济学家对此方法并不十分熟悉。经济学家在很多情况下,更多是分析二手数据。属性价值评价实验设计是预先指定各种因素不同水平来对自变量(称为因素)进行控制。存在消费商品或服务当中的某些特征通常被称为属性。

5.4.1　阶乘设计

阶乘设计是将每个属性的各个水平与所有其他属性的各个水平进行组合。不同属性水平构成的一个组合叫作替代(alternative)、概要或剖面(profile)或处理组合(treatment combination)。在下面的讨论中,这些术语可以互换使用(尽管概要或剖面常用于联合分析,因为对于属性组合通常是一次只检查一个组合内容)。因此,这里 alternative 不是一个真正意义上的"替代"。全阶乘设计存在的一个问题是,随着属性和属性水平的增加,会产生大量的替代(或选择)方案或剖面。

为了说明这一问题,我们以大连西郊国家森林公园管理为例。假设公园管理者正在评估在园区里设立新露营地的各种设计,如是否在新露营地建造野餐棚、操场和淋浴房。每一个设施都有两个水平("建造"和"不建造")。因此,就有 2^3 种可能的设施组合,这被称为 L^n 设计,其中,L 是水平数,n 是属性个数。在这种情况下,该阶乘设计就包括 8 种可能的属性组合。

阶乘设计的优点是所有的"主效应"和"交互效应"都是独立的(正交的),并且能够被识别。"主效应"是指求每个属性水平的平均值("小平均")与总体平均值("大平均")之间的差异。在多元回归中,主效应由属性水平的参数估计值表示,而大平均值是回归方程的截距。如果一个属性水平的响应受到另一个属性水平的影响,就会出现"交互效应"。交互效应用多元回归模型中两个(或多个)变量交互作用(交叉积)的参数估计值来表示。

相互作用效应在经济学中具有重要意义,因为它们代表了不同消费品之间存在互补性和替代性的概念。在上面的例子中,如果在新设计的露营地中包括游乐场和野餐棚,而很多游客对这样的新露营地设计非常感兴趣,这就表明,野餐帐篷和游乐场之间存在着互补性。非全阶乘设计可能无法检测到野餐棚和游乐场之间存在的这种互补关系,这有可能将相互作用与主要效应相混淆。这一结果背后的原因我们将在 5.4.2 节进行讨论。

5.4.2　部分阶乘设计

部分阶乘设计减少了在设计中剖面包括的选项数量,因而就会减轻受访者回答问卷时面对的认知负担。然而,采用部分阶乘设计有可能会导致一些信息的丢失。这是因为采用部分阶乘设计省略了一些属性交互信息,为理解这一点,我们需要理解交络效应的概念。

交络效应是指在部分阶乘设计当中省略了部分具有相关性变量的影响信息。但是,可以采用完全没有相关性的设计来识别可能存在的相关效应。为了达到这一目的,需要采用正交多项式编码。对于一个带有两个水平的变量可用 -1 和 $+1$ 表示,而不用 0 和 $+1$ 像虚拟变量那样的表示。我们可以使用 2^3 设计中 $1/2$ 部分设计来说明交络的概念。回到露营地选择的例子,用 A_1 表示"野餐棚",A_2 表示"淋浴室",A_3 表示"操场"。表 5.2 给出了全阶乘设计中两个 $1/2$ 部分包括主效应和交互效应。在全阶乘设计中,主效应是指利用所有的属性组合。交互效应被定义为对每一个属性正交多项式各列编码进行相乘(交叉相乘)。注意,全阶乘组合(1-4)的前一半,2-向交互向量 $A_1A_2[+1,-1,-1,+1]$ 与 A_3 主效应向量相同。因此,A_1A_2 与 A_3(A_3 是 A_1A_2 交互项的别名或交络)。如在表 5.2 中,2^3 阶乘中只采用前 4 个属性组合而且回归结果显示 A_3 的系数在统计上显著,我们就不能确定操场变量是显著的,以及野餐棚与淋浴室的组合变量是显著的,或者两者都不显著。只有在 A_1A_2 交互项变量等于 0 时,A_3 的估计系数才是无偏差的。

表 5.2　一个 2^3 阶乘设计中含有的两个 $1/2$ 部分正交编码

配置文件	主影响			2-向交互			3-向交互
	野餐棚	淋浴室	操场	A_1 A_2	A_1 A_3	A_2 A_3	A_1 A_2 A_3
	A_1	A_2	A_3				
第一个 $1/2$ 分数							
1	-1	-1	$+1$	$+1$	-1	-1	$+1$
2	-1	$+1$	-1	-1	$+1$	-1	$+1$
3	$+1$	-1	-1	-1	-1	$+1$	$+1$
4	$+1$	$+1$	$+1$	$+1$	$+1$	$+1$	$+1$
第二个 $1/2$ 分数							
5	-1	-1	-1	$+1$	$+1$	$+1$	-1
6	-1	$+1$	-1	$+1$	-1	-1	-1
7	$+1$	-1	-1	$+1$	-1	-1	-1
8	$+1$	$+1$	-1	$+1$	-1	-1	-1

我们还注意到,表 5.2 中前 $1/2$ 部分 3-向交互总是取值"$+1$"。因此,回归模型中的截距与 3-向相互作用 $A_1A_2A_3$ 存在完全共线性。

从实践角度来看,通常我们不知道哪些属性存在互补或是替代。为了弄清楚这个问题,研究者可以利用聚焦小组调查来评估是否存在一阶(2-向)交互作用。如果聚焦小组成员表示对某一特定属性感兴趣的程度取决于其他某些属性的水平,那么就可以采取"主效应加选定交互效应"的设计(Carmone et al.,1981)。至于高阶交互效应通常没有什么太大解释意义,因此可以忽略不计。

如果聚焦小组和预测试表明交互作用可以被忽略,则可以采用正交部分阶乘主效应计划。然而,如果互补和替代是所考虑的环境产品偏好的重要因素,则需要采用支持"主效应加上交互效应"计划的专门设计软件来完成。

5.4.3　随机化设计

从一个全阶乘设计空间里对属性水平进行随机抽样可实现正交设计。当然,这样的结果仅适用于大样本的情况。对于小样本,这种做法可能会产生不必要的属性之间的相关性。例如,我们考虑 5 个属性的设计,每个属性有 4 个水平,将产生 4^5 种全阶乘设计,即生成 1 024 个可能的剖面组合。通过对这些组合设计空间进行随机抽样,可假设先建立 1/32 部分剖面设计,直到选出全部 32 个剖面,因为 32 个随机剖面只是代表整个设计空间的一小部分,如果是依靠人工随机抽样过程,这只能是靠幸运才能完成。但是,如果向所有受访者呈现相同的剖面文件,受访者将从这 32 个剖面中随机抽取剖面的话,这有可能导致明显的属性相关性,从而会大大降低实验设计的效率。

计算机具有的随机抽样和存储大量数据的能力给研究者提供了第二种随机抽样技术,即完全随机设计,为样本中每个受访者生成随机抽取剖面资料。例如,如果研究人员预计有 1 000 人会回答 ABM 问卷,可为每一位受访者随机抽取由不同属性水平构成的剖面,这相当于把整个设计空间扩大到 4^5 全阶乘的规模。当然,这仍然不能保证每个随机生成的剖面是唯一的。但是,如果向每个被调查者呈现 2 个或更多的剖面信息,在属性评价实验中常用的做法,这可被看作是从整个设计空间中随机抽取剖面。

在随机剖面生成后,最好是检查主效应相关矩阵,用来评估实验设计的质量,确保得到的设计是正交的。此外,还应检查主效应和双向交互效应的相关性矩阵,用来考察交络效应。

5.4.4　相关属性

在环境价值评价问题中,分析的各种属性之间可能存在高度自然相关性,因此,它们并非存在固有的可分性。如果两个具有相关性的属性在评价实验中被视为完全独立,会使受访者感到困惑,进而导致拒绝参加相关问题的调查。尽管一些实证研究表明,把一些具有相关性的属性处理成完全相互独立并没有引起什么严重的后果,但是从安全角度来讲,还是尽量采用可行的属性组合。总之,解决属性相关性的问题最好是通过选择那些能够进行清晰维度划分的属性。

5.4.5 选择实验的设计

在属性价值评价的实验中,采用评级(或评分)测量属性时,需要在构建一系列剖面设计中,使每个剖面之间保持相互独立,从而保证实验设计的效率。然而,由于选择实验设计要求被调查者同时比较两个或多个备选方案,选择实验设计变得比较复杂。最大设计效率要求选择的属性水平在同一选择内或与其他选择方案属性水平之间保持相互独立。这就会有 L^{nm} 阶乘设计,其中,m 表示在每个选择集里展示给受访者非现状选择设计的个数。

仍以露营地设计问题为例,它的全阶乘设计为 $2^3(L^n)$ 种可能的属性组合。也就是说,如果使用评分形式,这个问题全阶乘设计就有 8 个剖面(表 5.2)。受访者应回答 8 个剖面的问卷,在实践中这是可能的。研究者也可以对所有主效应和交互效应进行假设检验。然而,如果采用其中 2 个选项集为一组,那么全阶乘设计将包括 $2^3 \times 2^3(L^n \times L^n = L^{2n})$ 个属性水平组合剖面,即是 $64(8 \times 8)$ 对剖面(选择集)。如果设置更多选择,则需要采用更大样本设计。虽然我们并不清楚受访者能够接受的回答最大数量的选项组合是多少而不产生疲劳和厌倦感。大多数研究者会采用不多于 8 个选项集,或有极少数时候使用 16 个选项集。如果采用 64 个选项集,这将导致受访者无法回答。如果假设没有交互效应,主效应设计可以从这 64 个选项集中抽取。表 5.3 给出了一个选项集例子。

表 5.3 从 $2^6(2^3 \times 2^3)$ 阶乘中产生的 1 个露营地选项集

属　　性	可　选　项	
	营地 A	营地 B
淋浴室	否	是
操场	是	否
野餐棚	否	是
在方块中勾选选择	□	□

实际上,上面的选择实验对经济学家来说并不是很有用,因为它没有包括价格变量,以及两种选项都没有包括允许退出的选择。我们可以扩展这个例子,使其包括另外一个或第 4 个属性:距离,它也有两个水平(表 5.4)。现在露营地问题在每个选择(或剖面)中包含了 4 个属性,每个属性包括两个水平,总体来说,可表示成 $2^4 \times 2^4$ 或 2^8 主效应计划。

表 5.4　从 2^8 阶乘中获得的露营地选择集

属　　性	可　选　项		
	营地 A	营地 B	
距离	50 英里	100 英里	待在家里：营地 A
淋浴室	否	是	和 B 我都不选，我选
操场	是	否	择待在家里。
野餐棚	否	是	
请在方块中勾选	□	□	□

在这个选择问题中,什么是最小主效应计划(即是在设计中不包括交互效应)? 这要首先取决于评估全部主效应集所需要的自由度的数量。在这个例子中,$L=2$ 和 $n=4$,共有 8 个主效应($L \times n$),每个主效应有 1 个或 $L-1$ 个自由度(s)。之所 以有 8 个主效应,是因为每个属性的每一个水平都有一个主效应。因此,总共有 $(L \times n) \times (L-1) = 8$ 个自由度加上方程截距 1 个自由度。接下来,在部分阶乘中 正交选择集的个数必须大于自由度的个数。在 2^8 阶乘中的部分正交主效应 $2^{(8-4)}$ 满足这一要求。因此,在这个例子中最小正交主效应计划需要 16 个选择集。 这个选择集数量决定了选择实验序列的数量。

假设在露营地选择问题中,16 个选项集太多了,受访者无法作出适当的选择。 在这种情况下,可以将选项集设为"模块"(全部设计中的独立子集),把每个被调查 者随机分配到一个特定的模块。可以使用两种方法进行模块划分:第一种方法是 按随机排序列出选项集,然后按所列出的排序以适当规模大小对模块进行划分。 例如,可以对 16 个选项集重新排序,将其分成 4 个模块,每个模块含有 4 个选项。 第二种方法,把模块看作是实验设计中的另一个属性,根据属性的水平数设置理想 的模块数量。在正交设计中将模块作为属性包括进来,确保所有属性的每一水平 出现在每一个模块中(Adamowicz et al.,1998)。

当考虑在一个选择集中呈现的选项数量时,一个做法是采用二元选择实验。 这只是在条件评价中使用二元(或二分式)选择模型的 ABM 版本。二元选择实验 可被看作是进行全民公投("请对设定的剖面进行投票")。二元选择实验将选择实 验中的阶乘设计从数量 L^{mn} 减少到 L^n,因为在这种情况下 $m=1$。计量经济学模 型被广泛地用于二元选择实验分析,但用于多项选择实验的计量经济模型仍比较 少见。

在设计选择方案时要考虑的另一个问题是,可选方案是通用的还是"标记好 的"。在露营地示例中,标记的选择方案是把营地名称标记成选项(例如"大连西郊 国家森林公园"),要求受访者考虑这个带有标记的选择方案,该标记的选择方案指 定了属性内容和属性水平。然而,需要认识到,标记的选择方案可能省略了存在高度共线性的一些属性。如果标记选项与省略的属性之间存在的这种共线性没有包含在模型分析当中,则参数估计会受到省略变量偏差的影响。这个问题可以通过在计量经济学模型中包含特定的替代常数来处理。

在选择实验设计中,通常是建议包含一个选择退出选项来模拟消费者在市场中的实际行为(例如,"我不会选择任何替代方案")。继续表 5.4 所示的露营地选择设计,要求受访者在露营地 A、露营地 B 和待在家里三个项中作出选择。当个人面对不满意的露营地选择时,他们会选择不去参加露营。但是,如果设计中没有包括待在家里的选项,受访者会被强制性地要求对露营地 A 和 B 作出选择。如果受访者进行了选择,而在现实中,这部分人可能永远不会选择去访问设定的露营地。所以,调查设计中应该包括退出选项,因为在大多数现实选择情境中,受访者不会面临"被迫选择"的情况。

5.4.6 属性编码方案

对一些定量属性进行编码(如旅行距离)是非常直接的,因为属性级别是一个数量。然而,对于一些属于定性类别的属性进行编码就会稍微复杂一些。当然,可以按照通常的方式把 $L-1$ 定性类的属性水平定义为虚拟变量,这会方便对模型的结果进行解释。先将现状水平设为"省略"的水平,那么其余属性水平的参数估计结果,可被解释为与现状水平相比发生的变化。然而,当采用虚拟变量对属性水平进行编码时,被省略属性水平与回归模型中的截距会存在完全共线性,使研究者不再获得受访者对省略属性水平偏好的信息。

这种限制可以通过使用效果编码来克服。由于效果编码与模型的截距没有相关性,因此可以估计每个属性省略水平的值。效果代码的创建方法如下。首先使用 3 个标准为第一个属性创建一个效果编码变量 EC_1。

(1) 如果剖面中包含了该属性的第一个水平,则设置 $EC_1=1$。

(2) 如果剖面中包含了该属性的第 L 个水平,则设置 $EC_1=-1$。

(3) 如果步骤(1)和步骤(2)都不适用,则设置 $EC_1=0$。

如果一个属性有两个水平,我们只需要使用前面的 3 个标准为该属性创建一个效果编码变量。然而,如果一个属性有 3 个水平,就可以通过使用 3 个附加标准为该属性创建第二个效果编码变量 EC_2 继续完成编码过程。

(4) 如果剖面中包含一个属性的第 2 个水平,则设置 $EC_2=1$。

(5) 如果剖面中包含该属性的第 L 个水平,则设置 $EC_2=-1$。

(6) 如果步骤(4)和步骤(5)都不适用,则设置 $EC_2=0$。

如果一个属性含有 3 个以上水平,可继续用上述方法创建效果代码,直到为每

个具有 L 个水平的属性创建了 $L-1$ 个效果代码为止。

使用这种编码可以计算出被省略属性水平的参数估计值。例如,对于一个属性第 L^{th}-水平参数估计值是 $b_1(-1)+b_2(-1)+\cdots+b_{L-1}(-1)$ 的和,式中,b_n 是编码变量第 n^{th} 水平$(n\neq L)$的参数估计值。笔者将在 5.8 节应用研究中给出一个效果编码的例子。

如果基于属性评价的实验包含了"标记"选项或退出选项(例如,在游憩活动选择实验中,有待在家里不参加该活动的选项),则有必要使用选择特定常数(ASCs)的虚拟变量。如前所述,人们在某种程度上可能会在选择"标记选项"时不去考虑它的属性水平。ASCs 能够识别出"标记选项"的效用而不考虑各个选择具有的属性。也有必要为"退出选项"创建一个 ASC,以便测算该选项的效用。由于退出选项通常没有属性,因此有必要使用 ASC 来测算该选项的效用。如果在选择集中有 K 个选项集,则在计量经济学模型当中包括$(K-1)$个 ASCs。

5.5　随机效用

属性价值评价模型是基于经济学的效用理论。一直以来,许多环境价值评价研究都是基于随机效用最大化理论。RUM 模型假设效用由系统部分(v)和随机部分构成:

$$U_j = v(\boldsymbol{x}_j, P_j; \boldsymbol{\beta}) + \varepsilon_j \tag{5.1}$$

式中,U_j 表示剖面 j 具有的真实的但是观察不到的间接效用,$\boldsymbol{x}_j$ 是剖面 j 中的属性向量,P_j 是剖面 j 的成本,$\boldsymbol{\beta}$ 是偏好参数向量,ε_j 是均值为零的随机误差项。从消费者个体的角度来看,我们可以假设个人的选择行为是确定的(无误差),但从研究者的角度来看,个人的选择行为是随机的,因为研究者无法观察到个体的所有行为。随机效用模型中的误差项反映了研究者对受访者会如何进行选择的不确定性。通常是假设效用水平与参数之间保持线性关系:

$$U_j = \sum_{k=1}^{1} \beta_k x_{jk} + \beta_P P_j + \varepsilon_j \tag{5.2}$$

式中,β_k 是属性 k 的偏好参数,x_{jk} 是剖面 j 中的属性 k,β_P 是剖面中的成本参数。然而,如果在实验设计中包含了交互作用项,则包含交互作用(二次项)的效用函数为

$$U_j = \sum_{k=1}^{1} \beta_k x_{jk} + \beta_P P_j + \sum_{m=1}^{1}\sum_{k=1}^{1} \boldsymbol{\beta}_{km} x_{jk} x_{jm} + \varepsilon_j \tag{5.3}$$

式中,$\boldsymbol{\beta}_{km}$ 是剖面 j 中属性 k 和 m 相互作用的参数向量,x_{jk} 和 x_{jm} 分别是剖面 j

中的属性 k 和 m。式(5.3)包含了属性之间存在的所有可能的替代或互补关系。在应用当中，基于属性评价的模型可能只是包含了指定所有可能的属性交互的一个子集。

通过对方程(5.2)进行微分，可以看出，相加各个可分项的线性效用模型的参数估计值($\beta's$)可表示边际效用：$\beta_k = \partial U / \partial x_k$，但对于剖面成本参数估计值 β_P 则有一个特殊的解释。因为增加剖面价格等同于降低了收入，所以 β_P 记录了由边际收入下降所导致的效用变化。剖面成本参数估计为 $-\beta_P$，可解释为货币的边际效用。

通过计算任意两个属性 k 和 m 之间的边际替代率，即可计算出两个参数估计值之比($\text{MRS}_{km} = \beta_k / \beta_m$)。属性 k 的边际价值(隐含价格)为比值 $\beta_k / \beta_P = (\partial U / \partial x_k) / (\partial U / \partial P_J)$。求方程(5.3)的微分可知，二次效用函数中属性 x_m 的边际效用取决于 x_m 的水平：$\partial U / \partial x_k = \beta_k + \beta_{km} x_m$。

5.6 选　　择

RUM 是消费者在面对具有竞争关系的各种选择方案时进行选项挑选决策实证模型，它的基本理论基础就是让被调查者从一个选择集中选择出个人最喜欢的一个选项。这种选择方式类似于消费者实际的市场行为，比如从具有不同属性的产品中选择一个最喜欢的产品。选择过程是把消费者的注意力集中在不同产品属性之间进行取舍上面。模型估计过程是基于选择集中所包含的各个选项之间效用水平的差异。

方程(5.1)所示的随机效用函数中的随机项，表示可以对受访者的选择行为使用概率形式来描述。消费者从具有竞争性的选项集中选择选项 i 的概率可表示为

$$P(i \mid C) = P(U_i > U_j) = P(v_i + \varepsilon_i > v_j + \varepsilon_j), \quad \forall j \in C \quad (5.4)$$

式中，C 包含了选择集中的所有选项。根据对随机误差项分布的特定假设，可以推导出不同概率选择模型。如果研究者假设误差项是遵循二元正态分布，则可设定为二元 Probit 模型(Thurstone,1927)，该模型也可以通过多项式 Probit 模型扩展到多变量的情况。根据类型 I 极值分布，可将其变成条件或多项式 Logit 模型(McFadden,1974)；使用外推极值分布则可推导出镶嵌 MNL 模型(McFadden,1981)。

利用 RUM 的标准假设，误差项为独立同分布的(IID)，并遵循 I 型极值分布。然而，对于相关联的 MNL 模型就是施加了以下限制条件：①所有受访者的偏好结

构是同质的(5.9 节放宽了这项假设)。②假设所做的选择与不相关选择是相互独立的(5.9 节放宽了这一假设)。③所有误差具有相同的尺度参数。

将式(5.4)重新排列,可以看出在 RUM 中,个人的选择是基于给定的选项之间效用差异作出的:

$$P(i \mid C) = P(v_i - v_j > \varepsilon_j - \varepsilon_i), \quad \forall j \in C \tag{5.5}$$

因此,各个剖面中具有相同的变量,如被调查者收入,都将从模型中剔除。如果误差分布为 I 型极值,则应用 MNL 模型的选择概率为

$$P(i \mid C) = \frac{\exp = (\mu v_i)}{\sum_{j \in C} \exp(\mu v_j)} \tag{5.6}$$

式中,μ 是尺度参数。给定一个可加可分的效用函数形式,并假设 $\mu = 1$,从选项集合 C 中选择剖面 i 的概率为

$$P(i \mid C) = \frac{\exp\left(\sum_{k=1}^{1} \beta_k x_{ik} + \beta_P P_i\right)}{\sum_{j \in C} \exp(\beta_k x_{jk} + \beta_P P_j)} \tag{5.7}$$

如果让 N 代表样本容量并定义为

$$y_{in} = \begin{cases} 1 & \text{如果受访者 } n \text{ 选择剖面 } i \\ \text{否则,为 } 0 \end{cases}$$

则 MNL 模型的似然函数是

$$L = \prod_{n=1}^{N} \prod_{i \in C} P_n(i)^{y_{in}} \tag{5.8}$$

将式(5.7)代入式(5.8)并取自然对数,通过寻找使对数最大化的 β 值来估计 MNL 模型的似然函数:

$$\ln L = \sum_{n=1}^{N} \sum_{i \in C} y_{in} \left(\sum_{k=1}^{1} \beta_k x_{ikn} + \beta_P P_{in} - \ln \sum_{j \in C} \left(\sum_{k=1}^{1} \beta_k x_{jkn} + \beta_P P_{jn} \right) \right) \tag{5.9}$$

可见 ABMs 模型对估计环境资源的使用价值是很有用(Adamowicz et al.,1997),同时也可以用来评价被动使用价值(Adamowicz et al.,1998)。随机效用模型已被广泛用于其他领域研究,包括游客对游憩地进行选择(Boxall et al.,1996)和对政策或项目进行评价(Opaluch et al.,1993;Hanley et al.,1998)。

5.6.1　排名

条件排名的问题要求受访者对一组剖面从最受欢迎的剖面到最不受欢迎的剖面进行排名。这种问题形式是让受访者对第一个剖面到第 J 个剖面作出系列偏

好选择反应。从表面上看,这样系列排序比单一选择提供了更多的信息,因为受访者除了从选择集中挑选出最受欢迎的选项之外,还给出了他们对选择集合中包含的其他所有剖面的偏好信息。对排名的标准解释是受访者给出了一系列的选择,而实际上,经过精心设计的个人进行的系列选择排名与单一选择提供的信息可能是相同的。

对排名数据的分析通常也是基于随机效用理论。考虑对一个选择集合 $\{j,k,l,\cdots,J\}$ 中的剖面进行排名。可以运用系列排名数据建立选择顺序模型,反过来,也可以将其看作独立概率的乘积:

Pr[j ranked 1st, k ranked 2nd, $\cdots$, J ranked last] $=$

$P(j \mid j,k,l,\cdots,J) \cdot P(k \mid k,l,\cdots,J) \cdot \cdots \cdot P(J-1 \backslash J-1,J)$ (5.10)

函数(5.10)是假设受访者从全部选择集中选择了个人最喜欢的剖面,然后从剩余的选择集中选出第二个最喜欢的剖面,以此类推。如果假设从 J 个剖面集合中,有 $J-1$ 个剖面选择是独立的,并且采用可加可分的线性效用模型分析该数据,那么用于描述一个给定排名数据的概率就可写成选择剖面 j 的效用大于选择剖面 k 的效用概率函数的一个排序 Logit 模型(Beggs et al.,1981),以及选择 k 剖面的效用大于选择 j 剖面的效用等,以此类推:

$$P(U_j > U_k > \cdots > U_J) = \prod_{j=1}^{J-1} \left[\frac{\exp\left[\mu\left(\sum_{k=1}^{1} \beta_k x_{jk} + \beta_P P_j\right)\right]}{\sum_{i=j}^{J} \exp\left[\mu\left(\sum_{k=1}^{1} \beta_k x_{ik} + \beta_P P_i\right)\right]} \right] \quad (5.11)$$

从统计学的角度来看,由于排名数据提供了额外信息,所以应该使参数估计的标准误差变小,或者相当于在一个给定测算精度水平下采用的样本量会更小(Hausman et al.,1987)。然而,实践表明,情况并非总是如此。排名对受访者认知的要求比进行单一选择更高,受访者在对一个选择集中含有多个剖面进行排名时,可能会感到疲劳。因此,这可能会导致模型参数估计缺乏稳定性,特别是对于较低的排名数据,从而可能会增加"噪声"(Chapman et al.,1982;Holmes et al.,2002)。

5.6:2 评级(或评分)

评级数据要求受访者对基于属性评价实验中呈现的剖面效用的大小作出判断。它隐含地假设,受访者的这种判断能够将效用直接转化为得分。通过建立每个剖面中属性水平的评分向量对属性水平进行回归,构建评级模型。评级模型中的误差项通常处理成可加的干扰参数,而不是像在 RUM 模型那样具有结构性解释。

　　评级数据通常包含有序性偏好,而非基数性偏好信息。例如,评分为 4 分与 3 分相比较,表示受访者有更高的偏好度,但这并不代表这个偏好程度与评分为 1 分和 2 分具有相同程度的差异(即不能解释为相同的 1 分差异)。从这个角度来看,使用有序 Probit 模型或有序 Logit 模型进行回归分析都是合适的,尽管许多研究者也使用普通最小二乘法模型来分析评级数据。

　　由于计量经济分析的便利性和受访者回答评级问题相对容易,评级数据得到普遍研究应用。然而,在使用这种方法时也会出现一些问题。首先,必须对评级进行调整,以便确保在受访者个体之间使用相同的评分标准(Mackenzie,1993;Holmesetal,1998)。其次,必须包括对现状或基础情况(当前选择)的评级信息,以帮助判断个人作出的选择能够与现状或当前状态进行比较(这意味着该人选择了替代方案,而不是选择了现状)。受访者也可能会认为替代选项与当前状况有着相同的评级(关系),这在估计有序计量经济模型和预测需求行为时,涉及是否包括或排除“关系”数据的决定,进而影响到参数估计的结果(Bovle et al.,2001)。这个问题在大多数情况下,可以使用计量经济学模型或通过重组数据来解决。

　　然而,尽管可以对评级数据进行一定程度的计量经济学“修复”,但我们不建议采用评级数据进行环境价值评价研究。比较而言,采用选择或排名数据更能直接提供关于受访者的选择信息,而且不需要考虑使用计量经济学修复和数据重组问题。在经济学理论研究中,多涉及一个对象对另一个对象偏好的问题。因此,采用的对属性偏好测量的方法最好是保持直接与理论相对应,采用最能直接引出受访者偏好信息的方法。

5.7　政　策　分　析

　　许多 ABM 非市场评价研究的目标是估计公共品价值的变化,主要用于相关政策分析。对于研究者来说,受访者个人效用是随机的,因此价值测量既要考虑效用的系统成分,也要考察到效用的随机性。ABMs 提供了环境属性(包括价格)之间进行取舍的量化关系。因此,它们可以用来检查在属性改变之后,需要支付或补偿多少钱才能使一个人的福利水平保持与属性改变之前相同。ABMs 提供了对间接效用函数的估计,进而能够测算福利效益,价值的损失或者因为属性组合发生变化产生的价值信息。

　　如函数(5.1)所示的定义,效用由系统项(v)和随机项(ε)组成。选择集合中产生最大效用的选项被定义为 $\max(U_j)=\max(v_j+\varepsilon_j)\ \forall j$。根据 Morey(1999)的研究,可将最大期望值表示为

$$E(U) = \int_{\varepsilon_1 = \infty}^{\infty} \cdots \int_{\varepsilon J = -\infty}^{\infty} \max(v_1 + \varepsilon_1, \cdots, v_J + \varepsilon_J) f(\varepsilon_1, \cdots, \varepsilon_J) d\varepsilon_1 \cdots d\varepsilon_J$$

(5.12)

方程(5.12)整合了所有随机项的效用[与每个选择相关的密度函数定义为 $f(\cdot)$]。假设所有随机项符合Ⅰ类极值分布,最大期望值可表示成

$$E(U) = \ln\left(\sum_{j=1}^{J} \exp(v_j)\right) + D$$

(5.13)

式(5.13)包括"对数和"加上 Euler 常数项(D)。这一等式构成了对多项选择的福利测算。

在货币边际效用为常数(表示为 λ_Y)的情况下,补偿变化可以表述如下。补偿变化(CV)是必须给一个人多少钱或从该人手中拿走多少钱,以使其在政策变化之后与政策变化之前福利水平相同,即是使得他或她的福利水平没有发生改变。因此,可以把在政策变化前或基础情况下,个人最大效用的期望值表示成 $E(U)^0 = E(U(Y^0, P^0, X^0))$,式中 Y 是收入,P 是价格,X 是属性集合,E 表示期望值符号。把政策变化后的效用期望值表示成 $E(U)^1 = E(U(Y^0, P^1, X^1))$,在一般情况下,该式中价格或者属性或两者同时发生改变。补偿变化可从表达式 $E(U(Y^0, P^0, X^0)) = E(U(Y^0 - CV, P^1, X^1))$ 求解 CV 的值来获得。使用最大期望值的表达式并假设零收入效应,CV 就等于

$$CV = (1/\lambda_Y)\left[\ln\left(\sum_{j=1}^{J} \exp(V_j^1)\right) - \ln\left(\sum_{j=1}^{J} \exp(V_j^0)\right)\right]$$

(5.14)

也就是两个最大效用期望值之差(效用变化)除以货币的边际效用。在这个简单的例子中,货币参数的边际效用就是价格变量的参数,通过符号的变化反映随着收入的增加而效用增加。请注意,式(5.14)中描述的福利测量是针对单一选择的情况(例如,一次露营旅行),即是一次选择机会。也就是说,随机效用模型被隐含地指定为一个给定的时间段(如一周或一天),福利测算指的就是该时间段。例如,可以将一个露营地选择模型应用于一周时间内的游客对露营地点选择,而要改为在许多周里进行选择时,需要加入"待在家里"或不去露营的选项。

式(5.14)适用于进行多种选择的情况,如游憩地、存在多种替代产品等。然而,选择实验也用于分析"事情处于不同的状态",或者分析现状与另一个备选方案进行选择的情况。例如,可以将新状态和当前状态各自属性描述一起呈现给受访者。新状态可能涉及改进的属性水平和正的支付金额,以及降低的属性水平与负的支付金额(退款),或者其他组合。那么,式(5.14)可简化为

$$CV = (1/\lambda_Y)[V^1 - V^0]$$

(5.15)

其中,V^1 和 V^0 分别代表现状和变化后的效用。最后,如果 V^1 和 V^0 与属性水平关系是线性的,而且目标是评估方程(5.15)中单个属性变化的价值,就是计算

属性系数与货币边际效用的比值,这个结果就是"隐性价格"或边际支付意愿。

请注意,在大多数简单的 ABMs 模型应用当中,收入不包括在效用函数中(因为收入变量从效用差表达式中抵消掉了)。这意味着,在一定程度上存在的收入效应被忽略了。在这种情况下,指定的效用函数可以用来衡量补偿变化或等效变化,二者是相同的。而较为复杂形式的随机效用模型都会包括收入效应。

读者会注意到,我们还没有讨论意愿接受补偿问题,也没有讨论意愿支付和意愿接受补偿之间的区别,尽管它们都与 ABMs 有关。这是因为 ABMs 采用的特定间接效用函数形式决定了 WTA 和 WTP 之间的差异(如果有的话)。如果是采用一个简单的线性效用函数,可以假定收入效应为零。此外,这些简单效用函数很少包含任何参考点的测度或禀赋效应。因此,在这种情况下,研究者假设 WTP 和 WTA 之间是没有区别的。

5.8　研究应用

上述讨论给出了用于设计、分析和解释基于属性价值评价实验的基本方法。为了澄清这些相关概念并补充迄今为止遗漏的一些细节,笔者在这里给出了一个基于邮件调查收集数据研究的例子。该调查涉及黑龙江大兴安岭地区附近居民对不同木材采伐政策的偏好。为了本章的目的,下面的例子借用了一些相关研究和分析数据。

一直以来,黑龙江大兴安岭的木材采伐做法受到了公众的极大关注。20 世纪 90 年代以来,国家林业管理部门和黑龙江省林业管理部门通过了一项森林采伐政策,规定有关木材采伐标准和实施规则。然而,公众对该政策的某些规定,特别是对连年进行树木采伐表示担忧,提出了一些对该政策进行修改的要求。虽然,到目前为止,一些人提出完全停止林木采伐的建议没有被政策所采纳,但政府对广大公众的担心表示非常理解和支持。有关政府部门连同当地民众一直在探索因减少木材采伐活动所导致的当地木制品生产不足问题的解决方案,使其对当地经济发展,特别是就业的影响达到最小。

在与林业专家、利益相关者和焦点小组讨论后,研究者为实验设计选择了一项新政策提案和一套木材采伐计划。政策建议从大兴安岭周边地区购买部分农业用地和居民住宅地作为补充林地面积,并在林地上建立一套新的林业管理属性。表 5.5 给出了一组林业管理属性和属性水平。此外,实验设计中还包括 13 种征税价格,一次性纳税从 1 元到 1 600 元不等。选择或剖面的建立是通过随机选择样本中每一个属性水平。数据由 $N = 156$ 个观察值组成,选择集包括 4 个管理属性加上现状的选项(政府不购买农业用地用作林地)。表 5.6 给出了这个选择问题设计信息。

表 5.5　黑龙江省大兴安岭林木采伐计划林业属性和属性水平设计

属　　性	水　　平
采伐后留下的活树	无树(砍伐殆尽)
	153 棵/亩(重度选择性采伐)
	459 棵/亩(轻度选择性采伐)
采伐后留下的死树	全部移除
	5 棵/亩
	10 棵/亩
留出不采伐林地占百分比	20%不采伐
	50%不采伐
	80%不采伐

表 5.6　木材采伐计划设立的选择集

属　　性	可选择项				
	计划 A	计划 B	计划 C	计划 D	任何计划我都不选
活树	没有树	459	没有树	153	
死树	全部移除	全部移除	5	10	
预留	80%	20%	50%	20%	
税收	40 元	200 元	10 元	80 元	
请在方框中勾选	□	□	□	□	□

　　每个 $L-1$ 水平的非价格属性构建 $L-1$ 个变量作为木材采伐属性。表 5.7 给出了每个属性水平效果代码。使用效果代码选择一个基础水平。利用虚拟变量可把整个数据集中的基础属性水平设为 0。进而,对于 3 个属性水平来说,只需估计两个唯一的参数。当使用效果代码时,将两个参数相加 -1(如果使用虚拟代码,把省略的属性水平编码设为 0)再乘以 -1,从而创建作为基础属性水平的参数值。在使用虚拟变量时,假设基础水平的参数值为 0。注意基础(省略)属性水平是如何在效果代码中使用 -1 编码的。此外,模型中还包含一个 ASC,用来估计选择现状的效用。

表 5.7　木材采伐属性的效果代码

属　　性	效果代码 1	效果代码 2
采伐后留下的活树		
清伐(或全部采伐)	1	0
重度选择性采伐(基础水平)	-1	-1
轻度选择性采伐	0	1
采伐后留下的死树		
全部移除(基础水平)	-1	-1

续表

属　　性	效果代码 1	效果代码 2
5 棵死树/亩	1	0
10 棵死树/亩	0	1
留出不采伐树木占百分比		
预留 20％(基础水平)	−1	−1
预留 50％	1	0
预留 80％	0	1

表 5.8 给出了 MNL 模型的最大似然估计结果。除了"轻度选择性采伐"和"5棵死树/亩"外,间接效用函数的所有偏好权重参数的统计量均大于 1.64(90％置信水平)。基础(或省略)属性水平偏好的权重计算是−1 乘以每个属性中每个水平偏好权重总和。然后,边际 WTP 值(给定属性边际变化的 WTP)是用偏好权重除以货币的边际效用(−1 乘以税收属性的偏好权重)来计算。可以看出清伐、采伐后不留死树(全部移除),和保留 80％树木不进行采伐,对间接效用有相对较大的负向影响。相反,采取重度选择性采伐(基础水平),每亩(1 亩≈666.67 平方米)留下 10 棵死树和留出 50％树木不采伐对间接效用有相对较大正向影响。

表 5.8　木材采伐选择实验例子的参数估计

属　　性	偏好权重	t-统计量	边际 WTP
ASC(现状选择)	−1.15	−4.36	—
全采伐	−0.42	−2.79	221.05
轻度选择性采伐	0.08	0.57	42.11
重度选择性采伐(基础水平)	0.34	—	178.95
5 棵死树/亩	0.09	0.66	47.37
10 棵死树/亩	0.32	2.42	173.68
无死树(基础水平)	−0.41	—	−215.79
预留 80％不采伐	−0.29	−1.88	−152.63
预留 50％不采伐	0.34	2.50	178.95
预留 20％不采伐(基础水平)	−0.05	—	−26.32
征税	−0.001 9	−4.361	—
0 处似然对数	−251.07		
常数似然对数	−243.46		
收敛时似然对数	−215.39		
似然比(pseudo-R^2)	0.14		

对于 ASC 的偏好权重,可以给出一个有趣的解释。回想一下相关定义,ASC表示在其他一切保持不变情况下选择现状的效用。负号表示选择现状方案会降低

间接效用(而选择替代方案会提升间接效用)。这一结果与当地民众寻求改变当前树木采伐的做法是一致的。即使所有属性都保持不变,受访者也希望改变森林采伐现状。这表明人们非常希望对目前林木采伐规定进行调整。如果发现 ASC 的符号是正的,则表明人们对现状有正向偏好(其他一切保持不变的情况下),说明人们非常希望保持目前的林木采伐规定。

整个模型的 pseudo-R^2 计算是用 1 减去收敛时的似然对数与 0 时的似然对数之比,为 0.14。ASC 占 pseudo-R^2 值的 0.03。示例中包含的属性显然在解释木材采伐方案选择方面起到了主导作用。

5.9 放宽条件 Logit 模型的假设

到目前为止,为了简化条件 Logit 模型的计量经济学分析,研究者做了两个假设:首先,假设人口中的每个人都有相同的偏好结构。这个假设限制了总体中所有成员的 $\beta's$ 都是相同的。其次,研究者假设任意两个选项的概率之比不受选择集中其他选项的影响,这限制了属性之间存在替代的可能性。

5.9.1 放宽统一偏好的假设:异质性

式(5.6)中描述的基本条件 Logit 模型隐含地假设所有受访者的偏好是相同的(即条件间接效用函数中的参数是恒定不变的)。可以通过三种变化形式来改变这种简化的假设:①交互作用效应;②潜在类别或有限混合方法;③随机参数或混合 Logit 方法。

1. 交互作用效应

个体(受访者)具有的特定变量(如年龄、富裕程度等)不能直接通过条件 Logit 模型进行检验,因为这些变量在不同的选择(或剖面)中不发生变化。个体特定变量被取消了,不会影响到效用的差异。然而,个体特定变量可以与选择的特定属性产生相互作用,从而影响到属性参数之间的差异。例如,通过年龄与价格属性的交互作用,将产生货币的边际效用(价格)作为年龄的函数。这是一种可以洞察消费者异质性的简单方法,但前提是假设研究者已经知道了导致异质性的要素有哪些(将其包括在交互效应变量中),从而导致要估计的许多参数出现共线性问题。

2. 潜在类别或有限混合方法

一种更好的方法,虽然有些复杂,是使用潜在类别或有限混合模型。假设可把

总人口分成 S 组人群,每组人群具有不同的偏好结构,并且个体 n 属于 s 组人群 $(s=1,\cdots,S)$。之前给出的条件间接效用函数现在可以表示为 $U_{in|s}=\beta_s X_{in}+\varepsilon_{in|s}$。偏好参数 (β) 因不同组人群而异。选择选项 i 的概率取决于一个人所属的组群,可以表示为

$$P_{n|s}(i)=\frac{\exp(\beta_s X_i)}{\sum_{k\in C}\exp(\beta_s X_k)} \tag{5.16}$$

式中,β_s 是特定组群的效用参数(规模固定为 1)。

现在,假设我们要描述处在一个特定组群的概率,作为人口统计(和其他)变量的函数。根据 Boxall 和 Adamowicz(1999)的研究,可将其设为一个单独的 Logit 模型,以识别组群成员:

$$P_{ns}=\frac{\exp(\boldsymbol{\lambda}_s Z_n)}{\sum_{s=1}^{s}\exp(\boldsymbol{\lambda}_s Z_n)} \tag{5.17}$$

式中,Z 是个人特征的集合;$\boldsymbol{\lambda}_s$ 是参数向量。

设 $P_{ns}(i)$ 是联合概率中个人 n 属于组群 s,并且选择了 i 选项。这也是由方程(5.16)和方程(5.17)所定义的概率的乘积:c 为个体 n 属于 s 节段并选择选项 i 的联合概率。这也是式(5.16)和式(5.17)所定义的概率的乘积:$P_{ns}(i)=P_{ns}P_{n|s}(i)$。个体 n 选择 i 的概率成为有限混合或潜在类别方法中的关键组成部分:

$$P_n(i)=\sum_{s=1}^{s}\pi_{ns}\pi_{n|s}(i) \tag{5.18}$$

请注意,这种方法提供了影响或导致偏好差异因素的信息。群组成员函数参数表明在一个特定组群中年龄、财富或包含在组群成员部分函数中的其他要素是如何影响特定组群的概率。

3. 随机参数或混合 Logit 方法

另一种识别偏好异质性的方法是基于参数在总体中随机分布的假设。然后,通过估计随机参数分布均值和方差来判定样本中的异质性,这种方法叫作随机参数 Logit(RPL)或混合 Logit(Train,1999)模型方法。

设条件间接效用函数如式(5.1)所示。假设参数 (β) 不是固定系数而是遵循预先设定的分布形式的随机系数。那么,可通过修改条件 Logit 模型的概率函数(5.19)中 β 的分布。根据 Train(1999)的研究,

$$P(j)=\frac{\exp(X_j\beta)}{\sum_{k\varepsilon C}X_k\beta} \tag{5.19}$$

总体概率可表示成条件概率(以 β 为条件)对 β 值的积分,即

$$P(j) = \int \pi_j(\beta) g(\beta) \mathrm{d}(\beta) \qquad (5.20)$$

给定 β 的特定分布[或对 $g(\beta)$ 的假设]的选择,如正态或对数正态分布,选择概率的估计可以通过假设随机过程来得到这些参数的均值和方差估计值。请注意,如果 $g(\beta)$ 是常数,则该模型将简化为标准条件 Logit 模型。另外,请注意方程(5.20)与方程(5.18)的相似性。两者在本质上都是加权条件 Logit 模型。式(5.18)反映了有限加权或混合,而式(5.20)则是连续混合,详见 Train(1999)或 Layton(2000)的文献。

5.9.2　放宽 IIA 假设

简单条件 Logit 模型产生的概率形式如式(5.19)所示。然而,任意两个选项(i 和 j)的概率之比会得到

$$\frac{P(i)}{P(j)} = \frac{\exp(V_i)}{\exp(V_j)} \qquad (5.21)$$

因此,i 和 j 的概率之比不受选择集中任何其他选项的影响,条件 Logit 模型依赖于 IIA(Independence from Irrelevant Alternatives,不相关选择独立性)。这个属性导致弹性灵活性受到限制,通常会产生过于简单化的替代模式(选择选项 j 概率的弹性与 j 以外选项中其他属性的变化都是相等的)。例如,在露营地选择实验中,相对于选择退出选项,两个露营地选择可能很相似,或者这些选项之间存在着未观察到的相关性。然而,在条件 Logit 公式中,备选方案中未观察到效果(误差)之间没有相关性。选择条件 Logit 模型的深层含义是,交叉弹性(选择备选方案 i 某一属性水平的概率变化的百分比与选择 j 中某一属性水平概率变化的百分比之比)是相同的。这是一种高度限制性的偏好形式。

5.10　未来研究发展方向

把 ABMs 应用于资源环境价值评价,目前仍处于早期阶段。研究人员还在继续评估这些方法的有效性,改进 ABMs 数据设计和分析工作。未来 ABM 研究应集中关注以下几个方面:评估和测试 ABM 性能,改进 ABM 数据计量,进一步完善 ABM 设计。

5.10.1 ABM 性能评价与测试

许多作者推测,在战略行为、假设偏差以及与陈述性偏好方法相关的各种具有挑战性的问题方面,ABMs 可能优于传统的条件评价方法。然而,至今仍很少有学者进行 ABM 性能测试方面研究。有学者提出,相对于市场或实验选择,ABMs 表现非常好(Carlsson et al.,2001)。此外,Haener、Boxall 和 Adamowicz(2000)等人的研究表明,ABMs 在预测"样本外"的信息(即估计样本中未包含的数据)方面表现很好。然而,还需要进一步的研究来评价 ABM 的有效性,并且应该让 ABMs 受到与过去条件评价法所经受过的相同程度的审查,进而使得 ABMs 逐步走向成熟。

5.10.2 计量经济分析

基于属性价值评价方法通常会让受访者对几个环境产品组合或环境政策的偏好性进行排序、评级或选择。在一些实证研究中,让受访者从多达 16 种选项组合中进行选择并不罕见。在计量经济学分析中,都假设这些选择任务是独立的。然而,一些研究表明,受访者在面对这些选择任务时,对各个选项之间反应并非是独立的。受访者可能会了解他们真实的偏好,或者因为面对这样多的选择任务而感到疲劳或厌倦。一般来说,这些回答可能是连续相关的,或者至少应该被视为来自面板数据。混合多项 Logit 模型提供了计量经济学方法来解决离散选择或随机效用数据中选择集和面板数据之间的相关性(McFadden et al.,2000)。然而,除了选项之间存在相关性之外,产生调查疲劳和学习问卷中的问题可能会导致回答问题顺序当中呈现系统性偏好的变化。

除了序列相关之外,关于组合数据类型或混合数据的研究正在进行中。如果揭示性偏好反应当中存在共线性,或者数据范围过于有限,则 ABMs 可以弥补仅是使用揭示性偏好数据难以测量有关变量参数估计的不足。有证据表明,在对样本内和样本外某些信息进行预测试时,联合使用揭示性和陈述性偏好模型方法优于单一使用揭示性偏好方法。然而,在混合数据中仍有许多未解决的问题,包括以下三个方面:对每种数据类型应该赋予多大的权重?是否有更有效的方式对数据进行组合?将 ABM 数据与揭示性偏好数据结合成小样本,是否比其他地区揭示性偏好数据得到的价值评价结果更加适合作为效益转移分析数据?

5.10.3 设计问题

长期以来,心理学家、社会学家和经济学家都在一直关注决策环境变化对人们进行事务判断、决策乃至个人行为的影响。类似的问题也出现在 ABM 调查中。学者们常常提出这样的问题：环境变化会对调查结果产生影响吗？这些影响是系统性的吗？能用计量经济学进行检验吗？目前，研究者主要还是根据经验来确定选择属性的数量，而正交设计在很大程度上依赖于生成备选方案之间的关联性。然而，这些经验做法并没有经过严格的统计检验。除了研究问题的复杂性之外，还会有些情境效应在某种程度上发挥作用，例如与受访者存在某种关系的参考群体（包括家庭、同伴等），他们对受访者偏好的影响程度是怎样的。尽管经济学家历来关注受访者个人对提出问题的反应，但人们越来越意识到来自参考群体对受访者个人需求和偏好产生的影响同样是不可忽视的（Manski，2000）。

5.11 结　　论

ABMs 是通过跨学科研究产生的结果，涉及的学科包括市场营销、心理学、交通运输和经济学等。在这个过程中，从 40 多年前 Lankaster 提出的享乐主义框架，到随机效用理论的出现，再到计量经济学和实验设计科学的综合发展运用，ABMs 目前发展成为一个强大的研究工具，为经济学家开展资源环境价值评价研究提供了一个新的方法。通过精心设计和管理，ABMs 可为人的行为分析（如游憩地选择）或被动使用价值评价提供可靠价值测算结果。当然，如果对该方法容易出现的问题不加以注意和认真克服，包括对研究的政策背景的仔细描述、采用严谨的实验设计、选择最适合的调查工具、严格执行操作步骤，ABM 研究的科学性也就无从谈起，获得的价值评价结果也将无法为制定政策提供支持。

在将 ABMs 应用于资源环境价值评价方面，目前仍处于令人抱有希望的早期阶段。作为陈述性偏好方法，ABMs 与条件评价方法有着密切的联系。比如，二者都面临研究结果有效性容易遭到质疑的问题。评估 ABM 方法的有效性和可靠性无疑将是未来研究的重要课题。然而，迄今为止结合陈述性和揭示性偏好数据的研究表明，如果应用得当，ABMs 能够提供与人的实际行为相一致的偏好信息。可以预计，未来 ABMs 的研究将不仅限于环境价值评价研究领域，而且将逐步扩展到管理学和社会科学研究领域。

第6章 旅行成本模型

6.1 引 言

旅行成本模型主要用于评估资源环境或旅游景区的经济价值。例如,它可用于评估因石油泄漏导致海滩关闭所带来的游憩价值的损失,或评估因河流水质提升所带来的旅游经济收益。该模型通常应用于投资项目效益成本分析,自然资源损害造成的价值损失和旅游景区或各种游憩活动的价值。由于该模型是基于实际观察到的资源环境使用者或游客的行为数据来进行价值评价,因此该模型主要适用于评价旅游景区或景点的使用游憩价值。

旅行成本模型是一个旅游需求模型,用于评价一个或多个旅游地的价值。旅游地点可以是钓鱼的河流、远足的小径、野生动物园、游泳海滩或其他各种户外游憩场所。因此,可以将旅行成本模型划分为单一景点模型和多景点模型两大类。

单一景点模型的基本原理类似于估计出一条向下倾斜的旅游需求曲线。游客的"需求量"是指在一个旅游季节里个人前往旅游地参加旅游活动的次数,而"价格"则是到达该旅游地的旅行成本。价格是随着游客居住地与旅游目的地之间距离不同发生变化的。对于距离景区较近的游客来说,价格会较低;而对于居住距离较远的游客来说,价格就会较高。参加某一景区的旅游次数会随着旅行距离的增加而呈现下降,从而形成具有负斜率或向下倾斜的旅游需求曲线或旅游需求函数。

当研究目标是评价某一旅游景区的总使用价值或"总访问价值"时,单一景点模型就非常适合使用。例如,如果我们想要估计因为一个旅游景点的消失而造成的价值损失有多少,这个损失价值就可以用单一景区旅游需求曲线下围成的总消费者剩余来衡量,即平均每个游客为参加该旅游地游憩活动产生的总意愿支付与实际支付旅行成本之间的差额。相关价值评价例子包括:因石油泄漏而关闭海滩公园所造成的经济损失,因湖水污染而导致关闭湖泊造成的鱼类消费损失,取消野生动物自然观赏区开发项目造成的经济损失等。

单一景点模型也可以用于评价景点特征发生变化产生的价值,如测算湖泊水质改善或增加野外徒步旅行线路产生的价值。然而,评价这类价值研究并不是单一景点模型的优势。当目标是评估一个或多个景点特征发生变化产生的价值或同时评价多个旅游地的价值时,需要采用多景点(或旅游景区)模型。

随机效用最大化模型是最为广泛使用的多景点模型。旅行成本 RUM 模型考虑了一个人在一个旅游季节中,面对从多个旅游景点集合当中选择一个旅游景点。假设景点的选择取决于景点的一些特性,例如,愿意参加钓鱼活动的人会考虑旅行的成本、钓鱼的数量和垂钓设施等特点。由于旅行成本总是作为一个重要的景点特征,因此该模型隐含了旅行支出变量与其他景点特征之间存在的关联性。

使用 RUM 模型评价景点特征(包括一个或多个景点)变化价值的一些示例包括:提升湖泊和河流的水质,增加游客到湖泊和河流能够钓到鱼的数量,改善设立多个公园入口的条件,在一些狩猎区增加驼鹿的数量,在公园内山地上修建更多的自行车道。

RUM 模型可以用来评估因几个海滩公园关闭导致的游客不能再从游泳活动所带来的价值损失,或者是评估同时修建几个滑雪场所带来的经济价值。

本章分为两部分:第一部分是介绍单一景点模型;第二部分是介绍多景点 RUM 模型。我们将分步骤阐述每一部分的内容,但是讨论的重点是放在模型的具体应用,而不是解释和讨论每个模型的理论方法和数学推导过程。

6.2 单一景点模型

本节分为三个模块:基本模型、估计步骤和实例展示。需要强调的是,本章侧重于介绍如何使用单一景点模型。该模型具有一些明显的优势,而且是目前应用最为广泛的模型。

6.2.1 基本模型

单一景点模型是指一个人在一个旅游季节里前往一个旅游景区的需求模型。需求量用一个人到达该景区的旅行次数来表示。价格是为了前去该景区旅行所要支付的成本,其中包括个人的旅行费用和时间成本。其函数表达形式为

$$r = f(tc_r) \tag{6.1}$$

式中,r 是个人在一个旅游季节里前去一个给定景区参加旅游的次数,tc 是到达景区的旅行成本。可以预计需求量(旅游次数 r)和价格(旅行成本 tc)之间存在着负

向关系。居住地距离景区较近的人会花费较低的旅行成本，因此在其他条件保持不变的情况下，他到该景区参加旅行的次数相对要多一些。

当然，旅行费用本身并不能完全解释个人对游憩活动的需求。旅游需求还将取决于个人收入、年龄、旅游经验，以及前去替代景点旅行成本水平等因素。因此，等式(6.1)可以重新表达为

$$r = f(tc_r, tc_s, y, z) \tag{6.2}$$

式中，tc_r 是到达景点的旅行成本，y 是收入，z 是影响旅行次数的人口统计变量向量，tc_s 是前往替代景区的旅行成本。如果一个人居住地与替代景点之间的距离较近，则参加指定景点的旅行次数会减少，即 r 变小。如果 tc_s 的估计系数为正，则表示两个景点之间具有替代关系。如果收入变量的估计系数为正，表明旅行次数随着收入的增加而增加，以此类推。

图 6.1 给出了函数(6.2)的图形，其对应的函数式为

$$r = \beta_{tc_r} tc_r + \beta_{tc_s} tc_s + \beta_y y + \beta_z z \tag{6.3}$$

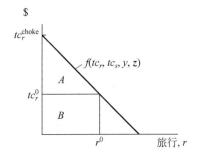

图 6.1　单个景区的旅游需求曲线

在该模型中，个人的旅行成本为 tc_r^0。面积 A 是他在该旅游季节里前往该景区得到的总消费者剩余，即总旅行最大支付意愿(面积 $A+B$)与总旅行成本(面积 B)之间的差额。这个差额被称为个人对该旅游景区的访问价值。那么，如果该旅游景区被关闭了，个人将无法再去访问该景区，其经济损失就等于面积 A。

任何函数形式的消费者剩余一般表达式，都是需求曲线下个人面对当前旅游成本价格和扼阻价格(需求曲线与纵坐标交点)之间的面积。扼阻价格就是旅行次数下降到 0 时的价格。消费者剩余的数学表达式是

$$\Delta w = \int_{tc_r^0}^{tc_r^{\text{choke}}} f(tc_r, tc_s, y, z) \, dtc_r \tag{6.4}$$

式中，tc_r^{choke} 是扼阻价格；tc_r^0 是旅行成本。

在应用中，需要使用景区的访问人次数来估计函数(6.3)。表 6.1 给出了一个典型的单一景点模型所需的数据信息，包括旅行次数、旅行成本和游客人口统计数据。这些数据是要通过调查收集的。用相关的解释变量(tc_r, tc_s, y, z_1, z_2)对

旅行次数(r)进行回归分析见函数(6.3)。在对模型参数进行估计之后，即可使用参数估计结果来计算样本中每个游客的访问价值(区域 A)。将该计算得到的平均值外推到人口总体，即可得到该旅游景区的总价值。有些情况下，旅游需求函数可能是非线性的。但无论函数的形式如何，其原理都是相同的。6.2.2 节将详细解释采取的各个步骤。

表 6.1　用于估计单一景点模型的数据形式

调查人数	旅行次数	到景点 S 旅行成本/美元	去替代景点 S 旅行成本/美元	家庭年收入/1 000 美元	从事类似旅游活动的年限	孩子数量
	(r)	(tc_r)	(tc_s)	(y)	(z_1)	(z_2)
1	7	45	200	45	17	0
2	1	150	20	100	2	2
3	21	12	65	77	22	1
.			.		.	
.			.		.	
n	3	98	25	55	4	1

6.2.2　价值估算步骤

价值估算步骤如表 6.2 所示。下面将详细介绍每一个步骤的内容。假设模型分析是为了评估某一旅游景点的价值，研究者采用的是游客一日游数据。这是该模型最常见的应用形式。

表 6.2　单一景点价值评价模型的应有步骤

步骤1	确定要进行价值评价的旅游景区
步骤2	明确游憩活动的内容和活动季节
步骤3	制定抽样调查策略
步骤4	确定模型
步骤5	处理多目的旅行
步骤6	问卷设计与实施调查
步骤7	衡量旅行成本
步骤8	估计模型
步骤9	计算访问价值

1. 确定要进行价值评价的旅游景区

分析应从确定要进行价值评价的旅游景区(或景点)开始。旅游景区可以是公园、湖泊、海滩、荒野地、河段或任何其他用于游客参加户外游憩活动的地点。一般来说,对要进行价值评价的旅游景区的边界是很容易划定的,例如某一特定的公园、湖泊或野生动物保护区。但是,也有一些时候景区边界划分可能不是那么清楚。例如,评价一条用于钓鱼或激流泛舟活动的河流,就要求研究人员确定河段的长度。狩猎地或者海洋钓鱼区通常也需要研究人员明确游憩地的边界。在这些情况下,可以尝试设定一个较为宽泛的景区。

政府机构、公园管理部门与当地文化和旅游局通常都有相关文献和地图,用于界定景区范围。

2. 明确游憩活动的内容和活动季节

一般来说,一个旅游景区通常会提供一个主要的游憩用途,如钓鱼或海滩游玩。但有时,一个景区可能会有多种主要用途,如钓鱼、游泳、划船和观赏湖泊景象等。多数情况下,在对一个旅游景区进行价值评价时要包括多种游憩活动类型,并需要对每种游憩活动类型估计单独的旅游需求函数。当然,有时因制定政策需要,可能只是针对某一特殊游憩活动类型进行价值评价。同样地,政府机构、公园管理处与当地文化和旅游局通常也会提供一些相关信息和数据来帮助确定一个景区的主要用途。

如果主要游憩活动类型较多,则可以将其合并为一种或少数几种游憩活动。例如,如果有许多类型的划船活动,可以将这些不同类型的划船活动看作一个划船活动。游憩活动类型越相似,就越容易对其进行合并,这样产生的价值估计问题也会越少。例如,将帆船活动和海上开展摩托艇活动合并为一个活动,比把海上开展摩托艇活动和游泳活动合并为一个活动出现的问题要少。在绝大多数研究当中都会出现对多个游憩活动进行合并的问题。在从事海滩游憩活动中,可以把日光浴、游泳、冲浪、慢跑甚至冲浪钓鱼等视为一种游憩活动。这样的合并处理大大降低了数据的收集和分析的难度以及工作量。这意味着让每个受访者回答的信息量更少,需要进行建模的数量也会较少。当然,需要提醒注意的是,不能把许多很不相似的游憩活动类型合并为一种游憩活动。

研究者经常观察到游客在一次出行旅游当中从事了一种以上的游憩活动,通常的做法是确定旅游出行的主要目的,然后再对游憩活动进行适当分类。例如,在一项调查中,可以要求受访者报告他们"主要以钓鱼为目的"的旅行次数,然后再询问他们"主要以划船为目的"的旅行次数,等等。

在定义旅游地用途的同时,还必须明确每种用途发生的季节。比如,狩猎和捕鱼等活动可能有政府法律规定的季节。滑雪、攀岩和海滩游玩等活动也有适合的天气时节约束。而其他一些活动,如观赏和远足可以是全年性的。

3. 制定抽样调查策略

制定一个对潜在游客进行抽样调查的策略基本上有两种方法：一种是现场样本抽样，另一种是非现场抽样。

现场抽样就是在旅游景区现场拦截游客，让他们完成口头或书面调查。调查可以由研究者当场完成，也可以委托景区管理人员或其他人完成，或随后通过邮寄调查表进行数据收集。现场抽样具有可以直接目击目标人群的一些行为的优势，而且受访者的选择集被明确界定为那些来到景区参加旅游活动的游客。与此相比，如果采用场外对普通人群进行随机抽样，就难以获得当前季节到所要进行研究景区的样本数量，就是说普通人群中前来访问所要进行研究景区的比例可能较小。在这种情况下，要想获得合理的样本规模，就需要调查较大数量的人群。由于这个原因，现场抽样调查就成为获取研究数据的主要策略。

但是，在使用现场抽样时，有许多问题需要注意。

第一，在样本中没有涵盖没有来该景区进行旅游的人的信息，即样本中没有包含零次游客的信息，这会影响到需求函数的截距值（"扼阻价格"）估计的准确性。考虑图 6.1 中用于估计需求函数数据的散点图。通过现场采样，数据在游客参加 1 次旅游处被截断，也就是说在零次出行没有分散的数据点，因为分析者被迫使用了参加 1 次或大于 1 次的旅行数据来进行需求曲线截距的估计。这相当于对在观测数据范围之外结果是通过推断获得的。

第二，现场抽样很难做到对受访者进行随机抽样。想象一下在海滩公园里对游客进行随机抽样调查。调查人员需要计划在什么时候从什么位置进行抽样。例如，计划在旅游季节随机抽取几个工作日或周末时间进行抽样调查，然后计划从每 10 个人中抽取 1 个人进行面试，这是一种接近于随机样本的普遍策略。明确进行采样的进入点，如景区大门，有助于开展现场随机抽样。此外，还必须考虑如何进行调查。当有人在海滩上睡觉并把船停靠在水里时，打断人家休息是不礼貌的。选择受访者适当的时间和产生最小的干扰将有助于提高调查的响应率，并展示调查人员的专业素质。另一个选择是在人们离开景区时进行随机抽样调查。这种调查的好处是受访者已了解了个人的实际游憩体验，如钓鱼的数量、进行垂钓的时长、钓到鱼的种类和尺寸大小等。

第三，在价值估计当中，需要纠正现场样本存在的固有选择偏差。在实证分析中，函数（6.3）中隐含的误差项估计是基于截断数据，因为小于 1 次旅游的观测值是没有的，这会导致估计的需求函数曲线在靠近纵坐标轴的部分过于陡峭，所以需要在估计中适当进行矫正，否则会得出带有偏差的参数估计值和福利测算结果。现场抽样也会出现对频繁来该景区的游客进行过度抽样。如果一个人在一个季节里访问该景区达 10 次或更多,要比另外一个人仅访问该地点 1 次的人被抽样的可能性高出 10 倍或更多。这样的样本分层会导致在需求系数的估计中引入更多的偏差,这些偏差也需要进行矫正。其具体做法见 Haab 和 McConnell(2002)的研究。

非现场抽样通常是采用邮件或电话联系目标人群当中部分人完成调查。与现场抽样样本不同,非现场抽样的样本将包括参加旅行的人(参与者)和不参加旅游的人(非参与者)。从中得到估计需求函数截距所需要的数据信息,可以避免样本选择偏差,并且更易体现出随机响应。非现场抽样还可以通过在研究区域设立调查站点来进行。但是,这种获得非现场样本数据的成本会很高,因为很多人不愿意去参与站点调查。

非现场抽样也同样涉及确定市场范围的问题。一日游的游客距离调查景点可能有 20 分钟、3 个小时或更远的交通路程。当地的养鱼场景点的地理范围可能会比较小,而一个受欢迎的海滩公园会涉及一个较大的地理范围,因此市场会很大。原则上,研究者希望能够对整个市场包括的所有人群进行随机抽样。

在一日游模式中,市场范围最多不会超过一天车程的距离,一般也就是三四个小时车程。一个人距离景区中心的位置越远,被抽样的概率就越低,获得此人信息的成本也就越高。事先了解游客的来源会有助于确定调查市场的范围。例如,公园管理部门可能会记录大部分游客来自哪里。在选择进行分层抽样时,住得离景区较近的居民要比住得离景区较远的居民更容易成为抽样样本。如果发生这种情况,就需要对价值的估计结果进行矫正。

使用非现场目标人群抽样是规避参与率问题的一种有效方法。对于许多类型游憩活动来说,游憩活动参与者需要获得参与活动的许可证(如钓鱼、划船或狩猎)或支付注册费。针对持有许可证者的人群开展调查的参与率要明显高于对于普通人群进行调查的参与率。因此,如果从许可证持有者人群进行抽样,需要进行抽样调查的人数将大大少于从一般人群中进行抽样调查的人数。发放钓鱼许可证或划船许可证的机构通常会给研究人员提供这些持证人的家庭住址。这非常有助于开展对具体的目标人群进行随机抽样。

4. 确定模型

在数据收集开始之前,必须确定函数(6.2)右侧含有哪些变量,以确定在调查中需要收集的信息。每个模型都需要个人从居住地到达景点的旅行成本(tc_r)。步骤 7 详细介绍了对游客出行成本的测量。大多数模型还需要包括前往替代景区(tc_s)的旅行成本信息;通常考虑替代景点不超过 3 个。如函数(6.2)所示,模型中还包括收入(y)变量和其他一组需求影响变量(z),主要是人口统计变量。一些常见其他需求影响因素包括：家庭规模，教育，年龄，俱乐部会员，性别，设备所有权，城市/农村，态度信息，职业，参与活动的经验。

家庭规模或家庭成员组成会影响参与许多类型的游憩活动，如参与海滩游玩或远足活动。例如，有小孩的家庭更有可能选择去海滩游玩。俱乐部成员可能包括来自钓鱼俱乐部或狩猎俱乐部，环保团体或其他协会组织。有时还可以把订阅专门的娱乐杂志作为一个参与游憩活动的解释变量，因为这些变量能够收集到从游客参加游憩活动中观察不到，但却能够反映个人兴趣的信息。

城市/农村、职业和教育有时也被列入需求解释变量。需要注意的是，职业和教育通常是被设置为分类变量，如失业（是/否）、学生（是/否）、退休（是/否）等。教育变量可能被设置为高中毕业（是/否）和大学毕业（是/否）。态度信息是向受访者提出一些有关他们个人态度问题，让其回答。比如，向受访者提问"你认为自己是环境保护的倡导者吗？"，让受访者回答。经验变量可用一个人从事攀岩多少年了，或对个人专业运动水平进行自我评价，比如：你如何评价你的攀岩专业水平？是新手、中级，还是专家？

尽管可能的需求解释变量有很多，但选择解释变量时不可能选择太多的解释变量，一般研究通常选择 1～5 个变量。有时，研究者选择报告 2 个或 3 个不同模型的分析结果，例如给出仅包括旅行成本和收入作为解释变量的模型结果，以及给出另外一个增加一组游客人口统计变量的模型结果。

5. 处理多目的旅行

游憩旅行用途（或目的）可以是单一的，也可以是多个的。在单一目的的旅行中，个人只是为了一个目的到该景区去旅游。而在一次多目的（用途）的旅行中，游客会做多种事情，包括：在途中拜访家人或朋友，顺便出差办理一些私事、购物、观光以及顺便参观其他旅游景点，等等。

旅行成本模型很适用于对单一旅游目的旅行进行价值评价。一个人离开家，前往游憩景点，从事某种游憩活动，然后返回家中。所有的旅行费用，无论是多还是少，都应归因于这次旅行目的。

而多目的旅行的情况就不同了。旅行费用不能单独归咎于一种游憩活动，因为这相当于人们购买了一揽子的（或多种）游憩活动体验。这时，将全部旅行成本归于一种游憩目的的价格或游憩体验显然是不合理的。但是，想要在不同游憩用途之间进行旅行费用分摊就是一件比较复杂的事情。真实情况是，尚没有一个十分合乎逻辑的方法用来确定多目的旅行中单一目的的边际成本。那么，如何处理多目的旅行产生的旅行成本呢？

对于一日旅游数据，最常见的方法是假设所有游憩旅行都是单一目的的。如果可以证明人们在旅途中很少有其他目的,而且如果有也是偶然发生的,那么这样的旅行都可以被视为单一目的旅游。对于一日游数据,这通常是一个合理的假设。然而对于隔夜旅游数据,情况就不同了,会涉及复杂的旅行成本在各种不同目的或用途之间的分摊。这也是许多研究者愿意将注意力集中在一日游数据的原因之一。

另一种处理方法是从数据中删除多目的的行程。在这种情况下,分析者可要求受访者分别报告多目的旅游和单一目的旅行,或者只报告单一目的的旅行信息,因为该模型仅限于单一目的的旅行价值评价研究。

6. 问卷设计与实施调查

调查问卷通常包括四部分内容:介绍性材料,参加旅行次数,最后一次旅行信息,人口统计学变量。

介绍性材料主要是介绍采访者自己,介绍自己来自哪里、在哪工作,以及说明开展此次调查目的,并应该向受访者承诺收集的调查信息完全是为了学术研究,对当事人保证所提供的任何信息都会做到严格保密,绝不会透露给任何第三方。除此之外,还要提及一些让受访者对调查感兴趣的话题(例如,此次调查只会占用您很短的时间,对于您给出的任何答案表示感谢,有时还会给对方提供一些小的纪念品,甚至是现金)。还有如何引导受访者回想所要调查景区的一些问题,为回答问题做好铺垫,如让受访者开始回忆在过去某一时间段参加景区旅行的次数,并确定时间节点。

调查的后三个部分内容是关于表 6.1 所示的数据收集信息。旅行次数问题要求受访者报告在指定时间段内前来此景区参加旅游的次数,可以按游憩活动类型(如钓鱼次数、划船次数等)、白天和夜间旅行和/或多目的和单一目的的旅行来划分。

最后一次旅游信息是游客最近一次参加旅行的信息,包括在景区停留的时间、组团人数和发生的其他费用等信息,还有参加的旅游活动信息,如钓鱼的数量。这些数据会用到旅行成本测算,或作为变量直接运用到需求函数模型当中。了解最后一次旅行的信息的好处是会大大缩短调查的时间,而且受访者也很容易回忆起最近一次旅行的经过。

人口统计学变量被包括在函数(6.3)的向量 z 中,一般放在调查问卷的最后部分,并包括个人收入和家庭住址等估计旅行费用需要的信息。在此步骤中首先要明确如何计算旅行成本,据此才能明确需要收集什么样的数据。因此,步骤 6 和步骤 7 需要同步交叉进行。

在开展调查时,必须使用良好的调查研究方法。关于这个问题笔者已在第 3 章进行了详细讨论,包括调查问卷的编制问题、怎样提高回复率以及如何进行抽样等问题。虽然没有必要重复阐述调查研究应该遵循的原则,但还是要强调在旅行费用调查中应该特别关注的两个问题:旅行回忆和旅行分类。

当人们被要求报告他们至今前来某一景区旅行的次数时,分析者常常会假设人们会记得过去参加此地旅行的次数。但是,由于旅行成本模型要求计算游客在一个季度内的旅行次数,因此要求受访者回忆参加此地旅行的次数,这包括回忆在过去几个月甚至一年的时间里发生的事情,出现一些偏差是难免的。比如,究竟一个人对过去旅行回忆的准确性有多大? 给出的近似值是否有效?

通过大量实证研究,还没有证据表明回忆错误会是多么严重,只是很难否认这种错误的可能性。改善人们回忆的一种方法是在旅游季度里每隔一段时间就开展一次游客调查,要求受访者报告仅在前一个月左右的时间里参加旅游的次数。虽然这种方法具有可行性,但会大大提高研究的成本。

为保证游客进行良好的回忆,通常可在一个旅游季节刚结束后就立刻进行非现场调查。如果现场调查在一个旅游季度内完成,也会减小游客回忆的难度。但是,在景区现场调查中,季节性数据是被截断的,因为回答者只能给出他们到目前为止参加该景区旅行的次数。

如步骤 2 所述,景区现场调查通常会涉及多种游憩活动。所以调查设计可分为多种游憩活动类型。最常见的调查策略是在问卷中对每一项游憩活动进行逐个提问。例如,在评价当地湖泊游憩活动时,可以先问受访者"你到该地点进行了多少次的旅游? 旅游的主要目的是钓鱼吗?"在了解钓鱼问题之后,提出一组类似的关于玩水的问题,如游泳,然后再提划船问题,等等。

可以通过一些捷径来缩短问卷调查所用的时间。比如,直接询问受访者"参加了多少次以游憩为目的的旅行?"再问"来该湖公园旅游主要游玩的是什么项目?"然后,根据主要游玩项目,再对各种活动进行分类。对主要使用该湖公园进行钓鱼的人,单独建立一个湖泊访问模型;对主要使用该湖公园进行划船的人,建立另外一个旅行成本模型,等等。尽管模型之间可能存在旅行成本分摊的问题,但这种做法是可行的。

如果一个人在工作出差时顺便去海滩进行了旅行,或者在旅途中去看鲸鱼,这样的海滩之旅或观鲸之旅属于一种附带的旅行。把个人从居住地到旅游地全部花费看作旅行成本显然有些夸大了海滩旅行的实际边际成本。最简单的方法是在进行旅行成本计算时,将一日行程距离计算为往返住所的距离,然后从分析中删除次要行程发生的成本。

7. 衡量旅行成本

在收集原始数据之后,就可以计算到达旅游景区的旅行成本和任何替代成本。

旅行成本是使旅行发生所需的总费用。一日游的典型旅行费用包括交通运输费用、进入景区费用、设备费用、时间成本。

交通运输费用包括过桥费用。在当日游模型中,大部分费用都是关于车辆的费用。一般出行成本可按交通运输部门测算的每公里的成本来进行测算。比如,在美国旅行成本可按美国交通部或美国汽车协会测算公布的每英里(1 英里 ≈ 1.61 千米)运营车辆的平均成本来进行测算。目前的研究是按大约每英里 0.75 美元计算。这些成本包括汽车燃料和保养费用。把每英里的费用乘以往返距离,即是车辆运输的费用,再加上所有通行费,得到总的旅行成本。

当旅行费用由几个人分担时,需要采用折算的办法将总旅行费用分摊到每个人身上。例如,要求受访者报告在最后一次旅游中乘坐同一车辆的人数,据此把成本分摊到车上的每一个人头上。这是在步骤 6 中提到的“最后一次旅行”成本分摊的一个例子。由于很难向每个游客收集每一次旅行成本信息,分析者需要依赖于每个游客最后一次旅行的数据。

设备成本因游憩活动类型而异。如钓鱼需要鱼饵、钓具、钓竿等,有时还需要用船。对于海滩游玩,可能需要携带椅子、雨伞、冲浪板等。观鸟需要有望远镜和胶卷。对于像鱼饵这样的成本,可采用市场价格。对于耐用品,可按租金进行估算。如果采用租船进行钓鱼,那就用实际的租赁费用;如果一个人用自己的船,也可按租金进行成本估算,租金价格信息通常是很容易获得的。设备成本通常不包括在旅行成本的计算当中,因为它很难进行准确的估计,而且当把全部设备成本在设备使用寿命内进行分摊时,这部分成本可能变得很小,甚至可以忽略。如果需要考虑的话,通常是使用最后一次旅行所花费的设备成本。

估算差旅费用、访问费用和设备成本的另一种策略是要求个人报告在最近一次前往该景区旅游发生的这些费用。这种方法的优点是可以直接获得相关成本信息,不用再去对各项成本进行折算。由于个人对各项旅行支出是有比较准确的感知的,尽管报告的成本数据可能与实际存在一些偏差,但是,一般来说还是可信的。

计算出行成本中最困难的问题,当然也是发表文章中最受读者关注的问题,是估算旅行的时间成本。往返旅游地所用时间和在景区内游玩使用的时间,自然可以用来做其他工作。失去工作机会的价值就是旅行的时间成本。时间成本通常会占到总旅行成本相当大的一部分,因此需要认真对待。

在大多数实证研究中,时间成本的估计与一个人的工资标准有关。只要个人有灵活的工作安排,就可以用工作时间价值估算休闲时间的成本,这就是计算旅游时间成本的理论基础。从理论上讲,个人增加工作的小时数,其边际工资等于从事 1 个小时休闲活动的价值。在这种情况下,将每小时的工资乘以旅行时间和在景区游玩时间,就得到了一个时间成本估计值。不幸的是,这种简单的模型对许多人来说是不适用的。把休闲时间与工作时间等同看待,这可能并不适用每周固定工作 40 小时的人,因为这些人不能灵活地调整自己的工作时间,用来换取休闲的时间。还有,对于退休人员、家庭主妇、学生和失业者来说,这种时间成本的计算也是不合适的。

尽管很难简单地对休闲时间和工作时间的价格进行互换,并把个人工资损失看作休闲时间的机会成本,但最常用的时间价值估算评估方法仍然是采用个人的工资标准。对于有固定工作时间表的人来说,大多数研究用年收入来估算每小时的工资。采用年收入除以一年中工作的总小时数,通常是在 2 000~2 080 小时之间。另一种时间成本计算方法是对样本中个人每小时工资进行回归来估算个人的工资。在这种情况下,把每小时工资作为因变量,把收入和个人特征(如年龄、性别和教育等)作为自变量。然后,对非工资收入者的工资水平进行预测,据此测算这部分人的时间成本。

在以工资为基础的时间成本计算中,也经常采用正常工资的 1/3 作为旅游时间的成本。很多发表的研究文献采用了把工资的 1/3 作为旅行时间成本的下限,把全额工资作为上限,但这些处理方法都不是基于严格的理论。对于那些每周固定上班的人来说,旅游时间的价值可能大于工资,对于退休的人来说,旅游时间成本可能接近于 0。

旅游时间成本的计算都应包括前往景区以及在景区内游玩所用的时间。虽然到达和离开景区的时间大致是固定的,但在景区内停留的时间,每个人可能是不同的。然而,通常是假设游客在景区内停留的时间是恒定的,并且其时间价值与旅行时间价值相同。有时,分析人员使用最近一次旅行的样本平均停留时间作为在景区里停留的固定时间。

显然,衡量旅行费用需要研究人员根据实际情况作出判断,很难给出一个硬性的标准。此外,许多旅行成本构成是内生的或由游客个人决定的。例如,设备购买、与某人一起钓鱼的人数、旅行方式和交通路线、在景区停留时间、居住地(旅行的起点)等都是由个人决定的。然而,该模型假设每公里的旅行成本是恒定的,这就产生了有偏参数估计的可能性。

8. 估计模型

步骤 8 是估计步骤 4 中指定的模型。在大多数单一景点价值评价应用研究中,采用计数模型。在该模型中,因变量(出行次数)是一个非负整数,0 次和少量出行次数出现的频率通常在数据集中占相当大的比例 (Hellerstein,1999;Creel et al.,1990)。基本计数数据旅行成本模型是泊松回归。假设一个人在给定的旅游季节到一个景点的旅行次数是符合泊松分布。那么,观察到他在一个旅游季节里

进行 r 次旅行的概率就是

$$\Pr(r) = \frac{\exp(-\lambda) \cdot \lambda^r}{r!} \tag{6.5}$$

式中,参数 λ 是预期出行次数。为了确保非负概率,通常对 λ 取对数:

$$\ln(\lambda) = \beta_{tc_r} tc_r + \beta_{tc_s} tc_s + \beta_y y + \beta_z z \tag{6.6}$$

将等式(6.6)代入等式(6.5),给出了旅行成本、个人收入水平和个体特征作为旅行次数 r 概率函数的表达式。函数(6.6)是函数(6.2)中指定的游憩需求函数的泊松形式。

通过最大似然可以估计出函数(6.6)中的参数值。对于样本中的每个人,分析者知道 r、tc_r、tc_s、y 和 z 等信息。将这些数据代入函数(6.5)和函数(6.6),即可估计出每个人出行次数的概率。而样本中总访问次数的可能性是这些概率的乘积:

$$L = \prod_{n=1}^{N} \frac{\exp(-\lambda_n) \cdot \lambda_n^{r_n}}{r_n!} \tag{6.7}$$

式中,游客数量由 $n = 1, \cdots, N$ 表示,因此 r_n 是第 n 个人的出行次数。在估计中,根据函数(6.6),λ 是参数 β 的函数,通过选择参数 β 使得 L 达到最大。许多计算机软件都有最大似然程序来进行模型参数估计。样本中每个人的消费者剩余或访问价值(图 6.1 中的区域 A)在泊松模型中具有明确的表述形式。对于个体 n 来说,消费者剩余的计算公式为

$$S_n = \lambda_n / - \beta_{tc_r} \tag{6.8}$$

式中,λ_n 是函数(6.6)中的预期出行次数。一旦估计出模型的参数,就可使用函数(6.8)来计算样本中每个个体的消费者剩余,然后将其乘以游客数量,即可得到总访问价值。这将在步骤 9 中详细讨论。

实际估计中使用的概率函数形式与函数(6.5)略有不同,这取决于数据收集是采用现场抽样还是采用非现场抽样。回顾步骤 3,现场随机抽样样本出现 0 次旅行的数据被截断,而且出现频繁参加旅行的个体被抽为样本可能性较大。所以,除非进行适当的矫正,否则将使参数估计值产生偏差。

现场抽样样本的校正概率可用函数(6.5)中基本泊松概率函数进行小的变化来表示。它采取的形式为

$$\Pr(r_n \mid r_n > 0) = \frac{\exp(-\lambda_n) \cdot \lambda_n^{r_n-1}}{(r_n-1)!} \tag{6.9}$$

它与基本泊松回归模型的不同之处仅在于用 $r-1$ 代替了 r。然后,在现场采样中,用函数(6.9)代替函数(6.5)进入个人似然函数。消费者剩余可仍然使用等式(6.8)进行测量。

非现场随机抽样样本避免了 0 截断数据与内生数据分层的问题,因为它涵盖

了非参与旅游者的信息。这使研究人员可以把没有参与现场游憩活动的因素考虑到建模当中。例如,在函数(6.5)和函数(6.6)的简单泊松模型中,可以将没参与旅游活动($r=0$)和多次出行($r=1,2,3,\cdots$)数据放到一起构建模型并进行参数估计。假设相同的泊松过程生成任一旅行次数(包括 0)的估计结果,对于 0 次出行的个体,$\Pr(r_n=0)=\exp(-\lambda)$进入似然函数。模型中考虑旅游非参与者信息是重要的,因为它能够确定需求函数的扼阻价格或截距。

该模型的一个更复杂的版本是跨栏泊松,它假设是否出行和出行多少次可由不同的泊松过程产生。假设零次出行的概率为 $\exp(-\theta_n)$,式中 θ_n 是个人特征的函数。那么,个人进行一次或多次旅行的概率就是$(1-\exp(-\theta_n))$,这时的模型变成了

$$\Pr(r_n=0)=\exp(-\theta_n)$$

$$\Pr(r_n>0)=(1-\exp(-\theta_n))\frac{\exp(-\lambda_n)\lambda_n^{r_n}}{r_n!\,(1-\exp(-\lambda_n^{r_n}))} \tag{6.10}$$

式中,$1-\exp(-\lambda_n)$是对所有非零概率进行缩放,使得它们的总和为 1。然后,再使用等式(6.10)中的概率来构造似然函数。

在某些情况下,跨栏模型是采用双栏估计的。例如,在给定旅游季节中的旅游非参与者的人可以被划分为那些从未去过要进行分析的旅游景点和那些以前曾经去过,但由于这样或那样的原因在该特定开展调查的旅游季节中没有参加旅游的人。例如,在一项关于河流上钓鱼的研究中,可能有两种类型的非参与者:一种是从不参加钓鱼的人,另一种是只在这个旅游季节没来此地钓鱼的人。分析者需要区别对待这两个游客群体,只有后者才会使当地经济遭受损失,而前者则不会。

最后,经常可以看到泊松模型的另一种变形,即负二项分布模型,用于估计旅行成本模型。在泊松模型中,r 的均值和方差被限制为相等。在某种程度上,这种约束是不合理的,或者可以说是错误的。而负二项分布模型则放松了这一约束。尽管上面的函数基本推理和结构仍然继续适用,但参数估计过程要更加复杂一些。详细解释请参见 Haab 和 McConnell(2002)的文献。

9. 计算访问价值

价值评价过程的最后一步是使用估计模型参数结果计算景点的访问价值(游憩价值)。访问价值类别可包括每个人平均旅游季节价值、人口总旅游季节价值、每人每次出行价值,整个旅游景区的折现现值。

样本中,旅游季节人均游憩价值的估计值就是图 6.1 中的面积 A。在泊松模型中,这是函数(6.8)中的 S_n。样本中 n^{th} 个体的旅游季节游憩价值为

$$\hat{S}_n = \frac{\hat{\lambda}_n}{-\hat{\beta}_{tc_r}} = \frac{\exp(\hat{\beta}_{tc_r} tc_r + \hat{\beta}_{tc_s} tc_s + \hat{\beta}_y y + \hat{\beta}_z z)}{-\hat{\beta}_{tc_r}} \tag{6.11}$$

式中,^表示使用泊松回归模型结果得到的估计值,解释变量的下标 n 表示该变量对于个体 n 的价值。如果使用场外随机抽取样本数据进行泊松模型估计,则样本平均游憩价值为

$$\overline{S_{off}} = \frac{\sum_{n=1}^{N} \hat{S}_n}{N} \tag{6.12}$$

式中,S_{off} 是在抽样地区,包括旅游参与者和旅游非参与者人口群体的平均游憩价值的无偏估计,N 为样本量。季节总游憩价值的估计值是

$$AS = \overline{S_{off}} \cdot POP_{off} \tag{6.13}$$

式中,POP_{off} 是研究地市场的总人数,POP_{off} 通常来自人口的普查数据。例如,如果在一天的车程内对 16 岁以上的全部人口进行采样,那么人口数量就是 POP_{off}。如果是使用目标人群,例如所有持有钓鱼许可证的人,则 POP_{off} 是指在相关时间段内持有钓鱼许可证的总人数。

如果估计是采用现场抽样样本数据,则样本平均游憩价值是总体均值的有偏估计,因为它对该景点进行频繁访问者进行了过度抽样。"校正"样本均值为

$$\overline{S_{on}^c} = \frac{1}{N^*} \sum_{n=1}^{N} \frac{\hat{S}_n}{r_n} \tag{6.14}$$

式中,$N^* = \sum_{j=1}^{R} \frac{n_j}{j}$,将单个消费者剩余除以 r_n 并将总和除以 N 作为校正权重。n 是样本中进行 j 次旅行的人数,r 是样本中个人进行的最大旅行次数。在这种情况下,旅游季节总消费者剩余估计结果是

$$AS = \overline{S_{on}^c} \cdot POP_{on} \tag{6.15}$$

式中,POP_{on} 是整个旅游季节参与旅游活动(参与者)总人次数。POP_{on} 可以从景区信息管理部门获得,或者从调查数据中进行估计。

原则上,使用函数(6.14)分析场外抽样数据和使用函数(6.15)分析景点内抽样数据可能得出相同的总游憩价值的估计结果。如果 $\overline{S_{on}^c}$ 比 $\overline{S_{off}}$ 大,是因为它排除了旅游非参与者。出于同样的原因,POP_{on} 可能比 POP_{off} 小。关于 $\overline{S_{on}^c} \cdot POP_{on}$ 的一种思考方式是,它隐含地假设任何没有参加旅游的人都有零消费者剩余,并且在计算 AS 时被排除在外。另外,$\overline{S_{off}} \cdot POP_{off}$ 包括了旅游非参与者,并且每个非参与者都具有 $S_n > 0$,因为在泊松模型中每个人都具有进行一次或多次旅

行的正概率。由于旅游非参与者对整体访问均值的贡献较低,使用场外抽样数据进行旅游季节游憩价值估计的均值会偏低。

估计总消费者剩余的另一种方法是计算每人每次旅行价值的平均值,然后将其乘以到该旅游地总旅行次数的估计值。由于平均每次出行价值是景点在旅游季节总游憩价值除以出行次数,因此泊松模型中的平均每次出行价值为

$$\hat{t} = \frac{\left(\hat{\lambda}_n / - \hat{\beta}_{tc_r}\right)}{\hat{\lambda}_n} = \frac{1}{-\hat{\beta}_{tc_r}} \tag{6.16}$$

这个计算适合使用现场抽样数据和非现场抽样数据。要得出景点的总价值,可将平均每次出行价值乘以相关旅游季节里到该景点总旅行人次数,从而得出

$$AS = \hat{t} \cdot TRIPS \tag{6.17}$$

式中,旅行次数是在旅游季节里到达景点旅游的总人次数。许多公园和主要娱乐场所都会收集这类数据,从而这种方法成为衡量总游憩使用价值的流行方法。

最后,通常看到使用旅游季节总游憩使用价值估计值来计算旅游景点的贴现现值。随着时间的推移,假设旅游景点的使用可能发生一些变化,但是景点的关键属性并没有发生变化,这使得采用折现价值计算有意义,因为可设折现率保持不变。然后,通过使用永续年金价值的常规公式计算出景点的贴现现值:

$$PV = AS/i \tag{6.18}$$

式中,i 是贴现率,通常取值为 0.01 到 0.05 之间。在报告景点价值(无论是 S、AS、T 还是 PV)时,重要的是了解每个价值的具体含义。例如,你可能要报告在公园中进行攀爬游憩活动的一日游价值。如果是这样的话,应该注意这项价值不包括过夜和附带旅行,以及在公园内进行其他类型的游憩活动的价值和非使用价值。

6.3 单个旅游景区价值评价应用

美国学者 Sohngen(2000)于 1997 年进行的伊利湖海滩休闲模式价值评价研究是单一景区(或景点)价值评价应用研究一个很好的例子。在这项研究中,他估计了两个模型:一个是莫米湾州立公园(Maumee Bay State Park)(位于美国俄亥俄州西部),另一个是海岬州立公园(Headlands State Park)(位于俄亥俄州东部)。莫米湾为海滩,周边环境为开展高尔夫、露营、观光等游憩活动提供了理想的场所。

该研究将游客划分为两个部分(步骤 1)。一部分是专门针对参加游憩或消遣而访问海滩的游客(步骤 2),另一部分是针对包括参加所有形式海滩游憩活动的游客。数据收集工作在景区现场进行(步骤 3)。

两个模型都收集了游客个人价格(tc_c)、收入(y)、替代价格(tc_{s1} 和 tc_{s2})和其他解释变量(z)数据(步骤 4)。莫米湾分析模型中使用了一个替代景点,海岬模型使用了两个替代景点。在这两种情况下,替代景点都是附近的海滩,与研究中的海滩类似。海岬替代景点位于海岬公园的两侧。家庭年收入是以万美元为单位来衡量的。需求转换因素设计了五种态度问题,要求每个受访者对每个问题对影响个人参加此次旅行的重要性打分(从 1 到 5)。这些态度问题包括水质、维护、清洁、拥挤和设施。得分越高,表示对个人决策影响越重要。最后,该模型包括一个虚拟变量,即最后一次旅行的主要目的是否使用海滩。

需求模型中包括多目的(或用途)旅行和单一目的(或用途)旅行(步骤 5)。由于所有的旅行都是发生在从个人居住在该景点 150 英里范围内的人的单日访问,其他目的旅行很可能是无关紧要的。如上所述,模型中包括了一个仅以参观海滩为目的的旅行的需求转换因子。如果唯一的目的是观光海滩,则 SOLE=1;否则 SOLE=0。

游客调查在现场进行。对随机抽取的游客发放一份调查问卷,并要求问卷填好后通过邮件寄回指定的邮寄地址(步骤 6)。受访者报告了他们在整个旅游季节中去海滩旅游和过夜的次数。在前往海岬景点的游客中,超过 90% 的游客为一日游;前往莫米湾景点的游客中,超过 66% 的游客为一日游。研究人员还收集了在一次典型的海滩旅行中从事其他活动的数据,以及影响游客决定去海滩旅游因素的态度数据。收集后者数据用于构建步骤 4 中规定使用的需求转移因子。海岬景点的问卷回收率为 52%,莫米湾景点的问卷回收率是 62%。

旅行成本测量包括旅行费用和时间成本的总和(步骤 7)。根据纬度、经度坐标,旅行成本测算采用从个人家庭邮政编码中心到海滩的直线距离。把这个距离乘以 2 得到往返的旅行成本,然后把距离乘以每英里 33 美分,得到总运输成本。到海岬景点的平均距离为 26 英里,到莫米湾景点的平均距离为 35 英里。时间成本用工资乘以旅行时间来衡量。旅行时间是根据估计的往返距离,并假设以每小时 40 英里的行驶速度计算的。旅行时间成本的估算是用家庭年工资收入的 30% 除以 2 040,游客在景点内停留时间的成本被忽略。

估计四个不同的函数形式(步骤 8),两个为使用连续型数据(线性和对数线性),两个为使用非连续计数数据(泊松和负二项)。在每个模型中都考虑了由于现场抽样而导致的 0 次出行次数截断的情况,但没有考虑内生分层(就是说对在现场抽样中出行次数较多的游客没有进行过度抽样矫正)。由于这个原因,它们的概率对应于 Greene(1997)截断模型,而不是方程(6.9)。莫米湾景点和海岬景点泊松模型的参数估计值见表 6.3。

表 6.3　莫米湾景点和海岬景点泊松模型的参数估计值

变　量	参数估计	
	莫米湾景点	海岬景点
旅游成本	−0.040 ***	−0.026 ***
收入	0.018	0.040 ***
单一访问目的(Sole)	−0.016	0.292 ***
替代景点 1 成本(tc_{s1})	0.004 ***	0.005
替代景点 2 成本(tc_{s2})	—	−0.004
水质	−0.053	−0.139 *
维护	−0.270 ***	0.033
清洁	0.176 **	0.028
拥挤	−0.065 *	−0.066 ***
设施	0.098 **	−0.004
常数项	2.648 ***	2.433 ***
R^2	0.38	0.29
样本量	230	345

注: *** 0.01 显著水平; ** 0.05 显著水平; * 0.1 显著水平。水质、维护、清洁、拥挤和设施是游客个人态度认知,不是实地测量指标,是根据受访者对每个特征对旅行决策中的重要性进行打分。排名从 1 到 5,其中 1=非常不重要,5=非常重要。

资料来源: SOHNGEN B. The value of day trips to Lake Erie Beaches[R]. Unpublished report, Dept. of Agricultural, Environmental, and Development Economics, Ohio State University,2000.

在两个回归模型中,个人旅行成本系数(t_c)均为负且显著,因此需求函数具有负的斜率。在两个模型中,收入回归系数都是正的,但该变量仅在海岬景点回归模型中显著。替代地点对出行决策的影响,正如莫米湾景点模型所预期的那样:到达替代地点的成本越高,前来研究景点出行次数就越多。但这一结果在海岬景点模型中显示稍弱,其中一个替代价格系数为负但不显著,另一个为正且显著。

在这两个模型中,旅行的主要目的是否为使用海滩的虚拟变量的作用方向相反,态度变量也产生了不同的结果。人们会期望这些变量的系数与景点特征相关。例如,如果一个景点是很拥挤的,人们会期望一个负的且显著的估计系数,表明在作出旅行决定时把拥堵看作是一个非常重要因素的人,就不太可能选择去该景点旅游。

使用该模型结果来估计访问价值(步骤 9)。计算每个公园的每次旅行价值、年度总价值和贴现现值。使用上述模型,莫米湾景区的人均出行价值为 25 美元(1/0.04),海岬景区的人均出行价值为 38 美元(1/0.026)。每人每次旅行的价值范围:莫米湾景区是 14 美元至 33 美元,中位值为 23 美元、50 美元;海岬景区是

11 美元至 39 美元,中位值为 25 美元。

据俄亥俄州自然资源部报告,1997 年全年到莫米湾海滩景区的游客总数为 224 000 人次,前往海岬海滩景区的游客总数为 238 000 人次。海滩一日游的总使用价值是将每个海滩的总游客旅行人次数乘以每次旅行的价值来估算的,请参考函数(6.17)。该研究使用模型中每次出行价值的中位值来计算总价值。其中,莫米湾景区总价值是 559.3 万美元(238 000×23.50 美元),海岬景区总价值是 560 万美元(224 000×25 美元)。最后,假设实际贴现率为 3%,且假设未来海滩的使用保持不变,则每个海滩的总贴现现值[按式(6.18)计算]为 1.87 亿美元 (5.6/0.03 美元)。请注意,这只是考虑了海滩一日游的总使用价值,不包括所有其他价值和非使用价值。

6.4　随机效用模型

与 6.3 节一样,本节内容也分为三个部分:基本模型、估算步骤和实例应用。笔者将讨论如何使用 RUM 模型来评估旅游景区环境质量的变化。作为一般规则,RUM 模型的用途要好于前面介绍的单一景点模型。RUM 模型更适合测算存在替代景点给所要评价景点价值带来的影响和由于景区质量发生变化而引起游憩价值的变化。

6.4.1　基本模型

RUM 模型考虑的是个体游客对旅游地点的选择问题。与单一景点模型中只是考虑了一个景点的旅游"需求"不同。在单一景点模型中,游客考虑的主要因素是"价格"和景区具有的其他一些特征。这里"价格"就是旅行成本。一个景点具有的特征对游客选择旅游地来说当然是非常重要的。这些特征包括景点方便进出性和环境质量等。单一景点价值评价模型考虑的时间范围一般来说是一个旅游季节,而 RUM 模型考虑的时间范围是一些选择时机。当分析一日游的旅游价值时,选择的时机就是一天。

RUM 模型的基本原理如下:在给定一个选择时机下,一个人考虑访问 C 个景点中的一个景点,可将其表示为 $i=1,2,\cdots,C$。假设每个景点给这个人带来效用水平是 v_i。假设所有效用都是旅行成本和景点特征的函数。假设景点 i 的效用函数为线性的,

$$v_i = \beta_{tc}tc_i + \beta_q \boldsymbol{q}_i + e_i \tag{6.19}$$

式中，tc_i 是去景点 i 的旅行成本，q_i 是该景点的特征向量，e_i 是随机误差项。可以预计景点 i 的效用随着出行成本的增加（$\beta < 0$）而下降，随着环境质量的改善而增加，随着特征变差而减少。随机误差项表示观察不到的因素。

从理论上讲，一个人一定会选择能够为自己带来最高效用的景区去旅游。比如，如果满足以下条件，则游客会选择去景区 k 旅游：

$$\beta_{tc}tc_k + \beta_q q_k + e_k \geqslant \beta_{tc}tc_i + \beta_q q_i + e_i \quad i \in C \tag{6.20}$$

这一结果可表示为旅行效用，其效用函数为

$$u = \max(v_1, v_2, \cdots, v_c) \tag{6.21}$$

旅行效用是假设一个人在选择访问一个景区时，在给定的选择机会当中，他一定会挑选能够使自己获得最大效用的那个景区。如果景区 k 能够为自己带来最大的效用，那该人就必然会选择景区 k，并获得旅行效用 $u = v_k$。

由于人们可以在一个给定的选择时机当中选择不去参加旅行，因此个人选择时机集合中就包含了不去参加旅行的效用。一个人选择不参加旅行效用水平为

$$v_0 = \alpha_0 + e_0 \tag{6.22}$$

此时，不参加旅行是该人在面对 C 个景点进行选择时能获得的最高效用的选择。因此，此人现在就有 $C+1$ 个选择方案，既可以选择 C 个景点之一，也可以选择不参加旅游。可以把一个选择时机的效用定义为

$$u^* = \max\{v_0, v_1, \cdots, v_c\} \tag{6.23}$$

这个选择时机效用是指在个人面对可用选择时机下获得的最大效用。如果选择不参加旅行能产生最高效用，则选择时机效用为 $u^* = v_0$。如果访问景区 k 能产生最高效用，则选择时机效用为 $u^* = v_k$。

类似于单一景区模型中所讲述的用向量 z 表示游客个体特征（包括年龄、家庭规模、参与游憩活动的经验、从事旅游活动有多少年等），这些个体因素也可以以下两种方式进入模型当中。首先，它们可以用来分析样本中游客参与不同游憩活动之间的差异。比如：有些人喜欢钓鱼，有些人不喜欢；有些人喜欢去海滩玩，有些人则不喜欢，等等。为了分析不同游客参与游憩活动的差异，可以在不参加旅行效用函数当中加入游客个人特征变量。

$$v_0 = \alpha_0 + \alpha_1 z + e_i \tag{6.24}$$

式中，z 表示影响个人游憩活动需求倾向的特征向量，用来表示不参加旅行效用在群体中差异。考虑一个休闲钓鱼的模型。如果性别是向量 z 中的一个虚拟变量（如果是女性，则设 $z_g = 1$），由于男性要比女性更喜欢钓鱼活动，如果 z_g 的估计系数为正，则表示女性比男性具有更高的无出行效用。还可以考虑一下攀岩活动：如果对攀岩的兴趣是随着年龄的增长而下降，那么如果估计向量 z 中的年龄变量的系数为正，就能测算出这种效应。

个体特征也可用于分析不同景区游客偏好的差异。有些人喜欢天然海滩,而有些人则喜欢修建更好的人工海滩。有些人喜欢自己带着一艘船,并喜欢到有船下水坡道的地方停船,而另一些人则喜欢租用船只,选择在一些规定的地方停泊船只。为了分析游客对不同景区特征偏好的差异,可以加入游客个体特征与景区特征相互作用变量进行分析。

假设有 m 个景区特征,并令 $q_i = (q_{1j}, q_{2j}, \cdots, q_{mj})$。假设在对海滩公园旅游分析中,有些人认为冲浪钓鱼是游憩体验重要的组成部分,而另一些人则认为它不是。假设具有每个游客是否具有冲浪捕鱼许可证的数据,就可以建立以下景点效用函数:

$$v_i = \beta_{tc} tc_i + \beta_{q1}(q_{1i} \cdot z_1) + \beta_{q2} q_{2i} + \cdots + \beta_{qm} q_{mi} + e_i \qquad (6.25)$$

式中,q_{1i} 是冲浪钓鱼质量的度量指标,如果一个人有冲浪钓鱼许可证,则 $z_1 = 1$;如果没有,则 $z_1 = 0$。通过这种方式,$\beta_{q1} q_{1i}$ 仅会影响到有冲浪捕鱼许可证个人的景点效用。假设 $\beta_{q1} > 0$,具有良好冲浪捕鱼的景点就会增加捕鱼游客的效用,但不会增加其他一般游客的效用。

现在,我们转到如何使用 RUM 理论来评估 C 个景点中,游客进入其中一个景点的价值。假设景点 1 因石油泄漏而导致被关闭。使用 RUM 理论,可以表达出游客在有和没有石油溢出的情况下各自的效用函数。在没有石油泄漏的情况下,其基线效用是

$$u^*(基线) = \max\{v_0, v_1, v_2 \cdots v_c\} \qquad (6.26)$$

而在发生石油泄漏时的效用是

$$u^*(有泄漏) = \max\{v_0, v_2, v_3, \cdots, v_c\} \qquad (6.27)$$

效用 u^*(有泄漏)将不包括景点 1,因为它已被关闭。由石油泄漏造成的效用或福利损失为 u^*(有泄漏)$- u^*$(基线)。这个福利的变化值可表示为

$$\Delta u^* = \max\{v_0, v_2, v_3, \cdots, v_c\} - \max\{v_0, v_1, v_2, \cdots, v_c\} \qquad (6.28)$$

使用函数(6.28),假设一个人可以访问景点 1,如果它没被关闭。对这个人来说,$v_1 > v_i$ 包括所有的 i。如果景点 1 被关闭,则此人将选择具有第二高效用的景点,假设是景点 k,即这个人会访问景点 k 而不是景点 1,如果不出行是下一个具有最高效用的景点,那么这个人就会选择不出行,效用将从 v_1 下降到 v_0。第二高效用越接近景点 1 效用水平,因泄漏造成的福利损失就会越小。

如果一个人访问景点 1 以外的景点,如果它们没有关闭,则不会发生效用损失。例如,如果一个人在景点 1 开放的情况下访问景点 k,则 u^*(有泄漏)$= u^*$(基线)$= v_k$。这与在没有关闭的情况下作出的效用最大化选择是一样的。请注意,这里没有考虑因景点 1 被关闭后,可能引起的景点 k 出现游客拥挤的情况。

要将等式(6.28)中效用的损失转换为货币,再除以个人收入的边际效用。在 RUM 模型中,旅行成本系数 $-\beta$ 的负值是收入的边际效用。它表示由于旅行成本下降,个人访问景点效用会增加多少,或者,同样等于由于收入的增加给旅行次数带来的影响。用货币表示的福利损失是

$$\Delta w = [\max\{v_0, v_2, v_3, \cdots, v_c\} - \max\{v_0, v_1, v_2 \cdots v_c\}] / -\beta_{tc} \qquad (6.29)$$

Δw 是一次选择时机(或机会)的价值。在一日游模型中,它给出了由于石油泄漏而造成一个游客在一天里的福利损失。要将其转换为与单一景点模型相当的一个旅游季节价值,将其乘以在该季节中选择时机次数。景点 1 的季节价值损失是

$$\Delta W = T \cdot \Delta w \qquad (6.30)$$

其中,T 是一个旅游季节选择时机次数。

进入多于一个景点的价值计算可从函数(6.27)中删除许多景点。例如,如果景点 1~5 是由于石油泄漏而导致被关闭,就可以从函数(6.27)中删除景点 1~5。还可以把新景点添加到选择集中来评估新景点的价值。在这种情况下,必须确定到达新景点的旅行成本及它们具有的属性特征。

该模型也可以用来评估景点特征变化的价值。此时,不是从选择集中删除景点,而是改变景点属性特征,进而测算景点效用的变化。例如,如果水质是向量 q_i 中一个景点属性,则通过将 q_1 写为 $q_1^\#$ 来分析景点 1 水质的下降,其中 $q_1^\#$ 比 q_1 要小。景点 1 的效用会从 $v_1 = \beta_{tc} tc_1 + \beta_q q_1 + e_1$ 下降到 $v_1^\# = \beta_{tc} tc_1 + \beta_q q_1^\# + e_1$。

在没有水质下降的情况下,个人的选择时机的效用函数是式(6.26)中的 u^* (基线)。水质下降时的选择时机效用为

$$u^*(脏水) = \max\{v_0, v_1^\#, v_2, \cdots, v_c\} \qquad (6.31)$$

其中,$v_1^\#$ 表示现在景点 1 水质较差。根据与景点关闭相同的推理,福利损失为

$$\Delta w = [\max\{v_0, v_1^\#, v_2, \cdots, v_c\} - \max\{v_0, v_1, v_2, \cdots, v_c\}] / -\beta_{tc} \qquad (6.32)$$

函数(6.32)类似于函数(6.29),可用来分析一系列可能的游客行为反应。如果个人在水质没有下降的情况下,选择不旅行或访问景点 1 以外的景点,则效用不会发生变化。游客在水质变化和不变化的情况下选择效用最大化方案是相同的,因此此时选择时机的效用是不变的。如果个人在没有水质改变的情况下访问景点 1,则他或她会继续访问景点 1,或访问另一个景点,或者在水质变化的情况下选择不出行。在每种情况下,选择时机的效用都会下降。

如果个人继续前往景点 1 旅游,则效用会从 v_1 下降到 $v_1^\#$。尽管个人仍然做的是效用最大化选择,但由于水质下降,游憩体验必然削弱。如果个人去访问另一个景点(例如,k)或选择不再旅行,则效用从 v_1 下降到 v_k 或从 v_1 下降到 v_0。所有这些结果都可以从函数(6.32)中分析得出,得出每个选择时机的价值。可以使用函数(6.30)来计算旅游季节的价值。与计算进入景点价值一样,通过改变函数

(6.31)中每一个受影响景点的各个相关属性,可以同时对多个景点进行质量变化价值的评估。

到目前为止,笔者是将 RUM 模型视为确定性模型,即假设所有的参数和误差项都是已知的。然而,在实际应用当中,各个参数是通过估计得出来的,并且误差项也是未知的。假设误差项来自某个已知的随机分布,通过函数(6.23)计算的选择时机效用也是随机的。这一点很容易通过把随机选择的景点和不参加旅行效用代入函数(6.26)中看出,

$$u^*(基线) = \max\{\alpha_0 + e_0, \beta_{tc}tc_1 + \beta_q q_1 + e_1 \cdots, \beta_{tc}tc_c + \beta_q q_c + e_c\}$$

$$(6.33)$$

如果函数(6.33)中的误差项是随机的,则选择时机效用 u^* 也是随机的。由于这个原因,在应用中,人们使用选择时机效用是期望值,而不是确定值。预期选择时机效用与函数(6.26)相对应。

$$u^*(基线) = E(\max\{\alpha_0 + e_0, \beta_{tc}tc_1 + \beta_q q_1 + e_1 \cdots, \beta_{tc}tc_c + \beta_q q_c + e_c\})$$

$$(6.34)$$

函数(6.29)可用于估计进入景点价值,函数(6.32)可用于估计质量改变价值,其函数表达如下:

$$\Delta w = [E(\max\{v_0, v_2, \cdots, v_c\}) - E(\max\{v_0, v_1, v_2, \cdots, v_c\})]/ - \beta_{tc}$$

$$(6.35)$$

$$\Delta w = [E(\max\{v_0, v_1^{\#}, v_2, \cdots, v_c\}) - E(\max\{v_0, v_1, v_2, \cdots, v_c\})]/ - \beta_{tc}$$

$$(6.36)$$

在估计中,误差项的分布形式决定了选择时机效用期望值的形式。如上所述,每个游客都对景点关闭和属性质量变化作出行为响应。但是,每种行为反应都只是一个可能发生的概率。通过将从函数(6.35)和函数(6.36)计算得到的每次选择时机的效用乘以季节中产生的选择时机次数量可计算总的年度价值。

在上述估计当中,可使用游客访问数据来以函数(6.19)和函数(6.24)估计景点参数和无旅行效用。表 6.4 给出了一个典型的分析数据形式,包括选择集中每个景点的旅行次数、游客出行成本、景点详细特征,以及游客人口统计数据。为简单起见,该表提供了一个具有 3 个景点和 1 个景点特征(水质)的简单模型。在大多数应用中,景点和景点特征的数量要比该例子大得多。收集数据之后,即可使用一种离散选择多项 Logit 模型估算景点和无出行效用函数的参数(6.4.2 节将对此进行详细介绍)。然后,利用使用函数(6.35)和函数(6.36)估计的参数测算样本中每个游客进入每个景点的价值或景点质量发生变化的价值,从中得到季节价值和样本平均价值。最后,使用人口数测算总价值。6.4.2 将详细介绍这些分析步骤。

表 6.4　估计 RUM 模型的一般数据类型（基于 3 个景点的选择集）

游客编号	前往 3 个景点各自旅行次数			旅行成本/元			景点水质指标(1～10)			收入/万元	年龄
	1 (r_1)	2 (r_2)	3 (r_3)	1 (tr_1)	2 (tr_2)	3 (tr_3)	1 (q_1)	2 (q_2)	3 (q_3)	(y)	(d_1)
1	2	0	17	45	158	15	10	2	1	67	43
2	1	0	3	111	201	35	8	7	5	22	28
3	0	3	0	29	33	345	2	8	9	109	39
...	...	...	...	...	...	...	...	...	...	...	...
N	12	0	12	12	66	123	5	2	1	78	51

6.4.2　价值估算步骤

表 6.5 给出了估算 RUM 模型的一般步骤。这些步骤与估算单一景点模型的步骤相类似。为了避免重复，笔者将重点介绍 RUM 模型中与单一景点模型中不同的步骤。其他许多步骤，请参照单个景点讨论的内容。

表 6.5　估算 RUM 模型的一般步骤

步骤 1	确定评价主要影响
步骤 2	定义要分析的人口群体
步骤 3	确定选择集
步骤 4	制定抽样策略
步骤 5	确定采用的评价模型
步骤 6	收集景点特征数据
步骤 7	决定如何处理多用途旅行成本
步骤 8	设计和实施调查
步骤 9	衡量旅行成本
步骤 10	估计模型
步骤 11	计算景点访问价值和质量变化价值

本研究是为了估计 RUM 模型，测算游客访问多个景点和环境质量变化的价值，分析使用一日游数据，并假设数据是基于个体游客。在介绍本例之后，笔者会对 RUM 应用进行简要的讨论，采用估计特拉华州居民使用大西洋海滩的模型，评估海滩关闭和侵蚀造成的价值损失。

1. 确定评价主要影响

分析要从确定评价主要影响因素开始，涉及将一个或多个景点关闭、开放或景点环境质量发生变化的情况。一些重要环境影响事件的例子包括：由于鱼类健康消费提醒，许多湖泊和河流被关闭以禁止游人前来旅游；还有可能开放一些新的公园或滑雪场，增加狩猎场的数量，以及城市滨海公园水质量发生变化等。

这些影响是假设的。例如，一个景点当前是开放的，你想要分析如果它被关闭会造成多大的损失。或者一个景点当前可能没有设置徒步旅行道路，你想要分析增加步行路线可能获得的收益。此外，环境影响也可能是实际发生的事件。例如，有几个湖泊同时因水质污染而导致被关闭，你想要分析由此产生的个人或社会福利的损失。

由于景点关闭或开放，你需要确定受到影响的区域范围，进而确定受到影响景点的范围。对于质量变化，需要确定受影响的景点以及这些影响的地点。进行这样的分析时，在研究前期就要考虑如何衡量每个景点的质量。例如，采用什么环境质量衡量标准，如水的溶解氧水平，或者采用大家普遍公认的水质量衡量指标。又如，根据调查中受访者对问题的回答信息决定怎样对环境质量进行评级。此外，还可以采用一些政府环保部门已发布的环境质量度量标准，或者加入一些新的度量标准。还要考虑到如何将这些环境质量变化指标运用到政策制定当中去。

在某些情况下，可以将影响分析分为旅游活动变化或环境质量变化。例如，鱼类消费健康提醒产生的影响可被看作是环境质量变化导致景点被关闭，否则人们可以继续使用该景点。在这种情况下，在特征向量 q 中可以包括用于鱼类健康消费的虚拟变量。

2. 定义要分析的人口群体

确定进行价值测算采用的人口数量。原则上，这应该包括受到景点影响的所有公众人口群体和潜在人口数量，其实就是在未发生任何变化的情况下使用景点的人和在发生变化的情况下使用景点的人数的总和。受到景点变化影响的地理范围有多大，市场范围就有多大。

在一日游分析中，识别市场范围的一种方法是将人口定义为居住在受到景点影响一天车程内的所有地区居住的人口。在实践中，人们使用抽样的边界来近似地界定市场范围。最常见的市场范围被定义为一个省（区、市）或多个省（区、市）的居民在一天车程以内的地域范围。在某些情况下，分析者需要根据具体情况而定。比如，由于资源有限，课题研究资助方可能明确指定了所要评价的市场范围。与单一景点模型一样，价值研究还需要考虑到包括哪些类型的游憩活动类型，以及是否需要将一些游憩活动进行合并归类。

3. 确定选择集

在函数 (6.21) 中定义选择集 C，这包括确定涵盖的景点名称和数量。原则上，应该包括步骤 1 中识别出的受到影响景点和在步骤 2 中定义使用景点的人口数量。在实践中,人们一般会近似地确定景点选择集。各省、区、市地理边界划分也为构建景点选择集和景点地理信息提供重要参考。

通过一些示例,可以很容易地了解研究者如何定义景点并确定景点选择集。比如美国学者 Parsons 和 Kealy(1992)分析在威斯康星州的湖泊游憩价值研究中,把湖泊面积超过 100 英亩(1 英亩≈4 046.86 平方米)都算在景点选择集当中,这包括 1 000 多个湖泊自然保护区。如果一个湖位于个人家庭住址 150 英里的范围内,这些湖就被算作个人的景点选择集。很少有人在一天内的旅行距离会超过 150 英里。

美国学者 Andrews(1996)研究宾夕法尼亚州东部垂钓鳟鱼的价值。他将景点选择集定义为国家鱼类和野生动物管理局规定的管理单位,即已知哪些河段和湖泊存在鳟鱼。其实,每一个景点都具有自己的独特性,且各自实行单独管理,所以相关数据可由这些景点管理单位和联邦政府负责部门提供。这样的景点在该州有 2 000 多个。景点选择集中被定义为包括距离居民家庭住址 185 英里范围内的任何景点。数据集中最长的一天行程是 183 英里。

Parsons,Jakus 和 Tomasi(1999)研究了美国东南部田纳西流域管理局管理的水库中的湖泊游憩价值。每个居民的选择集被定义为系统中包括的 14 个水库。Shaw 和 Jakus(1996)研究美国东北部的攀岩运动价值。他们把景点范围定义为该地区的四个主要攀岩区。每个居民的景点选择集都包括这四个景点。Morey,Watson 和 Rowe(1993)研究了缅因州和加拿大的鲑鱼垂钓价值。该地区以垂钓鲑鱼而闻名的 9 条河流都包括在每个居民的景点选择集中。

McConnell 和 Strand(1994)研究了美国东海岸的海洋休闲渔业价值,将沿海各县定义为研究景点选择集。同样,景点选择集中包括了距离居民家庭住址 150 英里范围内所有景点。Hausman,Leonard 和 McFadden(1995)研究了美国阿拉斯加的休闲渔业价值,将景点范围定义为该州 17 个大型休闲钓鱼区之一。所以,这 17 个大型休闲钓鱼区作为每个游客的景点选择集。

正如上面所介绍的,个人景点选择集的大小从 3 个或 4 个景点增加到上千个不等。景点可大可小,可从高度聚集景点区到非常狭小的地段,如海滩或部分河段。在确定景点选择集中包括的景点数量及其聚集程度时,要尽量减少景点定义方面的错误。现代经济计量软件包可以处理较大数量景点的价值测算。

如果必须将景点聚合到地区或县一级,一般规则是将相似的景点合并在一起,因为它们具有许多相似的特征,包括旅行成本。当然,选择的景点之间差异越大,产生的估计偏差就会越大(Parsons et al.,1992)。

4. 制定抽样策略

几乎所有已经发表的研究文献都采用了某种形式的场外随机抽样。在步骤 2

中识别的游客通过电话或邮件进行联系,并要求他们报告前往由步骤 3 确定的景点选择集中包括的各个景点的旅行次数和旅游成本。在某些情况下,可随机联系一些特定的目标群体,例如专门调查持有划船执照的人。在大多数应用研究中,对旅游参与者和非参与者都要进行抽样,使得研究者对是否参与游憩活动的决策更好地进行建模。

与单一景点模型一样,RUM 模型的抽样过程会遇到人群中参与率低的问题。能够调查到参与过很多形式的户外游憩活动的人所占的比例本来就更低,这会造成从普通人群中随机抽取参与某种特定游憩活动样本人数较少。处理这一问题的传统方法是进行分层抽样,即从更靠近景点的县或社区人口中抽取较多的抽样。一般来说,在距离景点较近的社区人口中参与游憩活动的比率较高。在当地社区人口数量相对稀少的情况下,采取分层抽样是获得景点附近人口信息的唯一方法。分层抽样不仅能够增加调查参与者的数量,而且能够让被抽取的受访者在样本中呈现均匀的地理分布,这有助于获得到景点集合中各个景点的旅行成本的变化数据,从而有利于准确地进行参数估计。与单一景点模型一样,如果是对许可证持有者的目标人群进行调查,可以规避一些调查参与率低的问题。

与单一景点模型不同,在 RUM 模型中现场采样通常不作为一种选择。现场采样,被称为"基于选择的样本抽样"。为了做到无偏差参数估计,需要设置景点权重。这些权重设置是根据所要研究的人口数量和平时参加旅行人数实际分布情况而定,以反映其真实发生情况。据笔者所知,目前没有基于选择样本数据构建RUM 旅行成本模型的应用。

5. 确定采用的评价模型

在数据收集开始之前,在函数(6.19)和函数(6.24)中就已经指定了将被包括在模型中的各种要素。函数(6.19)中景点的效用分析涉及游客到每个景点的旅行成本(tc_i)和景点特征向量(q_i);在某些情况下,还会包括与个人特征要素的交互项。旅行成本估算与单一景点模型相同,即包括了旅行成本和时间成本的总和。向量 q_i 应包括游客在选择景点时所关心的所有主要特征。这将根据所研究游憩活动类型不同而有所不同。比如,钓鱼活动可能包括钓鱼的数量,攀岩可能包括攀登的难度,划船可能包括是否存在船下水坡道,等等。事实上,很难创建一个通用列表涵盖所有景点的特点,但以下是在 RUM 模型中常用的一些属性:舒适度、景点规模、景点可进入性、环境质量、是否有公园、提供的硬件条件、运动项目、远程位置、周边特点、特殊性等。

舒适度是指标可以包括树荫面积或树木覆盖面积等。景点规模可以是景点占地面积的总亩数、海滩的长度或小径的数量。景点可进入性指景点是否有进入通道,船只下水坡道,能否允许四轮驱动车辆进入等,每一项指标都可设为一个变量。环境质量包括水质或鱼类健康消费提醒等。景点内是否提供硬件设施,如露营地或博物馆等。变量的单位可以是钓鱼的数量、猎物的捕获率、观鸟的数量等。景点附近地区的特征包括海滩是人工开发出来的还是天然的。特殊性是指某些不寻常的特点,如河流上建有大坝。最后,如果以某种更一般的方式将一个景点或一组景点与选择集中的其他景点区分开来,则通常使用一些特定变量,这些特定变量可用虚拟变量来表示。

在函数(6.24)中,不参加旅行的效用被包含在个人特征向量中,它决定一个人出行的频率和是否参加旅行。这些特征与在单一景点模型中向量 z 的作用相同。普遍采用的个人属性包括年龄、职业和城市/农村,这些基本上与单一景点模型中步骤4的内容相同。

在某些情况下,把个体特征与环境特征设为交互项进入多景点选择模型。正如前面所解释的,当研究者认为某一特征对游客的影响不同时,就可以采用这种情况。例如,船下水坡道的存在对自有拖船的人来说可能很重要,但对把船停放在船坞处的人来说可能无关紧要。攀岩的难度对攀岩高手来说可能很重要,但对新手来说并不重要,或者至少其重要程度有很大的不同。如方程(6.25)所示,可将相互作用变量加入模型中。

6. 收集景点特征数据

如上所述,步骤5与步骤6可以协同进行。景点特征数据主要来源是负责资源管理的州政府部门和联邦机构。环境保护、自然资源管理以及渔业和野生动物管理机构通常都会提供相关数据。这些机构会有关于环境质量指标和物理测量数据,如景点规模和地处海拔高度。此外,一些代理机构通常也会有一些景点相关信息。例如,渔猎机构可以具有各个管理单元信息,它们收集这些单元数据用于管理工作。在大多数情况下,这些机构都是收集数据的最好起点。

其他景点数据来源包括文化和旅游局、俱乐部和协会、大学、研究文献和报纸。在有些情况下,分析者需要通过采访本领域的专家,从中单独构建一手数据。即使这些变量信息没有通过实地考察进行核实,但是专家访问可以帮助确定研究景点的范围和准确定义一些相关变量。

有时需要收集景点特征数据。例如,通过询问当地居民获得他们在当前季节去到每个景点的狩猎质量进行评级。使用这些反馈信息为每个景点建立一个质量查询指数,因为,有时候人们可能对钓鱼数量和景观设施有着同样的衡量标准。

通过上述方法获取数据可能有几个问题:首先,每个景点的数据仅限于之前访问过该景点的游客的反应,一些质量指标可能偏高,因为访问景点的人一般是那些认为该景点是值得访问的人。其次，一些热门景点要比不太受欢迎的景点拥有更多的可用数据，而其他许多景点可能出现只有一个访问者或没有访问者，这会导致反映景点质量变量指标之间的不对称性。最后，一些感知变量指标有时很难加入实际的政策运用当中。

获得调查数据的另一种方法是采取模型预测。比如使用一些发表的特征测度指标（如钓鱼的数量）作为因变量，把相关的景点特征（如湖泊大小、深度、海拔和法规的存在）作为解释变量进行回归分析，然后使用模型结果进行必要的预测。

7. 决定如何处理多用途旅行成本

在一日行程 RUM 模型中，多用途旅行的处理方式与单一景点模型中的处理方式大致相同。可以把所有游客的出行都看作单一目的（或用途）出行，或者把在调查中确定是多目的出行的游客数据从样本中删除。当然，如果是在分析过夜游客的情况下，如何处理多目的（或多用途）的旅行成本问题，就变得十分关键。处理多目的（或多用途）旅行的另一种方法是根据景点一些特点，比如一个景点是否能够为游客提供其他一些活动，如购物活动。举个例子，就是在 RUM 模型中分析海滩公园的价值。如果这个海滩公园附近有一个购物中心，可以把存在购物中心设置为一个虚拟变量。这样分析的目的是想知道游客除了具有海滩旅游体验之外，还可以体验购物的乐趣的情况。

8. 设计和实施调查

调查内容的设计包括四个部分：介绍性材料，参加旅行次数，最近一次旅行信息，人口统计学变量。

介绍性材料、最后一次参加旅行信息和人口统计学变量与单一景点模型数据调查基本相同。然而，与单一景点调查不同的是，在 RUM 调查中要收集游客到景点选择集中每个景点的旅行数据。数据集的内容如表 6.3 所示。RUM 调查面临与单一景点模型调查相同的游客回忆和旅行次数划分的问题。（有关讨论请参见单一景点模型的步骤 6）在 RUM 数据的调查中，游客回忆可能是一个较大的问题，因为要涉及许多景点的信息。

可以采用三种方法来计算游客前去各个景点的旅行次数。

第一种方法是向受访者提供一份预先确定的旅游景点列表。按照这个景点列表，受访者可提供前去这些景点旅游的时间段和旅行次数。这种方法对于数据处理来说是最容易的，因为调查景点的范围划定，每个受访者回答参加旅游目的地范围是一致的。对于景点列表之外的景点，通常会有一个包罗万象标识，如"所有其他景点"，诱发受访者的回忆。给出景点的名称会更加有助于提醒人们回忆。

第二种方法是开放式的。要求受访者列出在相关时间段内访问过的所有景点，以及到每个景点的访问次数。在收集数据之后，要对数据进行重新处理，确保各个被调查者列出的景点名称与实际情况相符。这项工作可能是很耗时的，因为一个旅游景点通常会有多个名称，人们可能使用附近的城镇名称称呼景点，这可能导致一些景点名称之间的混淆。当景点的数量达到数百或上千时，这种混淆很难避免。在这些情况下，采取对各个景点进行编号处理的办法是会有帮助的。

与开放式方法结合使用的一种方法是采用地图和贴纸。受访者被要求在地图上标出访问过的每个景点，用标签来表示。标签上的编号与表格上的编号相对应。在表格中，受访者给出了前往各个景点的旅行次数。这样做大大简化了数据的最终整理过程，并避免了一些景点名称和位置的混淆。它还具有根据个人对景点的使用来帮助进行更精细的景点划分的优点。例如，如果对一个景点的访问量很大，就可以基于该景点将其他所有景点划分为北部景点和南部景点。

邮件调查或邮件与电话混合调查通常采用向受访者提供景点列表的方法。电话调查要求采用开放方法，除非是景点数量少于 12 个。在电话调查中，呼叫者手中有一个景点列表。在调查过程中，受访者被要求按地区报告参加旅行的次数。例如，您去过海滩旅游吗？如果回答"是"，请告诉是哪个海滩。当回答者给出一个海滩名字时，调查者可核实该海滩是否在列表当中，然后继续提问。如果回答者难以回忆起海滩的名字，调查者可以询问海滩大致所在区域，并尽量提供一些其他线索，直到受访者找到正确的海滩。如果回答者给出一个未知的海滩名字，但是他可以给出邻近海滩正确的名字，这对于构建游客旅行数据信息也是非常有帮助的，可以避免在调查结束后再去漫无边际地猜测是哪个海滩景点。

第三种方法就是单独使用上次旅行的数据。在这种情况下，只是收集游客最近一次访问景点的信息，包括访问的是哪个景点、在整个旅游季节中前往该景点旅游次数。运用这些数据，分析者即可构建基本的 RUM 模型，并进行模型参数估计。

9. 衡量旅行成本

该步骤本质上与单一景点模型的步骤 7 是一样的，不同之处在于此时的旅行成本是要求游客给出前去景点选择集中的每一个景点的旅行成本信息，而不仅仅是访问过的一个或两个景点。信息处理可采用一个软件包统一完成，计算从受访者家庭住处到各个旅游景点的旅行时间和距离。这首先必须明确受访者的家庭住址和景点名称，然后将其输入软件程序当中。关于旅行成本测量问题，包括时间价值和个人与家庭成本的计算，请参见单一景点模型的步骤 7。

10. 估计模型

分析估计步骤 5 中如何使用从函数(6.19)和函数(6.24)中估计得到的参数 α 和 β。这需要建立访问景点概率的表达式。一个游客访问景点 k 的概率是

$$\Pr(\beta_{tc}tc_k + \beta_q q_k + e_k \geqslant \beta_{tc}tc_i + \beta_q q_i + e_i \, i \in C \quad 且 \quad \geqslant \alpha_0 + \alpha_1 z + e_0) \tag{6.37}$$

在对误差项 e_i 的分布采取不同的假设条件下,可推导出函数(6.37)的不同表达形式。最简单的就是多项 Logit 模型,其中个体游客访问景点 k 的概率为

$$\Pr(k) = \frac{\exp(\beta_{tc}tc_k + \beta_q q_k + e_k)}{\exp(\alpha_0 + \alpha_1 z) + \displaystyle\sum_{i=1}^{C} \exp(\beta_{tc}tc_i + \beta_q q_i)} \tag{6.38}$$

访问景点 k 的概率取决于景点 k 具有的特性,注意在函数(6.38)的分子和分母中都有反映景点 k 特性的变量。每个游客对每个景点访问和不访问的概率都有 $\exp(\alpha_0 + \alpha_1 z)$,只是无访问概率在函数(6.38)中的分子和分母相同。假设该最大似然概率函数(6.19)和函数(6.24)中的误差项具有独立的和均等的 Weibull 分布。参见 Greene(1997,第 913 页)的文献。

函数(6.38)中的概率可通过最大似然来进行参数估计。如果有 N 个游客的数据,其中每个游客都访问了 s 景点选择集中的一个景点,或者在给定的选择时机选择不参加旅行,则使用 MNL 概率模型估计数据中游客参加景点访问的可能性是

$$L = \prod_{n=1}^{N} \prod_{i=0}^{C} \Pr(i)^{r_{in}} \tag{6.39}$$

式中,如果个体 n 访问景点 i,则 $r_{in}=1$,否则 $r_{in}=0$。概率 $\Pr(i)$ 是函数(6.38)的 Logit 形式。通过选择 α 和 β 的值实现 L 的最大化。这就是模型的最大似然估计过程,也就是最有可能从数据中观察到实际参加景点访问的人次。

如果是想分析个体游客在旅游季节中多次前往景点访问的概率,可使用相同的似然函数,式中现在 r_{in} 等于个体 n 前往站点 i 的次数。许多计算机软件都能够用于估计 Logit 模型,常用的软件有 LIMDEP、Stata、SPSS、SAS 等。

MNL 模型常被批评为样本数据分布具有不相关选择独立性假设的限制。例如,IIA 意味着:如果景点 k 中存在一个特性,使得游客前去该景点旅游的概率增大 10%,则要求游客访问选择集中对访问其余每个景点的概率必须减小 10%(即对访问所有其他景点的概率按相同的比例减小)。如果其中某些景点从 k 景点质量改善中通过互补关系也得到改善,这样的分析就无法进行了。可以预计,好的替代景点出现要比不好替代景点的出现引起相关景点访问的概率大幅度下降。

基本上有两种放松 IIA 限制的方法:采用嵌套 Logit(NL)模型和混合 Logit

(MX)模型。两者都引入景点和没参与旅行效用误差项之间相关性分析,从而允许模型中考虑了一般性的替代模型。

可以使用 Eviews、SPSS、Stata 或 LIMDEP 来估计 NL 模型和 MX 模型。NL 模型将选择组嵌套到具有较强替代品中。例如,在海滩旅游中,景区里有海洋和海滩,将海水和海滩嵌套到不同游憩活动组中是有道理的。这使在海滩公园内通过镶嵌过程海洋和海滩实现相互替代。通过这种方式,该模型允许进行替代效果分析。

放松 IIA 假设的第二种方法是采用混合模型或随机参数 Logit 模型。采用模拟概率技术估计 MX 模型。与嵌套模型一样,混合模型是基本多项 Logit 模型的扩展形式,允许参数 α 和 β 是随机的。每个参数的变化可被解释为景点效用中误差项的组成部分,这导致效用之间的相关性和一般替代模式。有关示例,请参见 Train(1999)的文献。

11. 计算景点访问价值和质量变化价值

计算景点访问价值或质量变化价值,具体计算指标包括:每人每次选择时机的平均价值,平均每人季节旅游的价值,根据人口推算的旅游季节总价值,每人每次参加旅行的价值,景点或旅游地总折现价值。

利用步骤 10 得到的参数估计值,结合运用函数(6.35)和函数(6.36)即可计算福利变化的价值。期望最大效用值的计算方式取决于对模型中误差项的假设分布。在 Weibull 分布的 MNL 模型中,旅游选择时机最大效用期望值为

$$eu^* = \ln\{\exp(\hat{a}_0 + \hat{a}_1 z) + \sum_{i=1}^{C} \exp(\hat{\beta}_{tc} tc_i + \hat{\beta}_q q_i)\} \tag{6.40}$$

这是在函数(6.38)中对其分母取对数。它是一个选择时机偏好的加权效用指数,从这个意义上来说,包括所有的选择在内,选择的效用越高,在表达式中发挥的作用就越大。同样地,它的表达形式是直接遵循对误差项采取的假设分布。利用函数(6.40)、函数(6.35)和函数(6.36)可以对每个景点选择访问时机和质量变化的价值进行估计。

第 n 个游客面对每个景点选择机会的损失可表示为

$$\hat{S}_n = \frac{\ln\left\{\exp(\hat{a}_0 + \hat{a}_1 z) + \sum_{i=6}^{C} \exp(\hat{\beta}_{tc} tc_i + \hat{\beta}_q q_i)\right\} - eu^*}{-\hat{\beta}_{tc}} \tag{6.41}$$

式中,$\hat{a}$ 表示带有下标的解释变量的估计值,下标 n 表示该变量对于个体 n 的价值。

对于质量变化,每个选择时机的价值为

$$\hat{S}_n = \frac{\ln\left\{\exp(\hat{a}_0 + \hat{a}_1 z) + \sum_{i=6}^{C} \exp(\hat{\beta}_{tc} tc_i + \hat{\beta}_q \boldsymbol{q}_i^*)\right\} - eu^*}{-\hat{\beta}_{tc}} \tag{6.42}$$

式中,q_i^* 表示在部分或所有 C 景点中发生的质量变化向量。同样,当误差项的分布改变时,函数(6.42)表示最大效用期望值的变化。如果样本是随机抽取的,$\hat{S}_n$ 表示每个选择时机价值的平均值。如果样本是提供分层抽取的,则需要对样本均值进行调整后再用来代表人口总体均值。

每个游客的季节价值是个人总选择机会数乘以每个选择机会的价值。所以,每个游客平均季节价值是

$$\overline{S} = T \cdot \overline{s} \tag{6.43}$$

式中,$\overline{S}$ 是每个选择时机的样本平均值(如有必要,可对分层抽样进行调整),T 是季节中选择时机的总次数。在一日游模型中,T 是旅游季节中的总天数。人口的总季节旅游价值为

$$AS = \overline{S} \cdot POP \tag{6.44}$$

式中,POP 是潜在游客人口数量。这可能包括在给定驾驶距离内的所有居民,或所有拥有捕鱼许可证人的群体,或者基于各种考虑决定的抽样人口数。假设从一个或多个景点持续提供游憩服务,则可将 AS 转换为贴现现值。如 6.2 节中的单一景点模型(6.18)所示:

$$PV = AS/i$$

式中,i 为折现率。函数(6.43)、函数(6.44)和函数(6.18)同样适用于现场游客访问数据和景点质量价值分析。最后,在 RUM 分析中对游客每次旅行访问价值或质量变化价值进行评价也是常见的。每人每次旅行的价值为

$$\hat{i} = AS/TRIPS \tag{6.45}$$

式中,TRIPS 是相关人口参加日旅行的总次数。可以使用外部估计获得相关旅游季节来到景点进行旅游的总天数,或者使用 RUM 模型对旅行次数进行预测。在任何一种情况下,每人每次旅行的价值分析都适用于上述现场访问数据或质量变化价值评估。

估计每次旅游价值的另一种方法是采取从选择集中排除无出行数据后构成的选择集。在这种情况下,在 RUM 模型中只能估计每次旅行价值(而不是每次选择时机的价值)。

6.5　RUM 的应用

美国学者 Parsons 和 Matt Massey 等采用 1997 年美国大西洋中部地区海滩旅游数据,估计了几个 RUM 模型[参考 Parsons,Massey 和 Tomasi(1999)的文献]。在此分析中,美国大西洋中部海滩包括新泽西州、特拉华州和马里兰州的所

有海滩,共 62 个。

在该研究中识别分析两种影响产生的价值(步骤 1)。首先是由于石油泄漏、水污染或其他环境事件,特拉华州的海滩可能被关闭。从中分析因失去海滩景点而造成的游客访问损失。其次是由于海水侵蚀使得该州海滩变窄。这是为了分析质量变化引起的价值变化。研究采用的质量衡量标准是海滩宽度,海滩宽度数据由各州政府提供。

研究的市场规模被定义为特拉华州的所有居民(步骤 2)。尽管有大量的外州游客也来此地旅游,但是,受到研究预算经费限制以及探索模型方法问题是该研究的主要兴趣,所以还是把市场范围适当地缩小了。还将海滩的所有用途视为单一的游憩活动类型,即把日光浴、游泳、冲浪、钓鱼看作是一种游憩活动。

把分析景点的选择集定义为特拉华州居民一天车程内的所有海滩(步骤 3)。这包括 4 个州的 62 个海滩。每个海滩是根据海滩社区的政府边界来划分的,这与游客如何识别该地区的海滩是一致的。例如,马里兰州的 Ocean City、特拉华州的 Rehoboth 和新泽西州的 Cape May 等,在分析中都是独立的海滩。每个受访者选择集中都有 62 个海滩景点。

美国特拉华州是一个拥有 3 个县的小州。人口最多的县位于州的北部。海洋海滩主要位于州内最南部的县。研究从 3 个县随机抽取了相同数量的 16 岁以上的居民(步骤 4),采取分层抽样,从而避免了抽样样本过多集中在州内北部县的居民。不必担心模型分析中会遇到样本调查低参与率的问题,因为历史数据显示在典型的一年中,有一半或更多的人口参加海滩旅游。

有许多因素会影响该地区海滩的一日游活动(步骤 5),包括:旅行费用,停车位的可用性,天然海滩和开发海滩,浴室和其他设施的可用性,木板路的存在,海滩宽度,等等。这些可能是在下一步进行收集数据时要用到的。对于个人特征数据,职业、教育、家庭组成和工作的灵活性将是重要的信息。

景点特征数据是从各种渠道收集的,包括国家自然资源部门(涉及对这些机构工作的一些专家的访谈)、实地考察、与研究新泽西海滩特征的专家访谈、旅游指南、地图、报纸和网站(步骤 6)。

该研究只分析了日间旅游,并假设所有行程都是单一目的的,或者假设任何附带旅行程都是偶然的,是可以忽略的(步骤 7)。

研究在 1997 年秋季对 1 000 名特拉华州居民进行了随机邮件调查(步骤 8)。首次邮寄调查问卷后,一周后再给每个寄过信件的受访者寄出提醒明信片,三周后再次邮寄调查问卷。经过这样的反复邮寄,问卷的回复率达到了 55%。要求受访者个人给出海滩访问的时间、短期访问还是过夜、长期过夜停留、长期停留和附带旅行。这份调查问卷长达 8 页。但受访者只被要求填写一份两页的表格,列出前往 62 个海滩的行程。问卷中提供了一个地图插页,以帮助受访者确定个人旅游的海滩。

旅行成本就是旅行费用包括时间费用和海滩游玩费用的总和(步骤 9)。旅行费用计算是用每英里 35 美分乘以往返距离里程数,加上过路费和停车费。许多前往新泽西海滩的旅行都是通过收费公路的,在一些路线上,渡船被用来穿越特拉华湾的入海口。在确定最短路线后,确定驾驶距离加上过路费,再加上海滩门票费用,计算得出总旅行成本。在 1997 年旅游季节,研究者使用在当地报纸上公布的每日海滩收费价格计算门票费用。时间成本估计为每小时工资乘以往返时间。每小时工资用家庭年收入除以 2 080。

这个研究采用了一个三个层次嵌套 Logit 模型(步骤 10)。第一个层次是分析一个人决定去海滩旅行或不去旅行。第二个层次是给定一个人去了海滩,但他需要决定是去新泽西州或特拉华州,还是去马里兰州的海滩。最后一个层次是用户在可选区域内选择一个景点,结果如表 6.6 所示。景点特性是在效用函数中出现的变量。个体特征和价值系数是出现在无出行效用函数中的变量。

表 6.6 中大西洋海滩的 RUM 模型应用

景点特征		
变 量	定 义	参数估计(t-stat)
旅行成本	旅行成本加时间成本	−0.04(63.9)
长度	海滩长度(英里)的对数	0.13(0.3)
步行木板路	有木板路=1	0.41(6.3)
娱乐设施	附近有娱乐场所=1	0.48(15.4)
私有住宅或设施	私人的或限制进入海滩=1	−0.17(6.3)
公园	有州立或联邦公园=1	0.04(0.6)
宽度	海滩宽度(=1 如果>200 英尺)	−0.33(12.8)
狭窄	狭窄的海滩(=1 如果<75 英尺)	−0.20(5.4)
大西洋城	有大西洋城=1	0.42(7.2)
冲浪	冲浪不错=1	0.40(15.5)
高层建筑	海滩上有高层建筑=1	−0.30(9.4)
内设公园	海滩内有公园=1	0.25(5.1)
设施	有浴室、洗手间设施=1	−0.05(1.1)
停车场	海滩提供停车场=1	0.13(1.8)
新泽西	属于新泽西海滩=1	0.51(33.9)
IV(NJ)	新泽西海滩包含的价值	0.49(36.9)
IV(DE)	特拉华州/马里兰州海滩包含的价值	0.99(38.7)
IV(海滩)	所有海滩包含的价值	2.06(11.0)

续表

个体特征		
变　量	定　义	参数估计(t-stat)
常数项		0.25(5.3)
年龄	年龄的对数	0.20(7.0)
儿童数量10	家庭中10岁以下儿童的数量	−0.26(9.4)
弹性工作时间	工作时间是灵活的=1	−0.14(3.4)
小屋(DE)	在特拉华州拥有海滩房产=1	−1.3(25.5)
小屋(NJ)	在新泽西拥有海滩房产=1	−0.80(16.4)
退休	退休人员=1	−0.53(10.5)
学生	学生=1	−0.90(19.5)
兼职	半工作时间=1	−0.56(13.3)
在家工作	在家工作=1	0.94(12.0)
志愿者	当志愿者=1	−0.16(2.6)
样本量	565	
最大似然均值	−94.05	

由表6.6可知,增加景点一日游效用特征是步行木板路、娱乐设施、冲浪、内设公园和停车场,而降低景点一日行程效用的特征包括私人住宅或设施、海滩太宽或太窄,以及附近有高层建筑。这些都不会令人感到意外。海滩和公园(州或联邦所属)的长度都不重要,一些设施也有"错误"的标志。基于大西洋城和新泽西州数据估计的特定常数都为正且显著。

包含价值的估计系数是在嵌套内备选方案之间的可替换性参数。为了与效用最大化保持一致,这些估计系数应介于0和1之间。系数越接近0,表示可替代性程度越高。当系数等于1,表示等同于不嵌套的结果。

降低无旅行效用并因此增加海滩旅行可能性的个人特征包括,家庭中有10~16岁的孩子数量、灵活的工作时间、在特拉华州或新泽西州拥有海滩小屋、本人是学生、半时间工作或从事志愿者的人。无出行效用随着10岁以下儿童数量增加、年龄增加、处在退休状态和在家工作人数的增加而增加。

对于景点准入价值,研究者分别考虑了62个海滩中每个海滩的关闭情况以及多个一组海滩关闭的情况(步骤11)。对于关闭多海滩,研究者考虑了特拉华州最北部的6个海滩和最南部的8个海滩。对于海滩侵蚀场景,考虑了位于特拉华州所有已开发的海滩宽度小于75英尺(1英尺≈0.3048米)的情况。得出了每种情况下,包括季节性人均价值、季节性总价值(特拉华州居民)和贴现现值(特拉华州居民)。

测算出价值损失的分布从新泽西州最北部平均每个海滩人均损失价值约5美

元[运用函数(6.41)测算得出]到特拉华州和马里兰州最受欢迎的海滩的最高损失约 135 美元不等。回想一下,分析的样本只是考虑了特拉华州的居民,并且假设所有其他海滩都保持开放。要知道,前往新泽西州北部的海滩距离很远,且附近有很多替代景点。价值较高的海滩都是那些靠近人口中心地区的海滩。

使用函数(6.43)可将这些价值转化为平均旅游季节性的总价值损失量,范围从最低的新泽西州北部海滩的 290 万美元到最高的特拉华州海滩的 7 780 万美元。相关人口采用 1997 年特拉华州 16 岁以上的所有居民。需要强调的是,该价值不包括过夜旅行和来自其他州的游客以及海滩的非使用值。

人们特别关心的是失去很多的海滩。例如,如果发生石油泄漏,很可能会一下子失去多个海滩。特拉华州的北部海滩尤其脆弱。同时失去这些海滩,据估计每个人季节性损失为 698 美元,这意味着总的季节性损失高达 4.02 亿美元。如果失去南部海滩,平均每个人的季节性损失为 554 美元,总损失达 3.19 亿美元。同样,这些价值不包括过夜旅行、外州居民和非使用价值产生的价值损失。

由海水侵蚀造成的海滩宽度损失是大西洋中部海滩的一个主要问题。所以研究建议所有已经开发的海滩都要把 75 英尺或更大的宽度缩小到小于 75 英尺。为了计算个人在侵蚀情况下的预期最大效用,所有已开发海滩的景点效用均按宽＝0 和窄＝1 计算。特拉华州海滩变窄的季节性人均价值损失约为 76 美元,总损失价值为 4 400 万美元。

6.6 结　　论

传统的单一景点模型和当今流行的 RUM 模型是旅游需求分析中应用最广泛的两种旅行成本模型。但是,近年来 RUM 模型变得越来越流行,逐渐得到普遍应用。这是因为 RUM 模型能够考虑替代因素,并能同时评估由游客旅行次数变化产生的价值以及景点属性变化产生的价值,且价值平均结果较为可靠。此外,很多计算机软件也都能够用于模型参数估计和价值测算。近年来旅行成本模型的研究大多数都是围绕 RUM 模型展开的。当然,单一景点模型因为需要的数据较少,应用起来较为方便。但是,单一景点模型仅适用于对一个景点的访问价值进行评价研究,而且仅适合替代景点数量较少或不存在替代景点的情况。

第三部分

国家森林公园总游憩价值测算实证

第7章　研究案例1-大连西郊国家森林公园总游憩价值测算

7.1 引　　言

本书用了前6章的篇幅较为系统地阐述了开展国家森林公园总游憩价值评价的理论和模型方法,具体来说,包括:国家森林公园游憩价值概念界定,游憩价值评价理论框架,数据收集和模型设计方法。虽然,一些相关个别概念与模型方法并非本书作者首次提出,但是可以毫不夸张地说,本书在大量收集、阅读、整理已有非市场评价研究领域文献基础上,经过认真梳理和分析过程,对一些相关理论方法进行整合、提炼和创新,提出了国家森林公园总游憩价值评价理论方法与实证方法体系。为了检验和测试这些理论方法对开展国家森林公园总游憩价值评价的指导作用和可行性,有必要采用实证研究的方法。为此,本章以大连西郊国家森林公园总游憩价值评价作为研究案例,测试本书之前各章提出的理论方法的可行性。值得注意的是,以大连西郊国家森林公园作为实证研究案例,一些读者可能会认为该公园不太具有代表性。为了使实证研究更具有代表性,作者应该选择一些更为知名的国家森林公园开展案例研究,如吉林长白山公园、湖北神农架自然保护区或湖南张家界国家森林公园等。但是,从开展实证研究角度来看,选择什么样的国家森林公园,其作用是一样的。其实,道理非常简单,任何国家森林公园涵盖的基本要素都是非常相似的,唯一不同的是包括的各种属性水平,特别是管理水平,但是,这并不影响国家森林公园总游憩价值的评价过程和模型方法的运用。从这个角度来说,本章以大连西郊国家森林公园总游憩价值评价作为研究案例,其合理性是毋庸置疑的。

本章的主要目的是介绍或展示一个国家森林公园总游憩价值的测算过程,包括相关概念界定、建立总游憩价值测算框架、数据采集、模型构建、价值测算结果和政策应用。值得强调的是,虽然本章的主要目的是展示如何测算一个国家森林公园的总游憩价值,但还有一个重要目的是展示国家森林公园非使用游憩价值的测算过程,以期为其他国家森林公园开展类似价值评价研究提供模板,起到示范作用。

7.2 概念界定

7.2.1 使用游憩价值

使用游憩价值是指人们从国家森林公园游憩资源使用当中获得的效用。最直观的解释就是,人们从国家森林公园中漫步、看花、观鸟、摄影、钓鱼等各种活动当中得到快乐与愉悦。在这一概念当中,强调的是游客对国家森林公园游憩资源的实际使用。但是,这个"使用"需要具备两个条件:首先是需要旅游者亲自到达国家森林公园所在的地点,其次是对景区资源进行亲密接触和利用。两者合起来称作国家森林公园游憩体验价值(site experience value)(Peterson et al.,1992;Haefele et al.,2020)。因此,这里所说的"使用"包括消费性使用和非消费性使用。消费性使用是指采摘山货野果,品尝野味,捕获野生动物和鸟类等;非消费性使用主要是指体验、观赏等,包括徒步、吸收新鲜空气等。后者不会给国家森林公园环境状态带来任何改变。相反,如果某人只是站在距离国家森林公园很远的地方观看怪山奇景(尽管画面可能是清晰的),也算不上是对国家森林公园的实际使用,也就不属于使用游憩价值的范畴。不难理解,不论是消费性使用,还是非消费性使用,其所产生使用游憩价值的大小都与景区环境资源的质量有着密切的关系。

7.2.2 非使用游憩价值

非使用游憩价值是指人们不通过对国家森林公园进行任何形式的利用,即可产生效用。文献研究表明,国家森林公园产生的非使用游憩价值可能来自人的多种动机,包括经济方面的和非经济方面的。从经济效用理论来讲,国家森林公园产生非使用游憩价值出自人的三方面动机:选择动机、存在动机、遗赠动机,所以就有选择价值(option value,OV)、存在价值(existence value,EV)和遗赠价值(bequest value,BV)之称(Freeman,1993;Krutilla,1967)。非经济动机包括利他思想、伦理信仰等(Dunlap,2000)。

本案例所要测算的三种非使用游憩价值:选择价值,存在价值,遗赠价值。其各自的具体定义如下。

(1)选择价值:是指某人至今尚未有机会前去某一国家森林公园从事任何游憩活动,但是却愿意现在通过付费的方式买到一份将来有机会去该国家森林公园从事游憩活动的保障。

（2）存在价值：是指某人为保持某个国家森林公园的存在而愿意支付的费用。而这个国家森林公园的存在与个人使用没有任何关系。个人从未去过该公园,将来也不计划前去该公园从事旅游活动。很显然,存在价值源自人们对资源具有存在权利的伦理信仰。

（3）遗赠价值：是指某人为了确保某一国家森林公园作为遗产保留给子孙后代,而愿意当下支付的费用。可见,遗赠价值与利他思想存在有十分密切的联系。

7.2.3　国家森林公园总游憩价值

顾名思义,国家森林公园总游憩价值就是使用游憩价值与非使用游憩价值的总和。在此强调总游憩价值,是为了区别于目前国内在国家森林公园价值评价研究领域,一提起游憩价值评价,很多人常常会误认为是指对国家森林公园使用游憩价值的评价,而忽视了非使用游憩价值的存在。而且,从现实情况来看,关于国家森林公园非使用游憩价值评价实证研究要比使用游憩价值评价实证研究在数量上少得多。因此,国家森林公园总游憩价值可表示成

　　　国家森林公园总游憩价值
　＝非使用游憩价值＋使用游憩价值
　＝（选择价值＋存在价值＋遗赠价值）＋（景区属性 1 独立的游憩体验价值
　　　　　　＋景区属性 2 独立的游憩体验价值
　　　　　　＋景区属性 3 独立的游憩体验价值＋⋯
　　　　　　＋景区属性 n 独立的游憩体验价值）

值得注意的是,以上表述当中保持每个景区属性游憩体验价值的独立性是为了确保在理论上各个属性游憩体验价值之间不发生重复计算。总游憩价值构成的函数表达见等式(7.1)。

$$TRV = NURV + URV$$
$$= (OV + EV + BV) + (AV_1 + AV_2 + AV_3 + \cdots + AV_n) \quad (7.1)$$

式中,NURV 表示非使用游憩价值,URV 表示使用游憩价值,OV 表示选择价值,EV 表示存在价值,BV 表示遗赠价值,AV_1 表示国家森林公园景区属性 1 的游憩体验价值,AV_2 表示国家森林公园景区属性 2 的游憩体验价值,AV_3 表示国家森林公园景区属性 3 的游憩体验价值,AV_n 表示国家森林公园景区属性 n 的游憩体验价值。上述建立的国家森林公园总游憩价值框架具有如下几个重要的特点。

（1）所有价值都是用希克斯补偿剩余来测量的,即表示成对国家森林公园环

境质量改善的意愿支付或是对环境质量变差的愿意接受补偿。这些价值测量与第6章论述的收入补偿函数和成本函数模型结果是一致的。

（2）除了非使用游憩价值，使用游憩价值当中的后一项景区属性体验价值都是依赖于前一项或前几项景区属性游憩体验价值，也就是说不能发生重复计算。这里每一项景区属性的游憩体验价值都属于净价值，即扣除了与其他属性产生的游憩体验价值的重叠部分。

（3）把非使用游憩价值放到公式的最前面，是为了凸显它对国家森林公园总游憩价值的重要性。要知道在非使用游憩价值当中，存在价值占据主导地位。因此，客观地说，没有国家森林公园的存在，其他一切景区属性的体验价值也就都无从谈起。此外，从制定景区管理策略来说，管理者需要了解基于游客偏好的各个主要景区属性的边际价值的大小，以及据此得出的各种景区属性的重要性排序信息，以便合理安排管理活动和资金的使用。从这一角度来看，景区属性重要性排列顺序信息具有重要的景区管理意义。

（4）根据总游憩价值计算公式，各项景区属性游憩体验价值测算从理论上来说是相互关联的，因为单个景区属性的游憩体验价值很难与其他景区属性的游憩体验价值没有任何影响，各自完全独立。举一个简单的例子，国家森林公园植被的质量与野生动物物种的数量是相互影响的，水的质量与水中鱼类种类和数量同样存在密切的联系。因此，需要对每一个国家森林公园主要属性的游憩体验价值进行独立估计，尽量避免属性游憩体验价值的重复计算。

7.3　总游憩价值测算框架与数据

7.3.1　总游憩价值测算框架

根据 7.2 节国家森林公园总游憩价值的分类，使用游憩价值和非使用游憩价值属于不同种类的价值。所以，需要对每一类价值采取独立的测算方法。然而，把两种不同的游憩价值放在同一个模型框架之下进行估计，显然是不可行的。一方面会出现一些价值可能被忽略，另一方面可能导致一些价值的重复计算。尽管对于游客而言，国家森林公园产生的主要价值是使用游憩价值，但是对于非使用游憩价值，它只能是发生在没有到过国家森林公园参加游憩活动的人。据此，前者的测算必须是以游客为主，后者测算应该是不包括游客的当地居民。图 7.1 给出国家森林公园总游憩价值测算框架。文献搜索显示，使用游憩价值多采用旅行成本法、享乐评价法进行评价。但是，旅行成本法存在一个明显的局限性，就是它不适合用来评价景区各个属性的使用游憩价值。而属性价值对国家森林公园的管理具有重

要实践指导意义。因此,基于上述原因本书采用属性评价法作为国家森林公园非
使用游憩价值测算的主要方法。关于该方法的详细解释见 7.4 节的内容。

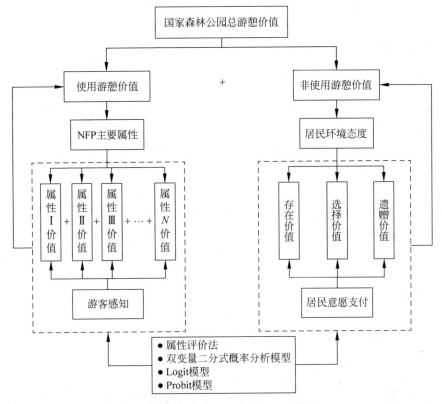

图 7.1　国家森林公园总游憩价值测算框架

　　由于非使用游憩价值与国家森林公园景区使用无关,这就使得条件评价法成
为非使用游憩价值测算的唯一方法。根据图 7.1 中给出的三种非使用游憩价值,
在调查过程当中,向受访者清楚地解释各种非使用游憩价值的概念就显得非常关
键。研究表明,在其他各种因素都保持不变的情况下,个人的环境态度与意愿支付
之间具有显著的相关关系(Qian et al.,2021;Dunlap,2000)。个人对环境保护意
愿越强,其意愿支付就会越高。因此,为了提高 CVM 评价结果的可靠性,本研究
将对居民环境态度与非使用游憩价值测算结果的关联性进行分析。这就是为什么
在图 7.1 的分析框架当中,加入居民环境态度分析的内容。

7.3.2　数据获取

　　非市场价值评价既需要采用一手数据也需要采用二手数据。比如,CVM 主要

是采用调查获得一手数据。例如,直接向受访者询问其对某种非市场品的意愿支付方法。

1. 收集二手数据

相关内容见 3.3 节。

2. 通过调查获得一手数据

调查有多种方式,包括面访、电话、信件、电子邮件、建立调查中心站或上述各种方式的混合运用等。

根据图 7.1,使用游憩价值的分析数据将来自游客现场调查。当然,在组织开展现场调查之前,问卷设计十分关键。这一过程需要大量收集和研读相关研究文献,并结合所要研究国家森林公园的实际情况,确定开展游客调查的时间、地点和调查方式。为了减小统计抽样误差,提高抽取样对于人口总体的代表性,研究者主要采用的数据调查方法是分层随机抽样。研究者可通过国家森林公园管理部门网站和各省级所属国家森林公园网站,文化和旅游局,全国人口普查公报等官方或媒体平台获得有关国家森林公园景区基本信息和人口信息。如有可能的话,通过相关财务管理部门获得所有进行价值评价研究的国家森林公园年度财务预算数据。

根据所要开展游憩价值评价的国家森林公园主要客源地或旅游市场辐射范围,确定样本调查地的范围。比如,本研究的案例地是选择了大连西郊国家森林公园。该公园位于大连市,根据历年旅游统计数据,大连西郊国家森林公园游客主体是大连市居民(占每年游客总数 95% 以上)。据此,确定该国家森林公园非使用游憩价值测算范围限定在大连市内居民,然后确定调查抽样区域范围。在本研究中,确定的居民统计抽样范围限定在 5 个区,包括中山区、西岗区、沙河口区、甘井子区、旅顺口区。在选定调查区域之后,要根据当地居民工作、生活特点确定开展调查的地点,如:到居民住户、社区、广场、公园等人口相对集中的地方开展调查,以便取得较好的调查效率。例如,在本研究中,我们选择的调查地点主要是集中在商店、公园、广场等居民集聚较多的地方。

7.4　使用游憩价值评价

7.4.1　案例基本情况

大连西郊国家森林公园于 2005 年开始建设,2006 年列入大连市"十一五"发展规划,并于同年 12 月被国家林业局正式批准为国家级森林公园,2011 年被国家旅游局正式批准为"国家 4A 级旅游景区"。

　　大连西郊国家森林公园位于大连市西郊,地处辽东半岛的西南角,占地面积 5 958 公顷(1 公顷≈0.01 平方千米)。地理位置属于暖温带亚湿润季风气候,同时又具有海洋性气候的特点。公园植被保持较为完好,堪称水系极为丰富的自然山林保护区,具有大连市的"肺叶"和"天然氧吧"之美誉。该公园风景秀丽,拥有茂林、秀木、云海、瀑布、溪流、水库等众多自然风景资源。最值得一提的是,大连西郊国家森林公园还是重要的候鸟迁徙地,春、秋两季,候鸟迁徙过境,景象壮观。景区山峦起伏,但山体都不是很高,适合游客攀爬行走。林木景色四季变换,在春、秋两季前往游玩可看到一道道五彩斑斓景色。

　　景区风景资源以森林为主,所有山地均为森林所覆盖。园区建有水陆设施共占地面积 100 万平方米和外加 70 万平方米的西山湖公园、棠梨湖公园两个大型城市湿地公园,形成水系景观带 30 余千米;以片区结点为支撑,相继建成金柳景区、刘家景区、花红谷景区、探索廊道、水景花街等九大生态景观体系,100 余处景观小品;森林景观、园林景观、湿地景观、田园风情的大美西城,生物多样性生态系统和"西城小气候"在这里已经形成。

　　景区主要由三个部分组成:棠梨湖景区、红旗谷景区和长青湖景区。景区内建有棠梨湖公园、岚山公园、水景花街、探索廊道四大主题游览区:棠梨湖公园是集生态保护、自然野趣、休闲观光、防洪减灾于一体的"城市湿地公园"。公园内水体为马栏河及其支流,以及建设在马栏河干流和支流上的各座水库、塘坝。马栏河全长 20 千米,在公园范围内长 16 千米。马栏河主干道上建有两座水库——大西山水库、王家店水库,均为大连城市供水的水库,水质良好。大西山水库主体位于张家村内,水库大坝于 1934 年建成,水域面积为 305 公顷,为一中型水库。

　　2019 年大连西郊国家森林公园接待游客 227.8 万人次。其中,国内游客占比 93%,国际游客占 7%。实现休闲旅游和文化相关产业总收入 965.7 亿元,达到历史最高水平。景区接待的多为近郊、本市或邻近市县的游客,尤以节假日人数较多。本课题组调查发现,在国内游客群体中,本地区游客占比 84.4%,外市县游客占比 15.6%。所有游客当中,近 71% 的游客年龄在 20～60 岁之间,60 岁以上游客占 22%,其余 7% 游客年龄在 20 岁以下。

　　大连西郊国家森林公园是远近闻名的国家级森林公园,是人们亲近大自然、呼吸新鲜空气、休闲娱乐的一个好去处,颇受大连市民的喜爱。加上目前园区一直是免费进入,因此节假日游客人数剧增,园区汽车道常常人满为患,给园区道路交通管理带来巨大压力。从财务预算开支上来看,每年国家拨款给园区运营总费用大约在 4 200 万元,相当于园区每亩林地分摊费用不到 470 元。以 2019 年为例,国家财政拨款为 4 177 万元。其中,用于园区绿化开支为 1 356 万元(占总预算的

32%）；用于基础设施建设 1 110 万元（占总预算 27%）；用于护林安保费用是 426 万元（占总预算的 10%）；用于环境保护费用是 501 万元（占总预算的 12%）；用于园区防火费用是 784 万元（占总预算的 19%）。可见，用在园区绿化和基础设施建设方面的开支占到总预算近 60%，而用于景区环境资源保护的费用仅占 12%（访谈大连市财政局，2021）。

值得一提的是，本课题组与园区管理人员进行交流发现，一直以来由于公园面临资金短缺的问题，园区内绿化、基础设施建设、环境资源保护特别是水环境保护以及游客管理等工作远未实现预想的计划。尽管国家在"十三五"期间，特别是"十四五"开局以来逐步加大了国家森林公园财政预算，用于园区规划和建设。但游客数量逐年增多，特别是节假日期间人满为患，致使园区道路建设、环境保护，特别是水质保护以及垃圾处理的压力逐年增加。另外，广大游客对景区环境质量要求也在逐步提高。一些游客对景区环境质量管理提出诸多抱怨和批评，特别是对西山水库周边环境治理表示出诸多不满。游客普遍认为尽管大连西郊国家森林公园的管理模式是免费对外开放，但是这并不意味着广大游客愿意接受较差的园区环境。作为一个国家级的森林公园，目的是在保护自然生态环境质量的同时，满足广大居民游憩需求。然而，这一目标的实现仅仅依靠国家财政预算，如同杯水车薪。从长远来看，园区运营的经费来源必须实行"两条腿走路"的原则，既要有国家财政预算支持，又要发挥市场调节作用。遵循市场规律，推行生态使用付费原则。

很明显，目前大连西郊国家森林公园实行免费开放和国家财政预算制度存在以下弊端：第一，随着自然旅游的快速发展，游客对国家森林公园的质量要求越来越高，不再简单地满足于有绿色林地植被就行，还要提供参加多种游憩活动设施，包括欣赏野生动植物、了解林业生态系统奥秘、安全便利的交通环境、宿营、开展水上运动等。满足这些日益增长的国家森林公园游憩需求，无疑需要大量的资金支持。仅靠每年国家拨发给园区每亩林地不足 500 元的经费是远远不够的。第二，在建设运营管理资金不足的情况下，难以对整个森林公园进行长远发展规划，这势必影响国家森林公园可持续发展。第三，游客可以免费进入园区，不可避免地导致园区承载力管理出现混乱和安全隐患。目前整个大连西郊国家森林公园没有设置正规的游客进出口控制地点，游客可以无序进入园区，游客数量难以进行准确估计和必要的分流控制。特别是在节假日期间，一些主要景点的游客人数大大超过承载能力，导致植被退化、环境污染和水土流失等，给周边地区居民的正常生活造成一定的负面影响。不难理解，在公园运营管理资金出现短缺的情况下，上述问题终将难以进行妥善解决。因此，坚持有偿使用生态服务的原则，是解决资金短缺的有效途径。然而，国家森林公园价值补偿和付费标准的制定需要建立在对国家森林公园游憩价值核算基础之上。只有正确地测算出国家森林公园使用游憩价值和非使用游憩价值的数量,才能为建立国家森林公园直接使用和间接使用定价提供前提条件。

7.4.2 价值评价方法与问卷设计

1. 随机效用模型与条件 Logit 模型

根据前面介绍的 Lancaster(1966)的要素价值理论,任何消费产品都可以用一组属性要素及其不同水平来进行描述。效用函数是由某些能够观测到的属性和其他一些无法观测到的属性共同组成的。采用随机项表示那些无法观测到的因素,而把容易观测到的属性看作是固定的。具体来说,对于面对第 j 种选择的第 i 个消费者而言,假设该消费者选择 j 的效用函数为

$$U_{ij} = \beta_i X_{ij} + \varepsilon_{ij} \quad (i = 1, 2, \cdots, N; \; j = 1, 2, \cdots, J) \tag{7.2}$$

式中,β_i 是备选属性集 X_{ij} 的系数向量。如果受访者选择 k,则假设 k 一定是 J 个备选属性集中能够产生最大效用的一个属性,否则消费者就不会选择 k,而是会选择其他被选属性。因此,在统计模型中选择属性 k 的概率为

$$\text{Prob}(U_{ik} > U_{ij}) = \text{Prob}[(U_{ik} - U_{ij}) > (\varepsilon_{ik} - \varepsilon_{ij})] \quad \forall j \neq k \tag{7.3}$$

通过假设随机项符合某种特定的分布,就可以对这个模型进行估计。如果是二元数据形式,可使用 Probit 和 Logit 两个模型。然而,由于 Probit 模型需要计算正态分布的多重积分,其在实际应用当中受到较大的限制。相比之下,Logit 模型操作更加简便易行,故本研究选择该模型。由 McFadden(1974)证明得到,当 J 个干扰项存在相互独立且服从极值分布时:

$$P(\varepsilon_{ij} \leqslant t) = F(t) = \exp\{-\exp(t)\} \tag{7.4}$$

于是有

$$\text{Prob}(U_{ik} > U_{ij}) = \frac{\exp(\mu \beta_i' X_{ij})}{\sum\limits_{j=1}^{J} \exp(\mu \beta_i' X_{ij})} \tag{7.5}$$

式中,μ 是标量参数,通常取 1。这就是在属性评价法当中,普遍采用的条件 Logit 模型的基本形式。通常采用极大似然估计方法进行模型参数估计(Train,2009)。其对数似然函数可表示成

$$\log L = \sum_{i=1}^{N} \sum_{j=1}^{J} y_{ij} \log \left[\frac{\exp(\beta_i' X_{ij})}{\sum\limits_{j=1}^{J} \exp(\beta_i' X_{ij})} \right] \tag{7.6}$$

式中,y_{ij} 是指示变量,表示当第 i 个人选择第 j 个备选属性集时为 1,否则为 0。

所以对于每一个 i,有且只有一个 $y_{ij}=1$。

由 Parsons 和 Kealy(1992)提出的符合需求理论要求的价值水平 CS (compensation surplus)测算公式可知,一旦得到了参数向量的估计值,便可以测算出由于属性集变化引起的价值的变化。比如,某种属性由初始状态 X^0 变化到新状态 X^1 所引起的价值变化就可以表示成

$$\text{CS} = -\frac{1}{\alpha}\left\{\ln\left[\sum\exp(\beta'X_{ij}^1)\right] - \ln\left[\sum\exp(\beta'X_{ij}^0)\right]\right\} \tag{7.7}$$

式中,α 为收入的边际效用,通常用成本属性的系数表示。从等式(7.7)可以计算被评价的属性系数与成本属性系数的比值,得出各个属性水平单位变化的边际价值(WTP)。式(7.7)刚好是最大效用期望值之差(即效用的变化)除以价格的边际效用。相应地,当我们测算两种不同环境资源状态时,其价值的计算可以简单地表示成

$$\text{CV} = (1/\lambda_Y)[V^1 - V^0] \tag{7.8}$$

式中,λ_Y 为门票价格或者付费的边际效用;V^0,V^1 分别是基准属性组合集效用函数和属性水平改变后的效用函数。如果 V^0 和 V^1 为线性,且研究目的是评价属性水平发生改变后的经济价值,那么式(7.8)就可理解为发生变化的属性的估计系数与门票价格变量两个边际效用的比值,即 $\text{WTP}_j = -\beta_j/\beta_{\text{Payment}}$,$\beta_j$ 是属性水平 j 的系数估计值,β_{Payment} 是门票的系数估计值。运用该计算公式,就可以计算出所要评价属性的经济价值(即游客最大意愿支付)。运用该信息就可以测算出大连西郊国家森林公园的使用游憩价值。

2. 问卷设计与数据收集

本节内容主要包括阐述问卷设计的过程,包括识别和确认本书所要研究的大连西郊国家森林公园的关键属性,具体包括自然环境属性和管理属性两个方面。然后,介绍问卷设计和数据收集过程。

1)大连西郊国家森林公园关键属性的识别

获取国家森林公园关键属性可以通过多种途径,包括走访景区管理者、游客调查以及文献搜索。其中,文献搜索加上游客调查是最为科学有效的属性识别方法(Manning,2013),因为文献搜索是基于之前学者们进行的大量实证研究,通过梳理和总结相关研究信息,即可筛选出具有较强代表性的国家森林公园属性。一般情况下,动物或鸟的种类,特别是珍稀野生动物种类是所有国家森林公园最受关注的属性。但是,对于大连西郊国家森林公园来说,目前野生动物的种类就不适合作为一个重要的选择属性。原因很简单,就当前大连西郊国家森林公园实际情况来看,野生动物数量十分有限。因此,从旅游吸引物角度来说,野生动物的种类和数量并不是吸引游客来此旅游的重要属性。

根据 Manning(2013)提出的理论,影响游客从事户外休闲体验效用的主要影响因素包括三个方面:资源、社会和管理。此外,参考徐尚昆和杨汝岱(2007)研究采用的归纳性分析研究范式,以及王建明和王俊豪(2011)运用扎根理论及数据分析方法,共获得 10 个关键性游憩属性指标,包括植被覆盖率、垃圾数量、拥挤程度、水体质量、人文景观、交通便利情况、游憩设施、森林公园占地面积、门票价格、景区服务(Manning,2013;徐尚昆 等,2007;韦健华,2014;亢楠楠 等,2019)。在采用选择实验法进行属性组合设计过程当中,不宜在一份问卷当中涵盖过多的属性,以免造成受访者对属性组合偏好选择的困难。否则,将导致出现两种结果:一是受访者拒绝参与问卷调查,即使开始同意参与问卷调查,但在调查进行中间会因费时费力而选择放弃;二是,因问卷提出的问题过于烦琐复杂,受访者失去耐心,从而对问卷提出的问题进行草率回答。这两种结果出现其中任意一种,都会导致收集游客信息失败。

关于国家森林公园研究属性数量的确定要防止一个误区,即选择分析的属性数量是越多越好,进而研究者可以从一次问卷调查中获得较多的游客偏好信息,评价出更多属性的经济价值。其实,则不然。受访者填写问题的认真程度和模型结果的可靠程度往往与考虑的属性数量及其水平数量成反比。此外,根据之前采用选择实验法的研究发现,有相当一部分游客不愿意参加问卷调查,这种现象不只是发生在中国,这是世界各国带有普遍性的问题(Haefele et al.,2020;韦健华,2014;Wang et al.,2017)。据此,在一次调查问卷当中考虑较多的属性及属性水平是没有实际意义的。

为了检验所选属性的重要性,我们制作了游憩属性重要性认知调查表,结果见附录 7.1。问卷采取李克特 7 级量表方式(1 代表非常不重要,7 代表非常重要),要求被试者对游憩属性重要性进行打分。此次调查邀请了部分旅游管理学科专家和 30 名大连西郊国家森林公园游客,所得调查结果见表 7.1 所示。

表 7.1　环境资源及管理属性的重要性评分

属　性	均　值	标　准　差	最　小　值	最　大　值	排　序
植被覆盖率	6.23	0.81	6	7	1
水体质量	5.37	2.13	5	7	2
垃圾数量	5.17	1.54	4	7	4
拥挤水平	5.07	1.59	6	7	5
门票价格	5.27	1.28	5	7	3
人文景观	5.06	1.56	3	7	6
交通便利	5.05	2.56	4	7	7
旅游设施	4.80	2.78	4	7	10
林地面积	4.91	1.45	5	7	8
景区服务	4.87	2.01	4	7	9

从表7.1可以看出，10个属性当中平均得分都接近5分或在5分以上，表明旅游者对这些国家森林公园属性重要性具有较高的认知程度。但是，总体来看，排在前5名的公园属性分别是"植被覆盖率""水体质量""垃圾数量""拥挤水平"和"门票价格"。据此，本研究选择这5个景区属性进行分析。

2）调查问卷设计

调查问卷由三部分内容组成：第一部分是对调查目的进行说明，了解受访者对大连西郊国家森林公园环境质量与管理工作的关注程度，以及在景区停留时间等问题。第二部分是选择试验部分，也是问卷的核心部分。此部分内容包括属性变量名称，每个属性水平划分（表7.2）。第三部分是关于游客社会经济与人口特征统计信息，主要包括年龄、性别、教育、收入等。

表 7.2 大连西郊国家森林公园属性变量名称及其属性水平设计

属　　性	水　　平	变　量　名
植被覆盖率	① 植被覆盖率下降至 70%	vegetation1
	② 当前植被覆盖率 85%	vegetation2*
	③ 植被覆盖率上升至 95%	vegetation3
垃圾数量	① 每 100 米园区人行道看见垃圾＞10 件（中）	rubbish1
	② 每 100 米园区人行道看见垃圾为 3～10 件（良）	rubbish2*
	③ 每 100 米园区人行道看见垃圾≤3 件以下（优）	rubbish3
拥挤程度	① 减少至 3 人以下/100 平方米	crowd1
	② 减少至 10 人/100 平方米	crowd2
	③ 当前状况 15 人/100 平方米	crowd3*
	④ 增加至 20 人/100 平方米	crowd4
	⑤ 增加至 30 人/100 平方米	crowd5
水体质量（能见度）	① ≤1 米	water1
	② 1.5 米	water2*
	③ 2.0 米	water3
	④ 3.0 米	water4
	⑤ 3 米	water5
门票价格	① 目前景区免费开放	Pay1
	② 门票 5 元/人	Pay2
	③ 门票 10 元/人	Pay3
	④ 门票 20 元/人	Pay4
	⑤ 门票 30 元/人	Pay5

注：* 表示该属性当前所处水平。

在问卷设计中,属性的组合数是由属性及其所对应的各个水平数量构成的。所以,本研究的属性及水平排列组合数共有 1 125 种($3\times3\times5\times5\times5=1$ 125)。如此数量众多的属性选择组合是不可能在问卷中进行全部考虑的,否则将无法开展游客调查。据此,我们运用正交试验设计方法剔除带有重复属性的组合,然后得到了 28 个独立的属性水平组合集。设每个备选属性的当前状态作为基准方案,对其余 27 种组合进行随机排序,按顺序选取 3 种组合与基准方案一起构成其中一个备选属性集。这样就可以将 27 种组合设计为 9 个备选属性集。根据备选属性集的个数,制作出 9 个调查问卷版本,在每个问卷版本中都将基准方案作为比较或参照对象,外加 3 个虚拟环境属性组合。表 7.3 给出其中一个调查问卷模板。

表 7.3　代表性的选择试验问卷模板

属　　性	环境现状	选择 1	选择 2	选择 3
植被覆盖率	植被覆盖率 85%	植被覆盖率 70%	植被覆盖率 95%	植被覆盖率 85%
垃圾数量	3~10 件/100 米	<3 件/100 米	垃圾 3~10 件/100 米	<3 件/100 米
拥挤程度	15 人/100 平方米	30 人/100 平方米	20 人/100 平方米	10 人/100 平方米
水体质量	1.5 米	2 米	1 米	3 米
门票价格	免费开放	5 元/人	30 元/人	20 元/人
选择	□	□	□	□

3) 问卷调查

为了解游客对调查问卷内容的理解程度,确保填写问卷的客观性和准确性,研究团队于 2019 年 8 月在大连西郊国家森林公园园区内对游客进行小规模的预调研。此外,基于历年景区游客数量变化规律,每年“十一”前后是大连西郊国家森林公园旅游旺季,游客数量达到一年中的峰值。据此,研究团队于 2019 年“十一黄金周”期间对大连西郊国家森林公园开展了为期 7 天游客问卷调查。调研人员在各个主要景点处发放问卷 430 份,剔除信息填写不完全的 39 份问卷,共获得有效问卷 391 份,有效问卷率为 91%。产生这一较高有效问卷回收率的原因,应归结为研究人员采取的调研方式。在对每个游客进行调研过程中,为了尽可能做到随机抽样,调研人员多停留在游客较为密集之处,包括主要景点(比如西山水库上下游两端、园区内主要人行道路入口处、停车场,以及公园主要出口处等)采取随机拦截游客的方式。当游客表示愿意参加问卷调查之后,调研人员将发给问卷。此外,每个调研人员每次拦截游客参与调查的数量不宜过多,控制在 3~5 人,这有利于保证游客在填写问卷过程当中遇到问题时,能够得到调研人员的及时解答,从而保证了绝大多数游客完整地填写问卷。表 7.4 给出游客特征统计信息。

表 7.4　游客特征统计信息

游 客 特 征	Mean	Std. Dev.	Min	Max
年龄	32	9.07	17	70
教育程度	3.4	1.12	1	6
月收入水平	3 876	192	1 200	15 000
	分类	频数	百分比	
性别	男性=1	211	54%	
	女性=2	180	46%	
客源地	大连=1	254	65%	
	外市=2	78	20%	
	外省=3	59	15%	

注："初中及以下"=1，"高中(中专，职高)"=2，"大专(高职)"=3，"本科"=4，"硕士"=5，"博士"=6。

7.4.3　模型结果与分析

为了分析园区环境资源属性的边际效用，我们采用条件 Logit 模型进行参数估计，其对数似然函数见式(7.5)。由数据结构可知每个调查问卷有 4 个观测值，抽取调查样本的总量是 391 个，所以总共有 1 564(391×4)个观测值。

从表 7.5 条件模型结果可以看出，除了 vegetation3 和 crowd4 两个变量外，其余变量均在 0.05 水平显著，反映模型拟合度指标的 Pseudo R^2 达到了 0.425，明显大于 0.1 的可接受范围。从整体上看，模型拟合度较好。选择的植被覆盖率、垃圾数量、拥挤程度、水体质量以及门票价格等解释变量均对游客选择属性组合集具有显著的影响，表明这些环境资源属性水平对游客最大边际意愿支付具有重要影响。根据估计参数的符号，可以看出植被覆盖率下降($t=-2.36$；$p=0.035$)，垃圾数量增加($t=-3.22$；$p=0.012$)以及水体质量下降($t=-4.45$；$p=0.000$)均会降低游客选择备选属性组合集的概率。相反，当各个属性水平改善时将会提升游客对选择备选属性组合集的概率。值得一提的是水体质量属性，不论该属性从现有状态变差，还是比现有状态变好，都会对游客选择属性组合集产生显著影响。比如，当水体质量在现有基础上变差，将会对游客的选择偏好产生非常明显影响($p=0.000$)。这表明，游客对于当前大连西郊国家森林公园的水体质量，准确地说就是对西山水库的水体质量(可见度为 1.5 米)是不满意的。如果将水体质量改善，能见度从当前 1.5 米提高到 2 米、3 米或 3 米以上，将会大大提高游客的最大意愿支付，尽管边际意愿支付呈现递减趋势(从 t 值或 p 值的增量变化当中可以看出这一点)。

表 7.5　条件 Logit 模型分析结果及其属性水平变化对选择概率的影响

属 性 水 平	系　　数	t	p	机 会 比 值
vegetation1	-0.504^*	-2.36	0.035	0.604
vegetation2*	0.192	—		
vegetation3	0.312	1.17	0.092	1.366
rubbish1	-0.824^*	-3.22	0.012	1.176
rubbish2*	0.562	—		
rubbish3	0.262*	2.041	0.031	1.30
crowd1	-0.956^*	-2.28	0.021	0.469
crowd2	2.106***	5.19	0.001	8.215
crowd3*	0.567	—		
crowd4	-0.182	-0.56	0.691	0.834
crowd5	-0.601^*	-2.04	0.011	0.548
water1	-3.341^{***}	-4.45	0.000	0.096
water2*	1.292	—	—	—
water3	0.852**	3.115	0.010	3.206
water4	0.869**	3.21	0.001	3.370
water5	1.261*	2.67	0.015	3.501
payment	-0.025^*	-3.03	0.011	0.966
No. obs.	1 564			
Loglikelihood	$-1\ 851$			
Pseudo R^2	0.425			

注：回归系数* $p<0.05$，** $p<0.01$，*** $p<0.001$。

　　此外，在景区内旅行路线上，目前的游客密度为每 100 米看到 15 人，处在轻微拥挤的状态。如果将这个拥挤水平下降到 10 人将会对游客选择所对应的属性组合集概率产生显著正向影响（$p=0.001$）。然而，随着拥挤水平进一步下降到少于3 人，其对游客选择该属性组合集的概率会产生显著负向影响（$p=0.021$），说明景区游客对于景区拥挤程度的偏好呈现出 A 型状态，即景区游客密度过高或过低都会对游客的游憩体验效用产生负面影响。这一结果与 Lawson 和 Manning（2001）的研究结论相一致。这二位学者提出，对于从事自然旅游活动的游客而言，当他们处在野外环境的时候，对于在行走路线上或露宿条件下所希望遇到多少其他游客的数量，各自都有自己的心理预期。当遇见人数超过这一心理预期或限度时，他们就会认为失去了到野外旅游的真正意义，因为选择到国家森林公园或自然保护区进行旅游的真正目的就是更好地体验或享受独处与安静的自然环境氛围。从这个角度来说，人们不愿意在野外旅游环境里遇到较多人。

　　同时，当游客身处野外环境，如果见不到任何人烟，他们势必感到过于孤单甚至是会感到有些恐惧。游客产生这种心理变化过程自然会导致他们对于景区拥挤程度的偏好呈现出 A 型状态。

另外,垃圾数量增加也会降低游客对选择属性组合集的概率。游客更愿意在景区里看到较少数量的垃圾,甚至是看不到任何垃圾。景区垃圾数量增加,会导致游客的旅游体验效用下降。

表 7.5 给出了各个属性水平的机会比值(odds ratios)。机会比值用来反映当某一属性水平发生改变时,对含有该属性组合集被游客选择概率发生的变化。它是通过取模型估计系数的自然对数值求得的:(odds ratios $= \exp\{\beta_j\}$,β_j 是属性水平 j 的系数估计值)。就是说,在一个给定的选择组合集当中,当其他各个属性水平保持不变,其中有一个属性水平发生变化时,游客对选择该属性组合集的概率将会发生多大变化。这个概率的变化是与该属性当前水平或(基准属性水平)被选择的概率相比较而言的。比如,根据表 7.5 分析结果,当植被覆盖率属性从基准方案中的 85%(vegetation2)下降至 70%(vegetation1)时,根据机会比值,游客选择该组合集的概率将是原来(−0.504)的 0.604 倍,或者说接受的概率下降了 30.44%(−0.504×0.604);而当植被覆盖率从基准组合水平(85%)上升到 95%(vegetation3),游客选择该属性组合集的概率将是原来的 1.366 倍,即提高了42.62%(0.312×1.366)。类似地,当垃圾数量从当前水平的(3～10 件/100 米)上升至 rubbish1 水平(大于 10 件/100 米),游客选择该属性水平组合集的概率将会下降 96.9%(−0.824×1.176);相反,当垃圾数量从当前水平下降到(3 件/100 米),其被选择的概率将会提高 1.3 倍。此外,当拥挤程度从基准方案水平(每 100 平方米 15 人)下降到每 100 平方米 10 人(crowd2),那么含有该属性的属性组合集被游客选择的概率将是基准组合集的 8.215 倍,表明被选择的概率呈现大幅提高。这意味着游客对降低景区拥挤程度有着明显的偏好。然而,当拥挤水平继续下降到每 100 米游径上 3 人时,其被选择的概率将是基准组合集被选概率的 0.469,相当于被选择的概率下降了 44.84%[0.469×(−0.956)]。就水体质量属性而言,当西山水库水体能见度从当前的 1.5 米下降到<1 米,被游客选择的概率将是基准组合集被选择的概率的 0.096,即下降 32.07%[0.096×(−3.341)]。而当水体能见度从当前 1.5 米(water2)提高到 2 米(water3),3 米(water4)或 3 米以上(water5),其被选概率将分别提高到基准组合集被选概率的 3.206 倍、3.370 倍和3.501 倍。表明水体质量提升对游客选择偏好产生重要的影响,具有较高潜在的最大边际意愿支付。

在此,我们也需要指出选择试验法(CE)具有的不足之处:首先,该方法无法同时考虑景区全部的环境资源属性,如动植物种类、数量,栖息地保护状态,濒临灭绝物种状况,历史遗迹,文化遗产,林牧交错特征,碳排放和空气质量等。必须承认,所有这些因素都有可能或多或少对旅游效用函数产生一些影响。但是,同时选择过多的属性及其不同水平必然会导致 CE 问卷设计过于复杂,难以获得客观的问卷调查结果。此外,有些环境资源属性可能难以进行准确的数量测度,进而难以获得有效的问卷调查信息。根据 CE 方法这一弱点,在进行问卷设计的时候,仅靠一次性问卷调查,可能难以获得评价园区各种环境资源以及管理属性的信息。所以,在可能的条件下,可以采用多重问卷设计,使得每一类问卷所关注的属性有所不同。这样就可以获得评价多种环境资源或管理属性价值的信息。

1. 属性价值测算与分析

单一环境资源属性的价值可通过计算游客平均消费者剩余,即最大边际意愿支付(MWTP)求得[参见式(7.7)]。根据条件 Logit 模型参数估计结果,可得到表 7.6 中第二列属性水平的 $MWTP$(β_j 是属性水平 j 的系数估计值,$\beta_{Payment}$ 是门票的系数估计值),每个属性基础水平的 WTP 可以由公式:$WTP_{Basic-level} = -\sum_{j \in K} WTP_j$ 计算得出,设每一种属性的 $WTP_{Basic-level}$ 为基准水平价值,替代水平共有 k 种。计算结果表明,现状(基准属性组合集)的使用游憩价值是 36.82 元/人·次,而处在最佳属性组合集状态时,使用游憩价值是 157.64 元/人·次;处在最差属性组合集状态的使用游憩价值为 -181.14 元/人·次。这些结果说明,目前大连西郊国家森林公园环境资源和管理属性仍处在较低的水平,所以,给每个游客带来的使用游憩价值不是很高,仅为景区属性处在最佳组合状态下具有使用游憩价值的 23%。因此,不论是景区自然环境还是管理属性都有较大的改善空间。当然,景区管理者应竭尽最大努力防止景区属性组合状态出现下降趋势,更不要下滑到最差的属性组合状态。

表 7.6　属性的使用游憩价值测算及不同属性组合状态下价值的比较　　元/人·次

属 性 水 平	MWTP	现状	最佳状态	最差状态
vegetation1	-20.16			-20.16
vegetation2*	7.68	7.68		
vegetation3	12.48		12.48	
rubbish1	-3.30			-3.30
rubbish2*	-7.18	-7.18		
rubbish3	10.48		10.48	
crowd1	-30.24			
crowd2	84.24		84.24	
crowd3*	22.68	22.68		
crowd4	-7.28			

属 性 水 平	MWTP	现状	最佳状态	最差状态
crowd5	−24.04			−24.04
water1	−133.64			−133.64
water2 *	13.64	13.64		
water3	34.80			
water4	34.86			
water5	50.44		50.44	
总价值		36.82	157.64	−181.14

根据景区当前属性组合状态使用游憩价值估计结果,目前大连西郊国家森林公园能够给每个游客参加每次旅游带来 36.82 元的使用游憩价值。根据 2019 年该公园旅游人数统计,每年游客访问总人次数是 227.8 万。以此推算,大连西郊国家森林公园每年给游客创造的总使用游憩价值可达 83 875 960 元,约 8 400 万元。值得注意的是,景区使用游憩价值与门票价格之间的关系。本研究估计的景区使用游憩价值是指平均每个游客参加每次大连西郊国家森林公园旅游获得的消费者剩余或平均最大边际愿意支付。说到"平均",那就意味着在整个游客群体当中,有一半以上的人愿意支付等于或大于 36.82 元门票价格,而另外一半人愿意支付的门票价格要小于 36.82 元。因此,如果把景区门票价格确定在 36.82 元,可能导致那些边际意愿支付小于 36.82 元的游客放弃参加公园旅游。据此,本研究建议将景区的门票价格定在 36.82 元以下。根据一些相邻国家森林公园门票价格,本研究建议将大连西郊国家森林公园门票价格定在 30 元左右较为合适。

目前,大连西郊国家森林公园对公众采取常年免费开放的管理办法是不合适的,因为这种做法不具有可持续性。对景区长期采用免费制度必将带来一系列不良的后果,包括超载利用、环境质量下降,政府预算不足、管理资金不能及时到位,使得基础设施维护不及时,终将严重地影响景区未来可持续发展。因此,大连西郊国家森林公园必须尽快建立景区使用收费制度。根据本书研究的结果,相信采用合理的景区收费制度也会得到广大游客的理解和支持,不会明显地影响景区的正常需求。然而,建立正常的园区使用收费制度将会对促进公园的可持续发展发挥极其重要的作用。

2. 内容小结

本章利用属性平均法对大连西郊国家森林公园使用游憩价值进行了测算。选取了"植被覆盖率""水体质量""垃圾数量""拥挤水平"和"门票价格"五个主要环境资源和管理属性作为使用游憩价值评价对象。研究发现,当前大连西郊国家森林公园使用游憩价值为 36.82 元/人,价值水平较低,主要原因是一些关键环境资源属性,包括植被覆盖率、水体质量、垃圾数量都处在一个较低的管理水平。特别是西山水库的水质和节日期间公园承载力两个属性具有较大的改善空间。如果西山水库水体能见度从当前 1.5 米改善到 2 米,游客边际意愿支付可从 13.64 元提高到 34.8 元。当节日期间园区的拥挤程度从每 100 平方米遇见 15 个其他游客,下降到遇见 10 人,游客意愿支付将从当前的 22.68 元提高到 84.24 元。类似地,当园区内在每 100 米距离之内可见到垃圾数量从 3～10 件下降到 3 件以下,游客的意愿支付可从 −7.18 元上升到 10.48 元。应该看到,目前大连西郊国家森林公园管理较好的资源属性是植被的覆盖率,这项指标达到了 85% 以上。这个森林覆盖率指标要好于全国国家森林公园的平均水平。但是,就游客偏好而言,这项指标仍有改善的空间。根据本书测算的结果,当植被覆盖率从 85% 提高到 95%,游客最大意愿支付可从 7.68 元提高到 12.48 元。

值得一提的是,大连西郊国家森林公园目前具有的使用游憩价值为每人每次 36.82 元,距离理想状态或最优状态的使用游憩价值每人每次 157.64 元仍有较大差距。按照 2019 年参加大连西郊国家森林公园游憩活动总人次数 227.8 万计算,该森林公园每年可创造 8 388 万元使用游憩价值。如果将公园的管理质量从目前属性组合状态提高到最佳状态(植被覆盖率从 85% 提高到 95%;景区垃圾数量从当前每 100 米游径 3～10 件下降到 3 件或以下;拥挤度从目前每 100 平方米 15 人下降至 3 人或以下;水能见度从当前 1.5 米提高到 3 米),其使用游憩价值可达到 3.6 亿元。

为实现园区最佳属性组合状态,有关部门需要在上述四个主要属性上做文章。采取科学计划,循序渐进地改善各个属性的管理水平。建议按照水体、拥挤、垃圾、植被等顺序安排,投入财力、人力和物力。毋庸置疑,目前资金短缺是解决这些问题的主要障碍。为了解决资金来源,政府和景区管理部门应尽快出台公园旅游收费政策。为了缓解节假日景区拥挤,景区门票可采取弹性定价制度,即在旅游旺季收取较高的门票价格,限制入园人数,减小景区承载压力,加强环境资源质量保护;在旅游淡季采取低价或针对老人儿童采取免费制度。力争在不减少全年总体游客数量的基础上,扩大园区旅游收入,为实现可持续旅游筑牢坚实的金融基础。

7.5　非使用游憩价值评价

一般来说,国家森林公园非使用游憩价值的大小取决于两个关键性因素:一是资源的独特性和稀缺性;二是在价值估计当中使用的人口数量。前者是指国家森林公园具有的独特性和稀缺性,也就是说不可替代性的大小。某个国家森林公园具有的可替代性越小,表明其特殊性越明显。因为替代价格弹性较低,所以非使用游憩价值就会相对较大。相反,如果一个国家森林公园具有的可替代性很大,即替代品很多,替代价格弹性很高,那么一旦该公园资源遭到破坏,游客可以在较短时间内找到替代品,那么该国家森林公园的非使用游憩价值就会相对较低。

关于价值测算与涉及的人口数量之间的关系是显而易见的。在各种其他因素保持不变的情况下,涵盖的人口数量越多,测算得到的国家森林公园非使用游憩价值就会越大(Cicatiello et al.,2020;Irfan et al.,2021)。但是,从实际应用来看,目前还没有一个界定人口数量计算范围的硬性规定。因此,根据大连西郊国家森林公园林地规模以及市场辐射范围,我们认为本研究把非使用游憩价值测算的人口范围限定在大连市居民是比较合理的。

根据文献回顾,在运用条件评价法估计某种环境价值时,遇到的一个不容忽视的问题是该方法是基于假设的市场环境(Ain et al.,2021;Arata et al.,2021;Tripathi et al.,2021;Al Mamun A et al.,2018),据此得到的价值测算结果,其可靠性容易遭到质疑。针对这一问题,本章在运用 CVM 进行大连西郊国家森林公园非使用游憩价值评价时,首先对环境态度与 WTP 报价关系进行分析。根据这一分析结果,再考虑对国家森林公园非使用游憩价值展开评价研究,从而提高价值测算结果的可靠性。

本章的内容包括:提出考虑居民环境态度的国家森林公园非使用游憩价值测算框架,介绍调查问卷设计和问卷调查实施过程,展开居民环境态度与非使用游憩价值关系分析,阐述非使用游憩价值测算模型方法,给出模型结果并进行讨论,最后测算出大连西郊国家森林公园非使用游憩价值。

7.5.1 考虑居民环境态度的非使用游憩价值测算框架

目前,从学术研究来看,对非使用价值采用的唯一测算方法就是条件评价法(Brookshire et al.,1978;Randall et al.,1978;Schulze et al.,1981;廉欢 等,2019;Schulze et al.,2021;Sharma et al.,2022)。然而,需要指出的是,由于 CVM 是基于一种假设的市场交易环境,询问消费者为使某种环境资源状态得到改善,是否愿意为其支付一定的费用。不必讳言,这种基于虚拟市场环境进行的价值评价与采用真实的市场交易价格进行的价值测算结果相比,将不可避免地产生一定的差异。正由于这个原因,运用 CVM 测得的环境资源的价值结果有时被指责为缺乏可靠性(Hausman,2012;Diamond et al.,1993)。因此,在早些时候就有一些学者针对如何改善 CVM 价值评价结果的可靠性展开实证研究(Dubourg et al.,1995;Loomis et al.,1996;Loomis et al.,1995)。

其中考虑的一个重要突破口就是"利用受访者环境态度对非使用价值评价结

果的关系分析,判断 CVM 价值评价结果的可信性"(Arrow et al.,1993)。这是因为人的环境态度可在一定程度上反映人对环境具有的非使用价值的意愿支付行为。比如,一个对于环境保护持有较强支持态度的人,是会愿意为环境的保护支付较多的费用,或采取积极的环境支持行动。相反,一个对于环境保护持有较弱支持态度的人,将不会情愿为保护环境支付任何费用,也不会愿意参加环境保护行动(Vicente et al.,2021;Wang et al.,2021)。根据这一因素的考量,本书提出考虑居民环境态度的国家森林公园非使用价值测算框架和模型方法,参见图 7.2。在这一框架指导下,针对大连市当地居民环境态度、选择价值、存在价值、遗赠价值展开调查,获得相关数据用于测算国家森林公园非使用游憩价值。

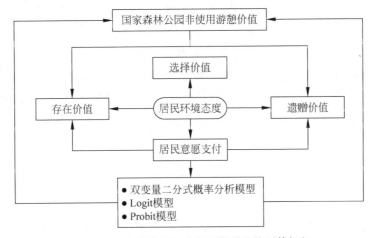

图 7.2　国家森林公园非使用游憩价值测算框架

图 7.2 显示了国家森林公园非使用游憩价值与选择价值、存在价值和遗赠价值之间的关系,而这三种价值各自均与居民环境态度有着紧密的联系。居民环境态度影响居民支付意愿,而居民支付意愿决定其支付钱数的多少,进而最终决定国家森林公园的非使用游憩价值的大小。当然,非使用游憩价值是通过居民意愿支付调查数据,运用相关计量经济模型进行参数估计,最后利用估计的相关模型参数计算得到国家森林公园非使用游憩价值结果。本章使用的计量经济模型包括双变量二分式概率分析模型、Probit 模型和 Logit 模型。

7.5.2　调查问卷设计

根据所需调查信息,问卷设计包括四部分内容(附录 7.2):第一,受访者对环境保护态度和价值观念。参考新生态范式(New Ecological Paradigm,NEP)打分方法测量居民环境保护态度,建立本研究采用的环境态度测试(HTZ)系统。HTZ

包括15个题项(附录7.2),要求被试者对每一个题项的重要性进行打分。通过分析居民环境保护态度与对非使用游憩价值意愿支付之间的关系,测度居民给出的意愿支付的可靠性。第二,详细描述大连西郊国家森林公园的基本情况,包括发展历史、现状、景区主要自然环境资源特点、主要旅游吸引物等、游客来源、历年游客人数、主要管理方式和近年来面临的主要问题。(这部分内容由调查研究人员在面访时,直接向参与者解释)。第三,询问被访问者是否愿意为保护大连西郊国家森林公园林地面积不被减少支付费用。这一步骤是采用二次意愿支付报价,首次报价和二次报价信息见附录7.3。第四,受访者个人特征信息(包括年龄、收入、家庭人数、受教育程度等)。

受到非使用游憩价值特征所限,在调查开始之前,首先询问受访者是否到过大连西郊国家森林公园参加游憩活动。如果回答"是",结束问卷调查;如果回答"否",则继续参加问卷调查。在非使用游憩价值估计模型当中加入居民个人特征变量的作用是对检查模型估计结果与其他相关研究结果进行比较(Liu等,2020;Matzek et al.,2021;Nordbrandt,2021)。比如,如果本研究在模型估计结果中某个居民个人特变量的估计参数与其他有关学者的研究结果出现较大差异,那就需要分析本研究所得模型结果的合理性和对出现这种模型结果进行原因分析(Xie et al.,2021)。

1. 问卷设计过程

关于环境态度分析,本文在Dunlap等(1997)提出的新生态范式题项基础上,根据大连市当地居民环境认知水平,设计出新的适合当地居民认知能力的环境态度测试题项。HTZ共包括了15个环境资源态度测量题项,每一个题项采用了李克特5级量表进行打分。HTZ设计主要包括了五个方面着重反映环境态度的题项:①地区增长受到环境限制;②反对人类中心说;③生态平衡的脆弱性;④否定社会经济发展免受自然约束;⑤出现生态灾难的可能性(表7.1)。HTZ分析结果显示所设计的各个题项之间具有较好一致性,进而保证非使用价值预测结果的有效性。在解释产生非使用游憩价值动机方面,明确HTZ测度方法可以作为评价环境态度有效工具。

针对非使用游憩价值的特点,调查对象尽量选择一些年龄相对较大,且能代表一家之主的居民,因为对于年轻人或没有成立家庭的人(如学生)他们大都不能代表一个家庭的支付意愿和支付能力。

为了使设计的问卷清楚易懂,问卷设计过程花了较长时间。问卷内容经过了几轮征求各方意见,包括起初组织在校的学生,含本科生、研究生和MBA(工商管理硕士)班级学生阅读问卷,对问卷的内容征求意见。结合反馈的意见,对问卷进行反复修改,补充完善。在校园内征求意见之后,再分别到大连西郊国家森林公园周边地区,包括社区服务机构、商店、娱乐场所等征求部分中老年人对问卷的解读情况,请求他们对问卷提出修改意见。具体做法是,首先是向被征求意见的人详细解释开展此项调查的目的,然后给参与者发放调查问卷,填写问卷或由研究人员代替填写问卷。参与者对问卷提出的任何疑问,研究人员都会当场进行解答,每个调查问卷需要 15～20 分钟完成。在填写问卷之前,研究人员需要确保参与者基本了解开展此次调查的目的是保护大连西郊国家森林公园林地完整性。政府不会因为目前大连西郊国家森林公园管理经费不足,而卖出部分园区林地给房地产开发企业,从中获得财政收入用于弥补政府财政预算的不足。为了避免发生此种情况,需要当地居民通过自愿的方式为大连西郊国家森林公园提供林地保护费。同时,要求个人明确付款的三种目的:一是个人未来能够有机会到大连西郊国家森林公园旅游(选择价值);二是确保公园永远存在下去为居民提供生态服务(存在价值);三是让子孙后代未来能够继续享受大连西郊国家森林公园带来的益处(遗赠价值)。

为了帮助受访者对大连西郊国家森林公园各种功能的正确认识,调研人员在开始问卷调查之前对公园具有的重要功能进行了简要的介绍和说明,主要是强调公园具有的生态系统保护功能,包括空气净化、水土保持、固碳、休闲旅游和拉动地区经济发展等。

选择的报价方式是未来 10 年每年年末一次性从个人工资或经常性收入账户中缴纳大连西郊国家森林公园生态保护税。尽管征收工资所得税可能会引起个别居民的负面心理反应,从而导致采取抗税行为(Chen et al.,2021;Muhammad et al.,2021),但是,就当下绝大多数中国公众来说,对政府缴纳的各种税务,如个人所得税、消费税等,早已基本熟知。从这一点来看,以政府征收国家森林公园生态保护税的方式来估算国家森林公园的非使用游憩价值,能够较为真实地反映公众参与生态保护行为,而只是停留在口头上说说而已。因此,当受访者选择了个人愿意支付的金额,他们会觉得这样的付款行动可能是真实的。当然,对于那些采取拒绝付税或给出 0 意愿支付的行为,也并不一定意味着大连西郊国家森林公园对他们来说非使用游憩价值等于 0。他们拒绝赋税的原因可能就是反对政府采取任何形式的税收政策。因此,对于那些选择 0 支付意愿的居民,需要让他们对选择这一回答结果的原因给出解释,从而帮助研究者对选择抗税或 0 意愿支付的真实动机作出正确的判断。

2. 二次 WTP 报价设计方法

在条件评价法所采用的各种报价形式当中,二分式选择报价方法(Dichotomous Choice Method)是一个比较流行,让受访者对某一特定意愿支付水平给出(yes/no)

选择的方法,原因是这种报价形式与消费者在市场上购买商品的过程类似。只有在消费者觉得产品质量和价格都对个人比较合适的情况下,才会对该商品选择付钱购买。如果消费者觉得价格偏高、质量较差,则会选择不购买该商品,然后离开。在 CVM 问卷调查中,研究人员通过询问几百或上千居民个体意愿支付反应,可以得到一个比较稳定的群体意愿支付变异方差,从而获得较为准确的参数估计结果。但是,二分式报价存在的一个主要问题是需要调查一个较大的样本,才能在一个给定的控制方差水平下得到较为可靠的意愿支付均值或中位数,从而耗费大量的人力和时间,使得统计抽样的效率极低,因为调查者从每个人进行的调查当中,只能获得"是"或"否"一条信息。因此,有学者提出了二次报价方法以及与之相匹配的双边界统计分析模型(Hanemann,1994)。大量的实证研究表明,二次报价双边界模型能够提升统计抽样的效率。比如,在给定的调查人群中,研究者可以从同一样本分析中得到更多的价值评价统计分布信息,从而达到降低意愿支付均值方差的目的(Parumog et al.,1998)。

二次报价双边界模型的使用过程,包括向受访者询问初次报价(意愿支付金额),无论受访者是否接受或拒绝初次报价,研究者都将继续向其询问二次报价,或提高价格或降低价格。如果受访者对第一次报价选择了接受,那就采取提高价格进行二次报价提问,让参与者进行二次选择;如果受访者对初次报价选择了拒绝,那就降低报价,让被试者进行二次选择。因此,与二分式单边界问卷形式相比,二次报价能够大大提高统计抽样的效率。其具体体现在三个方面:第一,受访者回答的顺序包括"是-否"或"否-是"将会产生 WTP 的边界。而对于"否-否"和"是-是"的回答同样也有反映价格边界的信息。这是因为,提出二次报价的问题,即使是没有对 WTP 具体数值产生具体的约束,但会对受访者的 WTP 分布产生一个有效的约束。最后,随着参加问卷调查人数的增加,参数估计能够分析较多的样本观察值。

然而,不可否认的是采用二次报价双边界选择模型将会增强统计分析的复杂性,因为受访者的二次报价(即第二次被提问的意愿支付价格)可能取决于初次报价的结果。当二次报价的动机与首次报价的动机产生不一致时,两次报价之间的关系可能会违背正常的价格支付意愿。为了说明二次报价双边界选择模型是如何改善统计效率的,我们可以采用该模型的一般形式对此进行讨论。用 t_1 表示初次报价和 b_2 表示二次报价。那么,WTP 会出现以下各种不同的边界形式:

(1) 对于"是-否"反馈,$b_1 \leqslant \mathrm{WTP} < b_2$;

(2) 对于"否-是"反馈,$b_1 > \mathrm{WTP} \geqslant b_2$;

(3) 对于"是-是"反馈,$\mathrm{WTP} \geqslant b_2$;

(4) 对于"否-否"反馈,$\mathrm{WTP} < b_2$。

使用二次报价双边界数据最为常用的计量经济模型为函数(7.9):

$$\mathrm{WTP}_{ij} = \mu_i + \varepsilon_{ij} \tag{7.9}$$

式中,WTP_{ij} 代表第 j^{th} 个被访问者的意愿支付,$i=1,2$ 表示受访问者对第一次报价和第二次报价的反馈结果，μ_1 和 μ_2 表示第一次报价和第二次报价的平均值。可以把个人的报价看作是某些属性或特征变量的函数：$\mu_{ij}=z_{ij}\beta$。所以，一个受访者对第一次报价和第二次报价给出结果的差异，可能来自个人属性，包括教育、性别、年龄、收入等。因此，这些个人属性成为产生两次报价差异的解释变量。基于上述二次报价双边界模型具有的这些优点，本研究拟采取二次报价的方法进行问卷调查，获取必要的分析数据。

7.5.3　调查区域选择与问卷调查

1. 调查区域选取

从大连西郊国家森林公园地理位置、资源条件、知名度以及游客属地信息来看，该公园主要游客来自大连市辖区。尽管每到节假日，也有少数来自省内其他城市或省外的游客，但是所占比例不到 5%。据此，本研究开展的居民抽样范围仅限于大连市居民。

大连人民政府官网显示，大连市共分为 12 个区，包括 2 个县级市（瓦房店市、庄河市），1 个县（长海县）和 7 个区（中山区、西岗区、沙河口区、甘井子区、旅顺口区、金州区、普兰店区）。另外，还有金普新区、保税区、高新技术产业园区 3 个国家级对外开放先导区，以及长兴岛临港工业区和花园口经济区等。鉴于研究团队人力、时间及交通条件所限，本研究选取的居民抽样区域集中在大连西郊国家森林公园附近五个区，包括中山区、西岗区、沙河口区、甘井子区、旅顺口区。调查地点多集中在商店、公园、广场等居民集聚较多的地方。

2. 实施问卷调查

为满足二次报价双边界条件评价模型对数据类型的需要，问卷调查过程必须是基于实地面访的形式，否则无法获得二次报价的数据。调查组于 2019 年国庆节期间及之后近一个月的时间里，分批次前往大连市上述 5 个区开展居民调查。为了获得相对准确的评价结果，调查人员在居民访问过程中，强调本次调研只是用于科学研究，受访者的回答没有对错之分，恳请给出最为真实的信息。调查采用分层抽样方法，理想的做法是到居民住户开展问卷调查。但是，这样的调查过程没有当地政府的协助是无法实施的。所以，本次调查只好选择在户外，寻找人员集中的地点进行。按照计划，研究团队上述 5 个区每个区抽取 120 个家庭进行问卷调查，共收集问卷 600 份。去除填写不完整和个别受访者中途退出调查活动、无法完成整个调查过程（共 35 份），最终获得 565 份有效问卷。其中，中山区 104 份、西岗区127 份、沙河口区 93 份、甘井子区 138 份、旅顺口区 103 份。问卷中包括的主要模型变量信息见表 7.7，采用的二次 WTP 报价设计信息见表 7.8。

表 7.7　二次报价双边界 CVM 模型变量定义

变 量 名 称	变 量 定 义
WTP	作为模型的因变量，取值为"1"如果受访者表示接受提出的报价；"0"为选择了拒绝接受提出的报价
BID	为保护大连西郊国家森林公园林地面积不被减少，您是否接受从您每年工资当中交付×元的大连西郊国家森林公园生态保护费。您可以参考以下信息来选择您的支付意愿：目前大连市政府向每户居民每月收取 12 元的垃圾处理费，大连市居民年内用水量为一级：在 180 立方米以下（含 180 立方米），支付水价为每立方米 3.25 元（其中水费 2.30 元，污水处理费 0.95 元）；用水量为二级：即每年每户用水 180～240 立方米，水价为每立方米 4.4 元（其中水费 3.45 元，污水处理费 0.95 元）。平均每户用水标准为每月 8 吨，折合水费 30 元左右。大连市每户居民每月用电量在 220 度以下（含 220 度），每度电价格为 0.5 元，折合每月电费 110 元；用电在 221～310 度，每度电价格是 0.55 元，折合每月电费 170 元左右
人口统计学变量	
性别（SEX）	1 为男性；0 为女性
年龄（AGE）	年龄
受教育程度（EDU）	学历（在校接受教育年限）
收入（INC）	过去 3 年平均年收入（税后）
是否为一家之主（DET）	决定家庭主要开支。1 是，0 否
对公园的态度	
是否了解该公园（KNOW）？	0 不了解，1 了解
是否去过该公园（VISIT）？	0 从未去过，1 去过
公园保护的重要性（IMPT）？	0 无所谓，1 重要

表 7.8　设计二次报价表

第一次报价	第二次报价（升价）	第二次报价（降价）
5 元	10 元	2.5 元
10 元	20 元	5 元
15 元	30 元	7.5 元
20 元	40 元	10 元
30 元	60 元	15 元
50 元	100 元	25 元

如表 7.8 所示，共有 6 种初始报价水平，分别为 5 元、10 元、15 元、20 元、30 元和 50 元。这个报价组合设计是参考了之前本课题组开展的居民对文化遗产保护

的意愿支付测算结果。最低报价从 5 元开始,如果受访者表示接受这个报价,调查人员就把报价提高 1 倍到 10 元,二次询问受访者是否愿意接受报价;如果受访者拒绝这个报价,调查人员就把价格降低一半,即 2.5 元,再次询问受访者是否愿意接受这个报价。因此,每个受访者有两次机会给出个人愿意支付(WTP)的报价水平。这种报价方式要比采用一次性报价方法,提高了从每个受访者获取 WTP 信息的概率。Haab 和 McConnell(2002)提出,较之二分法单边报价,二次选择报价可从三个方面提高问卷调查的效率:一是能够在得到"是-否"或"否-是"回答中界定 WTP 的取值范围;二是能够从"否-否"与"是-是"反馈中提高调查的效率,因为可以从中得到截断的 WTP 分布区间;三是由于得到有效反馈信息数量增加,同一个函数模型可以运用更多的样本观察值。

当然,需要指出无论是何种 CVM 数据获取方法,包括二分式选择报价,都有产生某些统计偏差的风险,包括:①从主观设计偏好产生的偏差,包括来自初始报价水平设计和采取的支付方式;②由受访者心理因素对报价采取的态度出现偏差;③由假设环境产生较高 WTP 报价;④因受访者不熟悉所要评价的环境资源而产生判断性偏差。尽管如此,采用二次双边界报价形式仍有一个主要优点,那就是调查过程与消费者市场消费过程较为接近,因此容易得到受访者的理解和接受,从而获得较为真实的数据信息。

7.5.4　居民环境态度与非使用游憩价值关系分析

1. 居民环境态度分析

表 7.9 给出了样本中 HTZ 得分百分数均值分布。HTZ 中每一个问题回答包括 5 个级别,分别用 1,2,3,4,5 来表示,数值越大,表示环境支持态度越强。偶数问题:1="非常同意";2="部分同意";3="不确定";4="部分不同意";5="非常不同意"。奇数题项分级与偶数题项的分级刚好相反。据此,HTZ 最低总得分是 15(1×15),最高总得分为 75(5×15),平均得分是 54.8。

表 7.9　单项环境资源态度(HTZ)得分的百分数均值分布及其与样本总体得分均值的相关系数[a]

题　　项	STA	SWA	U	SWD	STD	ri-t
1. 大连市的人口数量正在接近所在自然环境所能承受的极限。	26.0	32.2	23.2	11.2	7.8	0.58
2. 大连人有权利按照自己的需要来改变属于自己的自然环境。	6.7	25.7	10.8	32.6	24.3	0.56
3. 当人的活动严重干预自然环境的时候常常招致灾难性后果。	42.2	38.1	8.5	8.1	3.0	0.50

题　项	STA	SWA	U	SWD	STD	ri-t
4. 依靠大连人自己的智慧一定会确保这个城市不会被毁掉。	12.9	24.6	29.0	20.6	13.2	0.45
5. 我们正在严重地滥用环境。	41.9	39.4	6.7	8.9	3.3	0.59
6. 如果我们学会如何正确利用,大连有足够多的资源供我们所用。	31.6	36.0	15.7	11.2	5.6	0.40
7. 地球上的动植物生态系统跟我们人类具有同等的生存权利。	55.3	28.7	4.3	6.5	5.4	0.47
8. 尽管工业发展对环境破坏和影响,但环境具有自我修复能力。	2.1	10.3	20.9	32.6	34.2	0.67
9. 尽管我们人有许多的能力,但是也无法摆脱自然法则的约束。	49.8	41.3	6.3	1.9	0.9	0.38
10. 所谓大连这座城市正在面对生态危机的说法有些夸大其词。	7.3	18.1	25.7	25.5	23.5	0.71
11. 在大连这块土地上有无限多的资源供我们所利用。	25.5	32.0	16.6	18.4	7.6	0.56
12. 人就该控制自然界的各个组成部分。	9.6	16.0	12.8	27.3	34.4	0.59
13. 整个自然系统是非常脆弱的,很容易遭到不利因素的干扰。	38.7	38.5	9.9	10.5	2.5	0.59
14. 不必担心,我们大连人终将学会掌控自然的能力。	6.2	18.9	27.5	26.6	19.9	0.41
15. 如果一切按照目前状况发展,大连市将会很快迎来大生态灾难。	23.3	30.1	27.0	13.4	6.3	0.67

注：[a] STA,非常同意；SWA,一般性同意；U,不确定；SWD,基本不同意；STD,非常不同意；ri-t,单个题项百分数均值与样本总体均值的相关系数。由于四舍五入的原因,百分数之和不是刚好等于100。

　　从分组得分来看,大多数受访者认为人类活动对自然平衡具有破坏性作用,持较强环境态度与反对"人类中心说"的观念存在一定的联系,二者都认为我们人类生存环境会受到自然约束。尽管受访者总体上同意经济增长是有限度的,但是他们对人的智慧和创造力持乐观态度。许多人预计在不远的将来有发生生态性灾难的可能性,但是无人知道发生这种情况的可能性有多大。此外,从总体来看,对HTZ的15个题项回答具有相对较好的一致性。表7.9中最后一列显示单个题项得分与总得分的相关系数。

　　2. 环境态度与非使用游憩价值

　　根据HTZ得分,把样本数据划分为弱、中、强三种环境支持态度类型。得分等于或小于50为"弱",大于50或小于59为"中",大于59为"强"。三种环境支持态度的人数大约各占1/3。表7.10列出了要求对大连西郊国家森林公园给出非使用游憩价值付费的三种态度认知：理性、抗议和拒绝各自出现的频次。每种环境态度认知之间具有显著差异（$x^2=16.35, p<0.01$），表明环境态度认知与非使用游憩价值付费具有一定的联系。虽然在各组当中只有少数人选择了"拒绝"回答关于对非使用游憩价值付费的态度，但是各组之间选择"抗议"的比例仍然存在着明显的差异。环境支持态度与非使用游憩价值付费表示"抗议"回答的比例存在着负相关，有大于79%的参与者表示对保护大连西郊国家森林公园林地面积不被减少愿意付费。因此，具有"强"环境支持态度的人更有可能对CVM报价（或意愿支付）给出肯定的回答。也就是说，环境支持态度越强，给出合理性回答（yes/no）的概率就越大（表7.10）。

表7.10　样本中环境态度出现理性、抗议和拒绝的频次[a]

对非使用价值付费反应	环境支持态度			合计
	弱	中	强	
理性（yes/no）	126	155	188	460
抗议	13	9	4	26
拒绝	20	20	39	79
合计	159	184	231	565

注：[a] HTZ≤50 为弱；51≤HTZ≤58 为中；HTZ≥59 为强。

3. 环境态度与 WTP 关系分析

为了进一步分析对 CVM 报价理性反应（yes/no）的概率与环境态度（HTZ 得分）之间的关系，需要估计概率函数模型（7.10）。在模型（7.10）中，因变量（yes/no）是对非使用游憩价值的意愿支付（WTP）二元问题选择结果（yes=1, no=0），BID 为非使用游憩价值报价水平，HTZ 为环境态度得分，KNOW 是对大连西郊国家森林公园的了解程度，INCOME 是受访者年均家庭收入。为简化分析起见，研究者只取首次报价反馈数据（共 340 个观察值）进行选择概率分析。函数（7.10）可以对经济-环境态度-行为关系进行实证检验。

$$yes/no = f(BID, HTZ, KNOW, INCOME) \qquad (7.10)$$

利用偏导数（即控制模型中所有其他变量保持不变）对模型中每一个变量的作用进行独立评价。可以预计提高价格（即变量 BIDs）将会降低受访者给出"yes"回答的概率。而对于抱有较强环境支持态度者会有较高回答"yes"的概率。同样地，可以预计对于那些具有较高收入和之前对于该公园有一定了解的受访者给出"yes"回答的概率也会较高。模型估计结果见表 7.11。

表 7.11　基于二元变量 Logit 回归，WTP 均值和置信区间

	公园林地面积保护
常数	-3.2906^{**} (1.0627)
BID	-0.0472^{**} (0.0139)
HTZ	0.0579^{**} (0.0187)
KNOW(1=是,0=否)	0.4606(0.3105)
INCOME	$0.1803\mathrm{E}-4^{**}$
AGE	0.0465(0.0321)
SEX	0.0642^{**} (0.0257)
Pseudo R^2	0.21
预测结果正确率/%	67.5
观察值个数	340
WTP 均值/$	17.79
90%WTP 可信区间/$	14.83~31.06

注：^{a} 括号内数值为标准误差，** $p \leqslant 0.01$ 显著水平；* $p \leqslant 0.05$ 显著水平。

从表 7.11 可以看出，所有估计系数的正负方向与预期相同。HTZ 得分显著为正，表明 HTZ 得分越高，对非使用游憩价值报价回答"yes"的概率越大。BID 显著为负，表示受访者对给出的报价具有敏感性，随着报价水平增加，接受报价的概率逐渐下降，这符合经济学的需求法则。而对公园的了解程度（KNOW）对选择接受非使用游憩价值报价（yes/no）的概率没有产生影响。模型预测的正确率是 67.5%，pseudo R^2 是 0.21。对于界面数据来说，这个 R^2 是可以接受的。

图 7.3 给出环境态度（HTZ）与接受非使用游憩价值报价概率之间的边际关系分析。计算结果见表 7.5 Logit 模型估计结果，分别取 BID，KNOW 和 INCOME 各自的平均值（BID 均值 = 18.30，HTZ = 55.3，KNOW = 0.46，INCOME = 95 000）。将回答为"yes"的累积分布函数的倒数值作为纵坐标，HTZ 得分作为横坐标。正如图 7.3 中 HTZ 估计系数所表示的那样，随着环境态度得分增加，接受非使用游憩价值报价的概率增大，即回答"yes"的概率为 HTZ 得分的增函数。"弱"环境支持态度仅有低于 10% 的概率会接受非使用游憩价值的报价，而"强"环境支持态度有 60% 的概率会接受非使用游憩价值的报价。

表 7.11 给出的 Logit 模型结果证明了环境态度和 HTZ 均值之间关系。WTP 均值的计算是基于大连西郊国家森林公园林地面积保护具有的非使用游憩价值，利用式（7.10），计算结果见表 7.11，包括模拟的置信区间。WTP 均值为 17.79 元，略低于用函数（7.7）得到的 WTP 估计结果 20.26 元。这是因为函数（7.10）所包含的解释变量小于函数（7.7）所包含的解释变量，而且只是采用了首次 WTP 报价数据（共 340 个观察值）。就 WTP 估计的准确性而言，根据函数（7.20）得到的估计结

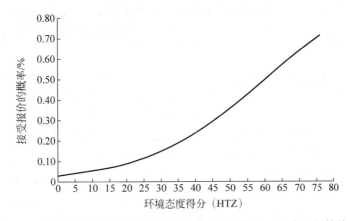

图 7.3　环境支持态度累积分布函数的倒数与回答"yes"概率之间的关系

果会相对更加准确。因此,本书对大连西郊国家森林公园非使用游憩价值测算结果应以函数(7.20)为准。根据式(7.11)可计算出 WTP 均值对不同环境态度变化的敏感性(图 7.6)。正像所预期的那样,随着环境支持态度变强,WTP 均值增大。"弱"环境态度产生的 WTP 估计值为 5 元或更少,"中"环境支持态度 WTP 均值大约为 25 元,而"强"环境支持态度产生 WTP 均值是 40 元(图 7.4)。

$$E(\text{WTP}) = \left(\frac{1}{\beta_1}\right) \ln(1 + \exp\beta_0) \tag{7.11}$$

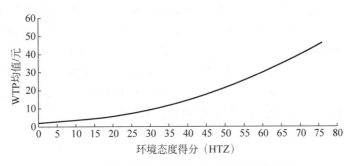

图 7.4　环境态度与预测 WTP 均值之间的关系

7.5.5　非使用游憩价值动机分析

根据表 7.12,保护大连西郊国家森林公园林地面积产生非使用游憩价值具有五种动机,包括:①选择价值;②利他价值;③遗赠价值;④存在价值;⑤伦理信仰。每个问题的重要性编码:1＝非常重要,2＝重要,3＝有些重要,4＝不重要。据此,数字越小表示重要性越大。每个动机因素的平均得分见表 7.12 中第 2 列。

表 7.12　产生非使用游憩价值五种动机各自重要性评分及所占百分数[a]

动机类别	均值	态度强度	非常重要/%	重要/%	较为重要/%	不重要/%
1. 我想将来能够看到大连西郊NFP(选择价值)。	2.38	弱	15.7	31.2	40.6	12.5
		中	10.9	37.2	45.7	6.2
		强	35.2	42.2	29.8	7.2
2. 我为他人能够看到大连西郊NFP而感到高兴(利他价值)。	2.18	弱	20.2	42.0	31.1	6.8
		中	17.7	43.6	32.8	6.0
		强	32.8	41.2	19.1	6.6
3. 我从未来几代人能够欣赏到大连西郊 NFP 而感到快乐(遗赠价值)。	1.85	弱	24.0	49.8	23.5	2.7
		中	25.5	51.6	21.2	1.7
		强	65.6	20.5	12.3	1.6
4. 我为大连西郊 NFP 存在而感到快乐(存在价值)。	1.46	弱	20.2	47.5	23.0	9.5
		中	24.3	49.2	24.8	1.7
		强	83.3	9.0	6.1	1.6
5. 地球上所有动植物都具有生存的权利(伦理信仰)。	2.0	弱	40.5	40.5	13.5	2.7
		中	49.7	38.9	10.4	1.0
		强	52.5	20.4	26.1	1.0

注: [a] 均值是根据重要性排序编号数值计算:1=非常重要,2=重要,3=稍微重要,4=不重要;环境态度:HTZ≤50 为弱;51≤HTZ≤58 为中;59≤HTZ 为强。

在所考虑的五种产生非使用游憩价值动机因素当中,保护大连西郊国家森林公园为个人将来能去旅游(即选择价值)是最不重要的。在"弱"环境支持态度人群中,认为"选择价值"的重要性最差(得分为 2.38。注意:根据定义得分越高为越不重要)。在该组当中认为"选择价值"为"非常重要"的比例最低,仅占 15.7%;而利他价值、遗赠价值、存在价值和伦理信仰等动机均具有较高的相对重要性,均值分别为:2.18,1.85,1.46,2.0。其中存在价值(我为大连西郊 NFP 存在而感到快乐)被看作是最为重要的动机,重要性最高(均值是 1.46)。在该组中,具有"强"环境支持态度者选择"存在价值"为"非常重要"的比例达到 83.3%。这说明产生非使用游憩价值的主要动机是来自大连西郊国家森林公园的存在价值。为了便于比较分析,把表 7.12 中的信息支撑柱状图放到图 7.5 中。

表 7.12 中第 3 列是根据所对应的价值动机因素的环境支持态度得分,结合表 7.12 环境态度得分划分为弱、中、强三种类型计算得到的,其中第 4,5,6,7 列是对应的每一种动机的重要性和 HTZ 得分所发生人次所占的比例。例如,样本中选择"选择价值"为"非常重要"的动机,而且对环境持有"弱"支持态度的人数占该组人数的 15.7%;持有"中等"环境支持态度选择"选择价值"为"非常重要"动机的比例为 10.9%;持有"强"环境支持态度选择"选择价值"为"非常重要"的价值动机占

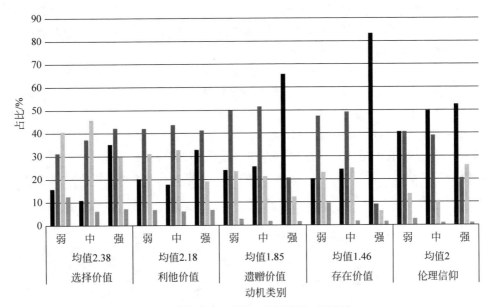

图 7.5　五种价值动机各自强度分布

该组人数的 35.2％。注意,该表中每行累计为 100％,每列累计不等于 100％。不难看出,在对应的每一种非使用游憩价值动机当中,环境支持态度越强,选择该项动机为"非常重要"的概率越大。

因此,环境态度与非使用游憩价值动机之间存在显著相关。对于每种动机的显著性检验 x^2 统计值大于 12.59($\alpha < 0.05$)。最值得注意的差别是,持有不同环境态度明显影响对选择价值动机为"非常重要"题项的打分,环境态度与非使用游憩价值重要性认知存在着显著的相关关系。环境支持态度越强,对产生非使用游憩价值的动机因素选择"非常重要"的比例就越高。比如,选择基于"存在价值"动机对保护大连西郊国家森林公园林地面积不被减少的非使用游憩价值为"非常重要"的比例达到 83.3％(图 7.7),明显大于 24.3％ 和 20.2％ 的基于"中"和"弱"环境态度认为的非使用价值是"非常重要"的占比。其他明显差别是关于"遗赠价值"和"存在价值"等动机,"强"环境支持态度选择非使用游憩价值为"非常重要"的比例是二倍于持有"中""弱"环境支持态度选择非使用游憩价值为"非常重要"的比例。虽然这种选择差异也存在于"选择价值"和"利他价值"动机当中,但是选择园区林地面积保护的非使用游憩价值为"非常重要"的比例并不具有一致性。具有"弱"环境态度支持者选择园区林地面积保护的非使用游憩价值为"非常重要"的比例高于对环境保护持有"中"态度的比例,尽管对于"利他价值"动机来说,反映这些差异是微不足道的。

在五种非使用游憩价值动机当中,持有"强环境支持态度"的居民认为"存在价值"是非常重要占比达到 83.3%,明显高于持强环境态度认为遗赠价值是非常重要占比的 65.6%,高于伦理信仰占比 52.5%、利他价值占比 32.8% 和选择价值占比 35.2%。对比而言,持有"弱环境支持态度"的人,认为存在价值是最为重要动机的占比仅为 20.2%,持弱环境态度认为遗赠价值是最为重要动机占 24%,持弱环境态度认为利他价值作为最重要动机的占比是 20.2%,持有弱环境支持态度认为选择机制是最为重要动机的占比是 15.7%。因此,从总体来看持有强环境支持态度的居民,最有可能认为存在价值作为大连西郊国家森林公园产生非使用游憩价值的主要动机,遗赠价值动机次之,其他排序分别是伦理信仰、利他价值和选择价值。

7.5.6 非使用游憩价值测算

1. 二次报价组合概率函数

从二次选择报价的过程当中会出现四种顺序的组合结果,包括:"是-是","否-否","否-是"和"是-否"。每一种组合结果概率如下[函数(7.12)～函数(7.15)]:

$$P_i\left(\frac{\text{yes}}{\text{yes}}\right) = \pi_i^{yy} = 1 - F_C(\text{BID}_U) \tag{7.12}$$

$$P_i\left(\frac{\text{no}}{\text{no}}\right) = \pi_i^{nn} = F_C(\text{BID}_L) \tag{7.13}$$

$$P_i\left(\frac{\text{no}}{\text{yes}}\right) = \pi_i^{ny} = F_C(\text{BID}) - F_C - (\text{BID}_L) \tag{7.14}$$

$$P_i\left(\frac{\text{yes}}{\text{no}}\right) = \pi_i^{yn} = F_C(\text{BID}_U) - F_C - (\text{BID}) \tag{7.15}$$

式中,当反应组合为四种组合任意一组,π_i^{yy},π_i^{nn},π_i^{ny} 和 π_i^{yn} 等于 1,否则等于 0。

二次报价双边界 Log 似然函数可表示成函数(7.16):

$$\ln L^S(\theta) = [d_i^{yy} \ln \pi_i^{yy} + d_i^{nn} \ln \pi_i^{nn} + d_i^{ny} \ln \pi_i^{ny} + d_i^{yn} \ln \pi_i^{yn}] \tag{7.16}$$

2. Logit 模型

假设被试者有一个间接效用函数 $v(M, \text{BID}, S, C)$,但是效用水平是观察不到的。受访者接受提出的某一报价(BID)情况,只有发生在当个人认为选择同意支付能够为自己产生最大化效用;否则,会选择拒绝接受提出的报价。这一过程可用方程(7.17)来表示。

$$v(1, M - \text{BID}; S; C) + \varepsilon_1 \geqslant v(0, M; S; C) + \varepsilon_0 \tag{7.17}$$

式中,v 是间接效用函数,M 是家庭税后收入,BID 是向受访者提出的报价,S 表示可能影响受访者个人选择偏好的其他社会经济变量,C 表示受访者对大连西郊国家森林公园林地或生态保护持有的态度,ε_1 和 ε_0 为平均数等于 0 的均等独立分布(i.i.d.)的随机变量。那么,选择"是"与"否"之间的效用差($\Delta\eta$)可表示函数(7.18)如下:

$$\Delta\eta = v(1,M-BID;S;C) - v(0,M;S;C) + (\varepsilon_1 - \varepsilon_0) \qquad (7.18)$$

遵循 Logit 模型,因变量(即对 WTP 问题的回答)为二元变量,1 为肯定回答(即接受报价),0 为否定回答(拒绝报价)。该模型可采用最大似然法(ML)进行参数估计,因为当被解释变量为分类变量(如二元变量)时,ML 的估计参数具有一些比较好的性质。受访者对某一报价选择接受的概率可表示成下面罗杰斯帝(Logistic)函数形式(7.19)。

$$P_i^{\text{yes}} = F\eta\Delta v = (1+\exp-\Delta v)^{-1} = \frac{1}{1+e^{-(\alpha+\beta_1 BID+\beta_2 S+\beta_2 C)}} \qquad (7.19)$$

式中,F_η 是一个累计分布函数,α 是截距,β_i 为报价(BID)变量的系数,s 是社会经济变量,c 是受访者对公园林地保护态度变量。那么,利用 Haab 和 McConnell(2002)给出的 WTP 均值(WTP_{mean})计算公式(7.20),可以计算 WTP 均值结果。

$$WTP_{\text{mean}} = -\ln(1+e^{\alpha^*})/\beta \qquad (7.20)$$

式中,α^* 为调整后的截距;β 是报价(BID)的估计系数。

3. 筛选 WTP 估计函数变量与估计模型

影响因变量(WTP)的要素,即回归模型中包括的所有自变量,包括个人社会经济特点、对国家森林公园林地资源保护所持态度等。表 7.13 给出分析变量的相关系数矩阵,根据该矩阵给出的相关系数筛选进入模型分析的社会经济学变量。通过相关矩阵可以看出,社会经济学变量相关系数分布在 0.01～0.39 之间,表明变量之间并不存在明显的相关性,从而确信调查样本数据之间不存在明显多重共线性。这一结果对提高模型的解释能力是非常有利的。

表 7.13　模型解释变量之间相关系数矩阵

序号	变　　量	1	2	3	4	5	6	7
1	BID2							
2	GEN	−0.02						
3	AGE	0.04	0.05					
4	EDU	0.10	0.05	0.11				
5	INCOME	0.09	0.08	0.09	0.25**			
6	ATTITUDE	0.21**	0.07	0.08*	0.17**	0.16**		
7	DETERMINE	0.06	0.11*	0.15**	0.14**	0.06	0.03	

注:* <0.05; ** <0.01。

根据表 7.13 给出的相关系数矩阵,筛选采用的模型解释变量见表 7.14。

表 7.14 二次报价双边界 CVM 模型变量的定义

变 量	定 义
WTP	因变量,取值为"1"如果受访者接受报价,取值为"0"如果受访者拒绝报价
BID	为确保大连西郊国家森林公园林地面积不被减少,您愿意支付多少钱?随即向受访者提出随机选取的初始报价
GEN	性别:男性为 1,女性为 0
AGE	年龄(单位:岁)
EDU	接受教育的年限:小学(1),中学(2),高中(3),大学(4),研究生(5)
INCOME	家庭税后年收入(元)
ATTI	对大连西郊国家森林公园林地面积采取保护的态度:1(支持),0(不支持)
DETN	您是否具有家庭财务开支决策权:1(有),0(无)
KNOW	您是否了解大连西郊国家森林公园:1(是),0(否)

在 CVM 模型中,意愿支付(WTP)为被解释变量(或因变量),表示受访者对给出报价的选择:接受或拒绝(Yes/No);解释变量(或自变量)包括个人社会经济特征以及对大连西郊国家森林公园林地保护所持态度等。WTP 函数可表示为

$$Y_i(\text{Yes/No}) = f(\text{BID}, \text{GEN}, \text{AGE}, \text{EDU}, \text{INCOME}, \text{ATTI}, \text{DETN}\cdots) \quad (7.21)$$

式中,$Y_i(1/0)$ 为二元变量(对某一报价水平选择接受还是拒绝:Yes/No),BID 是给出的报价;社会经济变量包括性别(GEN),年龄(AGE),受教育程度(EDU),家庭税后年收入(INCOME),对保护森林公园态度(ATTI),以及受访者是否为家庭财务支出决策者(DETN)。

4. 双边界二分式模型结果与讨论

1)样本描述性统计分析

如表 7.15 所示,被调查者中,女性占 54%,男性占 46%,这一男女比例与大多数文化旅游的游客性别分布规律相类似。受访者年龄在 30~70 岁之间,年龄中数为 45 岁。值得注意的是,表中收入信息是指家庭税后可支配收入。表 7.16 给出样本描述性统计分析。

表 7.15 调查样本基本情况

游客特征	类 别	频 数	百分比/%	累计百分比/%
SEX	女	305	54.0	54
	男	260	46.0	100

续表

游客特征	类　　别	频　　数	百分比/%	累计百分比/%
AGE	30～40	85	15.0	15
	41～50	198	35.0	50
	51～60	170	30.0	80
	61～70	85	15.0	95
	＞70	27	5.0	100
EDU	小学	62	11	11
	中学	145	26	37
	高中	175	31	68
	大学	164	29	97
	研究生	19	3	100
INCOME/元	10 000 以下	11	2	2
	10 000～29 999	57	10	10
	30 000～39 999	102	18	28
	40 000～49 999	164	29	57
	50 000～100 000	215	38	95
	＞100 000	27	5	100
DETN	否(0)	65	12	12
	是(1)	500	88	100
ATTI	不支持(0)	85	15	15
	支持(1)	480	85	100
KNOW	否(0)	56	10	10
	是(1)	509	90	100
VISI	否(0)	254	45	45
	是(1)	311	55	100
受访者数量	市内居民	565	100	100

表 7.16　样本描述性统计分析

变量	含义解释	样本数	MIN	MAX	MEAN	STD. D
WTP	意愿支付					
BID	报价	565	2.5	100	21	8.25
GEN	性别	565	0	1	0.46	0.45
AGE	年龄	565	30	75	40	5.55
EDU	教育年限	565	5	22	14	2.23
INCOME	家庭收入	565	8 500	200 000	95 000	7.56
KNOW	了解公园	565	0	1	0.79	0.87
GONE	去过公园	565	0	1	0.55	0.48
ATTI	保护态度	565	0	1	0.75	0.76
DETN	家庭决策	565	0	1	0.88	1.01

表 7.15 和表 7.16 显示,有 79% 受访者对大连西郊国家森林公园有所了解。另外,受访者中占到 75% 的比例对大连西郊国家森林公园采取林地保护措施表示支持。这可能与近年来国家各级政府加大了林业生态保护宣传力度有关。此外,绝大多数受访者为家庭财务管理决策者,且年龄在 40 岁以上。鉴于本研究目的是测算大连居民为保护西郊国家森林公园林地面积不被减少而愿意给出的最大意愿支付,这就需要受访者具有代表家庭财务分配的决策权力。所以,研究人员在选择被访问对象时,特意挑选年龄较大,且已婚有家庭的人。受访者当中每年户均收入为 95 000 元,受教育年限是 14 年,介于高中与大学之间。WTP 报价区间设定在2.5 元到 100 元之间。对于意愿支付超过 100 元的情况,本研究不予考虑。这就意味着从研究设计来看,意愿支付的测算主要是基于普通民众群体,与社会一些特殊组织或个体进行的慈善性捐款无关。关于调查样本个体对于接受或拒绝报价分布情况见表 7.17。

表 7.17 二次报价和 WTP 分布情况

初次报价/元	二次报价(升)/元	二次报价(降)/元	是-是	是-否	否-是	否-否	全部
5	10	2.5	47 (8.31%)	23 (4.07%)	25 (4.42%)	5 (0.9%)	100 (17.70%)
10	20	5	102 (18.05%)	28 (4.96%)	17 (3.01%)	3 (0.5%)	150 (26.50%)
15	30	7.5	55 (9.73%)	40 (7.08%)	10 (1.77%)	15 (2.65%)	120 (21.24%)
20	40	10	36 (6.37%)	30 (5.31%)	6 (1.06%)	8 (1.42%)	80 (14.16%)
30	60	15	10 (1.77%)	20 (3.54%)	5 (0.88%)	25 (4.42%)	60 (10.62%)
50	100	25	5 (0.88%)	12 (2.12%)	15 (2.65%)	23 (4.07%)	55 (9.73%)
合计			255 (45.13%)	153 (27.08%)	78 (13.81%)	79 (13.98%)	565 (100%)

从表 7.17 可以看出共有六种初始报价水平,分别是 5 元、10 元、15 元、20 元、30 元和 50 元,所对应的样本人数分别为 100、150、120、80、60、55。对初次报价和二次报价选择四种组合结果分为"是-是""是-否""否-是""否-否",各个组合的分布频次分别为 255、153、78 和 79,分别占到样本比例:45.13%,27.08%,13.81% 和13.98%。受访者中接受初次报价 10 元和 15 元,并接受从 10 元提高到 20 元,从15 元提高到 30 元占样本总体频次最大,共为 225 人次(102+28+55+40),占总样

本规模的 40%；接受提高报价从 10 元增加到 20 元，从 15 元增加到 30 元所占频次是 157 人次，占总样本 28%。随着初始报价水平的提高，选择接受报价的频率逐渐下降，这种报价反应符合需求法则。

　　表 7.17 显示样本中有 79 人，约为 14% 的受访者表示拒绝接受任何报价。从表面上看，这些人对保护大连西郊国家森林公园林地面积的意愿支付是 0。然而，之前我们曾讨论过受访者选择 0 意愿支付的原因可能有很多。有一点需要再次加以强调，那就是受访者选择 0 意愿支付并不能确切地认为大连西郊国家森林公园给他们带来的非使用游憩价值真正是 0。为了进一步分析产生 0 意愿支付的原因，我们在调查问卷当中，让受访者给出个人的理由，结果见表 7.18。

表 7.18　受访者完全拒绝接受报价原因分析

拒绝接受报价可能的原因	总样本	百分比/%
1. 无钱支付	19	24.0
2. 付费方式不合理	11	14.0
3. 有人会选择不支付	11	14.0
4. 将来可能支付	2	2.0
5. 选择其他森林公园景区	2	2.0
6. 保护公园林地面积跟我没关系	9	11.3
7. 不相信支付会用于公园林地面积保护	2	2.0
8. 这完全是政府的责任	20	25.7
9. 其他原因	3	5.0
累计人数	79	100

　　可以把拒绝接受任何报价的原因划分为"有效拒绝"和"情景拒绝"（SR）两类（Loomis，2006）。从表 7.18 可见，"情景拒绝"占 67%，包括题项 2（14%）、题项 3（14%）、题项 6（11.3%）、题项 7（2.0%）和题项 8（25.7%）。"有效拒绝"包括题项 1（24.0%）"无钱支付"、题项 4（2.0%）"将来可能支付"、题项 5（2.0%）和题项 9（5.0%），合计占比为 33%。值得注意的是，"情景拒绝"并不代表受访者认为森林公园保护对他们来说的确没有任何非使用游憩价值，也就是说真实的非使用游憩价值并非 0。导致他们拒绝接受报价的真实原因是他们对这样的收费方式不认同，从而产生抗议行为。据此，可以推断在样本中有 14% 受访者拒绝接受任何报价当中，可能有一半以上是认为大连西郊国家森林公园保护和建设给他们带来的非使用游憩价值会大于 0。这意味着，大连市居民当中认为大连西郊国家森林公园的林地面积保护不具有非使用游憩价值的比例在 7% 以下。也就是说，有 93% 的居民认为大连西郊国家森林公园保护和建设具有非使用游憩价值。

　　为了清楚地识别出对二次报价双边界提问的离散反馈结果，我们把一次报价和二次报价所对应的反馈情况列入表 7.19。

表 7.19　对二次报价双边界提问离散数据反馈结果

| 1st 报价 | 2nd 报价 | 一次提问 | | 二次提问 | |
		1st 报价 # of Yes's Responses	1st 报价 # of No's Responses	2nd 报价 # of Yes's Responses	2nd 报价 # of No's Responses
5	2.5	34	1	10	0
5	10	30	5	20	0
10	5	40	0	5	2
10	20	80	10	5	2
15	7.5	35	10	10	6
15	30	35	15	5	4
20	10	26	10	4	2
20	40	15	15	2	6
30	15	10	6	15	6
30	60	6	8	4	2
50	25	3	3	10	5
50	100	2	4	6	10

表 7.19 分别给出了接受第一次报价和拒绝接受的人数,以及接受第二次报价的人数和拒绝接受报价的人数。值得注意的是,参与者接触的第一次报价是随机选取的,并不是每一个参与者都是面对一个相同的报价。接受 5 元的第一次报价共有 64 人,拒绝这一报价的有 6 人。接受二次报价 2.5 元有 10 人,接受二次报价 10 元有 20 人,拒绝二次报价(2.5 元和 10 元)有 0 人。

2) 二次报价双边界模型结果

表 7.20 给出了运用最大似然法估计的二次报价双边界 CVM 模型的结果。从表 7.20 中看出,报价(BID)变量的符号为负(−),且达到了($p<0.01$)的显著水平,表明随着报价水平的逐渐提高,接受的概率逐步下降,这与需求法则保持一致。性别变量(GEN)系数为正(+),且达到了($p<0.05$)显著水平。这意味着户主为男性居民更有可能选择接受提出的报价。这一研究结果与之前许多环境研究的结果相一致。年龄变量达到了正的($p<0.1$)显著水平,表明随着年龄的增加,选择接受报价的概率增加。很有趣的结果是,受教育年限(EDU)变量的估计系数为负(−),表示随着受教育年限的增加,受访者对保护公园林地的意愿支付水平下降。这可能与我们普遍认知相违背,因为一般来说,接受教育年限或者学历越高的人,越会更加关注环境资源质量,进而愿意为保护环境做出努力。那么,在该模型当中受教育年限对于 WTP 产生负面的影响,一定是来自模型自身的原因。比如,由于模型中同时包含收入变量(INCOME),而收入变量与受教育年限之间存在一定的相关关系。这一共线性问题的存在可能是导致受教育年限变量与 WTP 之间关系出现

异常的原因。但是,由于 EDU 变量没有达到统计显著水平,所以在技术层面可以不必加以过多关注。收入变量(INCOME)系数达到了正的($p<0.05$)的显著水平,表明具有较高家庭收入的居民,WTP 也会较高。对公园了解程度变量(KNOW)的估计系数为不显著,表明居民对大连西郊国家森林公园了解与否对意愿支付并不构成影响。与其不同的是,受访者对森林公园保护所持态度对 WTP 的水平具有显著的正向影响($p<0.01$)。类似地,受访者是否为家庭户主,具有家庭财务分配决定权也会对 WTP 产生显著的正向影响($p<0.05$)。

表 7.20　二次报价二元 Probit 模型参数估计结果

变　　量	β	S. E.
BID*	−0.168	0.041
INCOME*	0.065	0.052
EDU	−0.023	0.086
AGE	0.365	0.301
GEN*	0.801	0.223
ATTI*	0.607	0.654
KNOW*	0.032	0.512
DETN	0.112	0.865
Constant*	2.577	1.687
BID	−0.026	0.011
INCOME*	0.015	0.031
EDU	−0.013	0.065
AGE	0.405	0.203
GEN*	0.503	0.121
ATTI*	0.407	0.454
KNOW*	0.013	0.315
DETN*	0.014	0.562
Constant	0.516	1.078
ρ	0.105	0.11
Log-likelihood	−854.56	
−2ln(LR/LU)	463.44	

* 95% 置信水平不等于 0

在表 7.20 中,前 8 行是对首次报价数据回归模型参数估计结果,后 8 行(或下边 8 行)是对第二次报价回归模型参数估计结果。两次报价之间存在正的相关关系($\rho=0.105$),但是相关关系不显著。由于对第一次报价回答与对第二次报价回答之间不存在统计上显著的相关关系,那么采用两次报价联合概率分布模型进行参数估计无异于分别单独估计两个 Logit 模型。据此,我们采取分别估计两个独立的二元 Logit 模型,然后根据各自的权重计算 WTP 平均值(Haab et al.,2003)。根据第一次报价进行的二元变量 Logit 模型估计结果见表 7.21,根据第二次报价进行的二元变量 Logit 模型估计结果见表 7.22。

表 7.21　第一次报价二元变量 Logit 回归模型:因变量＝WTP(y/n)

变　量	β	S. E.	Wald	df	Sig.
BID	−0.168	0.041	48.655	1.000	0.000
INCOME	0.065	0.052	0.516	1.000	0.359
EDU	−0.023	0.086	0.845	1.000	0.263
AGE	0.365	0.301	3.661	1.000	0.085
GEN	0.801	0.223	6.665	1.000	0.015
ATTI	0.607	0.654	8.623	1.000	0.041
KNOW	0.032	0.512	2.612	1.000	0.322
DETN	0.112	0.865	3.212	1.000	0.333 1
Constant	2.577	1.687	1.702	1.000	0.103
N	245				
-2Log Likelihood	487.560				
Cox&Snell R^2	0.354				
Nagelkerke R^2	0.383				
Hosmer&LemeshowTest	$\chi^2=6.258, df=8, p=0.701$				
Overall Predictive Accuracy	75.45				

表 7.22　第二次报价二元变量 Logit 回归模型:因变量＝WTP(y/n)

变　量	β	S. E.	Wald	df	Sig.
BID	−0.515	0.033	51.051	1.000	0.000
INCOME	0.085	0.041	0.414	1.000	0.015
EDU	−0.032	0.066	0.754	1.000	0.302
AGE	0.405	0.345	4.001	1.000	0.105
GEN	0.845	0.378	5.605	1.000	0.014
ATTI	0.557	0.706	7.201	1.000	0.050
KNOW	0.042	0.612	2.216	1.000	0.051
DETN	0.125	0.965	4.012	1.000	0.101
Constant	2.761	1.245	2.601	1.000	0.103
N	486				
-2Log Likelihood	589.560				
Cox&Snell R^2	0.404				
Nagelkerke R^2	0.302				
Hosmer&LemeshowTest	$\chi^2=7.618, df=8, p=0.655$				
Overall Predictive Accuracy	60.43				

采用由 Kanninen 和 Khawaja(1995)提出的全矫正分类案例方法(fully correctly classified cases,FCCC)评价二次报价双边界 Logit 模型的拟合度。结果显示使用一次报价反馈数据进行的 Logit 模型运算结果具有 60.43% 预测准确度。可见,运用第一次报价数据进行模型运算拟合度好于运用二次报价数据模型运算的拟合度。此外,由 Hosmer&Lemeshow 检验表明该模型能够很好地拟合样本数据($p=$ 0.701)。一次报价模型所含解释变量能够解释 38.3% WTP 的变动,而二次报价模型所含解释变量能够解释 30.2% WTP 的变动。

3）WTP 均值估计

运用函数(7.12)可以计算 WTP 的平均值。利用第一次报价数据进行模型测算得到大连市平均每户每年为保护大连西郊国家森林公园林地的意愿支付(WTP)是 15.77 元,运用二次报价数据模型测算得到 WTP 平均值是 30.72 元(WTP/户/年)。根据第一次报价和第二次报价反馈结果,计算各自权重分别是 0.7 和 0.3。据此,测算得到大连西郊国家森林公园非使用游憩价值是每户每年 20.26 元(15.77×0.7+30.72×0.3)。这个非使用游憩价值产生的动机来自公园的存在价值、遗赠价值和选择价值。

4）大连西郊国家森林公园非使用游憩价值

根据大连市第七次人口普查结果,2020 年底大连市居民总数为 745.08 万。从上述调查分析结果得知,有 7% 的居民不认为大连西郊国家森林公园能够给他们带来任何非使用游憩价值。我们做一个保守的假设,大连西郊国家森林公园具有的非使用价值对于这部分人是 0,共 52.16 万人。扣除这部分居民,剩余 692.92 万人愿意为大连西郊国家森林公园支付非使用游憩价值总额是 1.4 亿元,加上在前边测算得到 0.84 亿元大连西郊国家森林公园的使用游憩价值,可得大连西郊国家森林公园每年创造的总游憩价值是 2.24 亿元。使用游憩价值与非使用游憩价值的比值是 40∶60。可见,大连西郊国家森林公园创造的非使用游憩价值大大超过使用游憩价值。

根据美国学者 Haefele 等（2016）的研究,美国国家森林公园总经济价值(TEV)最低可达 920 亿美元,其中 620 亿美元为总游憩价值(300 亿美元为使用游憩价值,320 亿美元为非使用游憩价值),使用游憩价值与非使用游憩价值的比为 48∶52。这说明,在美国国家森林公园总游憩价值当中,使用游憩价值和非使用游憩价值大约各占一半。这一结果与本书测算得到的大连西郊国家森林公园两种价值之间的比值略有差别,但差距并不是很大。

然而,如何才能使大连西郊国家森林公园实现这个总游憩价值呢？其中使用游憩价值可通过收取门票的方式获得；而非使用游憩价值与公园的使用无关,因此也就无法通过收取公园门票的方式来实现。获得非使用游憩价值的可行做法是通过征收国家森林公园林地保护费或生态保护税的方式。国家作为增税人可在每年年终向每户居民征收 20.26 元国家森林公园林地保护税。如何正确有效征收大连西郊国家森林公园林地保护税是摆在政府相关部门面前需要迫切解决的问题。这是从根本上解决大连西郊国家森林公园管理经费不足关键措施所在,也是国家森林公园实现可持续发展金融保障基础。

7.5.7 内容小结

本章涵盖两个主要研究内容:一是居民环境态度与 WTP 关系分析,二是基于二次 WTP 报价数据的国家森林公园非使用游憩价值测算。前者是在 CVM 调查问题当中加入居民环境态度信息,用于计算居民环境态度得分。通过分析环境态度得分与居民对国家森林公园林地保护 WTP 之间关系,判定大连西郊国家森林公园非使用游憩价值测算结果的可靠性。居民环境态度测度是根据 Dunlap 等(1997)提出新生态范式测试题项,经过修订设计出适合当地居民环境认知水平的环境态度测试题项。分析过程将居民环境支持态度划分为"弱""中""强"三种类型,分析居民不同环境态度类型对国家森林公园非使用游憩价值的影响。结果表明,对环境保护抱有"强"支持态度居民更有可能对大连西郊国家森林公园林地保护表示支持,并愿意为此支付一定的费用;而对环境保护持有"弱"支持态度者,则更有可能对非使用游憩价值的报价表示拒绝接受。Logit 模型分析结果显示,环境支持态度与接受非使用游憩价值报价之间存在着显著的正向关系,WTP 均值为环境态度得分的递增函数。此外,WTP 均值分析还能揭示出居民产生非使用游憩价值的不同动机。居民对保护大连西郊国家森林公园林地的意愿支付是基于五种动机因素,包括:①选择价值;②利他价值;③遗赠价值;④存在价值;⑤伦理信仰。在这五种动机当中,利他价值、遗赠价值、存在价值和伦理信仰等均具有相对较高的重要性,其中,存在价值被认为是最为主要的动机,选择价值被认为是最不重要的动机(选择该项价值动机作为"非常重要"的比例在五种动机因素当中最低:15.7%)。

本章研究的第二个核心内容是非使用游憩价值的测算。研究过程是运用二次报价双边界数据收集方法获得 WTP 报价数据,运用 Probit 模型和 Logit 模型进行参数估计。本章详细论述了二次报价双边界 CVM 模型理论方法依据,通过建立组合概率函数,对采用 Logit 模型的合理性进行了论证。接下来进行了模型变量选取,然后构建了 WTP(Yes/No)模型。通过对一次报价数据和二次报价二元变量 Probit 模型检验,发现两组报价数据之间相关关系不显著。因此,采用一次报价和二次报价联合概率分布函数进行参数估计等同于运用每组数据单独进行参数估计。据此,我们运用一次报价反馈数据和二次报价反馈数据分别构建 Logit 模型进行参数估计,运用估计参数结果测算非使用游憩价值[即意愿支付(WTP)平均值]。

研究结果表明,大连西郊国家森林公园能够为大连市 93% 的居民每年每户带来 20.26 元非使用游憩价值,折算成非使用游憩总价值为 1.4 亿元。大连西郊国家森林公园使用游憩价值与非使用游憩价值比值是 40∶60。所以,大连西郊国家森林公园创造的非使用游憩价值大于使用游憩价值。这一结论对未来大连西郊国家森林公园进行投资建设,制定税收政策和价值补偿标准都将具有重要参考价值。

7.6　研究结论与政策建议

1. 研究结论

生态旅游的快速发展为我国国家森林公园的发展建设带来了良好发展机遇期,但同时也给资源环境保护带来严峻的挑战。我国人口众多,人均占有国家森林公园林地面积有限,加上流行的国民集中休假和许多国家森林公园采取的免门票制度,给国家森林公园生态环境管理带来一定困难。党的十八大以来,在习近平总书记提出的"绿水青山就是金山银山"的科学论断指导下,加速推进国家森林公园发展建设被看作是加强我国生态文明建设,实现国民经济绿色和可持续发展的重要举措之一。所以,科学认识与正确核算国家森林公园游憩价值具有重要战略意义。

然而,以林地为载体的国家森林公园的环境资源,具有典型的非市场性和公共品属性特点,即利用的非排他性与消费的非竞争性,使其真实的经济价值难以通过常规的市场价格得到正确反映。比如,与汽车、房产、衣物、食品等市场产品相比,这些产品的价值可由供给和需求相互作用之下决定的市场均衡价格进行测算,因为市场均衡价格刚好等于消费者购买最后一个单位产品最大意愿支付,即产品的边际价值。根据经济学基本原理,单位产品价值等于产品的边际价值。值得强调的是,经济价值的概念源于新古典经济学的市场均衡理论,它是建立在市场经济环境之上的。换句话说,没有市场,经济价值也就无从谈起。与普通市场资源相比,国家森林公园价值测算面临的技术难题是没有适合的市场均衡价格。因此,我们需要借助一种假设的市场环境或市场替代品来模拟真实的市场交易环境,从中找到用来测算国家森林公园"游憩价格"。毋庸置疑,正确地估计国家森林公园游憩价值的实际意义在于帮助国家森林公园建立科学的生态补偿标准,运用经济手段管理国家森林公园,促使国家森林公园实现可持续发展。

本书通过理论与实证,定性与定量相结合的研究手段,以大连西郊国家森林公园为例测算国家森林公园总游憩价值。研究得出以下结论。

1）完整的价值体系是科学开展国家森林公园价值评价的前提条件

本书在系统论述国家森林公园的游憩功能基础上，构建了国家森林公园总游憩价值核算体系，把总游憩价值划分为使用游憩价值和非使用游憩价值，并将非使用游憩价值划分为选择价值、存在价值和遗赠价值。国家森林公园使用游憩价值是来自游客对国家森林公园的使用。这个"使用"不仅包括消费性使用，也包括了非消费性使用。结合大连西郊国家森林公园实际情况来看，目前国家森林公园使用形式是以非消费性使用为主，使用性消费仅占使用游憩价值的很小部分，可以说是微不足道的。这与国外很多国家森林公园的使用具有较大的不同。比如，在美国阿拉斯加国家森林公园和自然保护区，狩猎、采摘、捕鱼等消费性使用可占到园区总经济价值 10% 以上（Peterson et al.，1992），因为那里仍然居住着当地土著民族，保持以狩猎为生的习惯。当然，像这样的情况在中国几乎是不存在的，除了个别少数边远小范围地区仍存在少数部落，但是，针对国家森林公园总体而言，不具有任何代表性。因此，不难理解，国家森林公园景区体验或非消费性使用成为当下我国国家森林公园使用游憩价值的主要表现形式。而景区游憩体验与景区内一些关键属性（环境资源属性和管理属性）有着十分密切的联系。

本书建立的国家森林公园总游憩价值核算体系，详细论述了各类价值的概念、内涵界定、测算边界划分，强调价值体系的完整性和最大限度地避免价值的重复计算。该价值体系的建立将会改变以往人们的一些错误认知，把使用游憩价值看作总游憩价值。特别值得一提的是，本书提出的国家森林公园非使用游憩价值概念以及赋予的实际内涵，将对未来开展本问题的研究发挥引领作用。最后，本书针对非使用游憩价值测算所采取的技术路线，包括二次双边界报价问卷设计、二分式Probit 模型构建方法，以及提出的税收政策建议都将为推动本领域的研究发挥重要的建设性作用。

2）改善国家森林公园管理的本质是加强园区属性管理

掌握旅游者对国家森林公园属性的偏好信息对于改善景区管理具有十分重要的实际指导作用。这体现在三个方面：一是为制定国家森林公园管理策略提供信息支撑。任何一个国家森林公园的管理都会涉及资源环境保护、打造旅游吸引物、维护游客关系等方方面面的工作。管理者需要准确把握旅游需求信息，合理制订景区管理行动方案，而这个行动方案制订必须根据游客景区属性偏好信息。二是管理者可以根据游客属性价值信息，科学分配有限的财力、物力和人力资源，打造差异化的旅游产品，使单位资源投入获得最大经济效益。三是根据属性价值信息，开展国家森林公园旅游宣传，扩大市场影响，为景区制定差异化的发展战略，提高市场竞争力。

这个游憩总使用价值是根据 2019 年大连西郊国家森林公园来访的总游客人

次数计算的。可以预见,随着景区属性质量管理改善,前来参加游憩活动人数将会出现较大幅度的增长,大连西郊国家森林公园所带来的游憩使用价值可以很容易达到 4 亿元以上。

3) 非使用游憩价值是国家森林公园总游憩价值的重要组成部分

根据模型测算结果,大连市每户每年愿意为大连西郊国家森林公园支付20.26 元非使用游憩价值,这相当于对该国家森林公园支付同等数额的生态保护税。据此推算出该森林公园每年能够为大连市居民带来 1.4 亿元全部非使用游憩价值。产生此项非使用游憩价值的动机最主要是来自存在价值,其次是遗赠价值和选择价值。存在价值是指人们为了确保大连西郊国家森林公园永远存在,不被其他用途所取代愿意支付的保护费用。遗赠价值是指为了保护该森林公园不仅能为当代人所用,而且能为未来几代人或十几代人使用(利他主义思想)所愿意支付的费用。选择价值是指人们当下愿意支付某些费用用来保留个人未来能有机会前去大连西郊国家森林公园参加旅游的机会。

根据本书估计结果,目前大连西郊国家森林公园每年可产生总游憩价值为2.2 亿元,其中使用游憩价值和非使用游憩价值比为 40∶60。这一结果与美国的研究结果 46∶54 基本一致(Haefele et al.,2016)。但是,需要指出的是,美国的研究结果是基于美国全部的国家森林公园,总共 418 处,而本研究只是根据大连西郊一个国家森林公园。通过比较国内外研究结果,不难看出非使用游憩价值是国家森林公园总游憩价值的重要组成部分。

值得注意的是,大连市每户每年 20.26 元的非使用游憩价值是一个平均值。这意味着,全市有半数家庭所得非使用游憩价值要低于 20.26 元。产生这种结果的原因是包括多方面的。其中最为重要的原因是人们对国家森林公园具有的非使用游憩价值认知不足。第二个原因可能是来自自由乘车的想法。这是公共环境资源保护面临金融支持不足的普遍原因,加上大连西郊国家森林公园一直以来都是采取免费入园的管理方式,使民众心理普遍产生了作为国家森林公园就应该是免费使用的定式思维。因此,说到任何形式的意愿支付,人们都会觉得不愿接受。对于怎样才能实现国家森林公园可持续利用目标的背后逻辑,却很少有人进行认真思考。不可否认,随着全民生态保护意识逐步提升,大连西郊国家森林公园的非使用游憩价值有着较大的提升空间。

4) 需要将环境态度分析纳入条件评价分析框架

到目前为止,条件评价法仍然是环境资源价值评价的重要方法,非使用价值评价的唯一方法。尽管一直以来学术界对 CVM 提出了各种这样或那样的质疑,但不可否认的是,该方法仍在非市场评价研究领域发挥着最为核心的作用,每年发表的相关研究论文数以千计。这意味着,CVM 在未来环境资源价值评价研究当中将会继续发挥重要作用。当然,不必讳言,跟许多其他科学研究方法一样,条件评价法的确存在某些短板和不足之处:包括基于假设的市场条件,WTP报价极易出现战略偏差,从而导致过高的环境资源价值评价结果。但是,解决这一问题并非一筹莫展。本书研究结果再一次证明,在条件价值评价当中考虑环境态度因素,对测试非使用价值结果的可靠性具有不可忽视的作用。其实,这背后的逻辑非常简单。态度决定行为,意愿支付就是一种行为。因此,从这个角度来看,环境态度与意愿支付行为之间存在着必然的联系。环境支持态度越强,居民愿意为保护大连西郊国家森林公园支付的费用就越高。需要注意的是,学术界对环境态度和环境行为各自均采用了多种不同的测试方法。比如,环境态度可分为态度的程度(attitude magnitude)测试和强度(attitude strength)测试等。有学者研究发现,一般性环境态度衡量指标对某一具体环境行为的预测能力可能是十分有限的,有时甚至出现不具有预测能力的情况。据此,本研究采用NEP作为公众一般环境态度测试指标,然后分析WTP与一般环境态度的回归关系。为提高研究的准确性,在今后国家森林公园环境态度研究当中,建议采用更具有针对性的环境态度测试指标,从而进一步提高WTP估计结果的可靠性。

2. 政策建议

从世界各国国家森林公园管理来看,存在的一个普遍性问题是政府预算不足,进而影响到国家森林公园的有效管理和可持续发展的实现。如何破解这一难题,一直以来是世界各国国家森林公园管理面临的严峻挑战。近年来,由于我国国家森林公园数量和林地面积呈现快速增长的趋势,财政预算不足也一直是困扰和影响国家森林公园健康发展的一大障碍,严重地制约了国家森林公园发展建设的步伐。一直以来,我国国家森林公园在沿用国家财政预算制度和免费入园制度。这样的做法限制了国家森林公园管理资金的来源渠道。因此,不论是党的十九大还是国家"十四五"国民经济发展规划,都明确提出了生态服务有偿使用,以及充分发挥市场机制在国家森林公园管理当中重要作用,建立健全生态补偿制度等。这意味着,国家在未来森林公园发展建设当中,将逐渐推行谁使用谁付费、谁破坏谁赔偿的基本做法。而有效推动这项金融改革的一个重要前提,就是正确测算国家森林公园总游憩价值,包括使用游憩价值和非使用游憩价值。根据本书研究所得结论,提出如下国家森林公园管理政策建议。

1) 建立国家森林公园使用收费制度

与全国绝大多数国家森林公园使用管理模式相同,一直以来大连西郊国家森林公园采取免费入园制度。不可否认,这在一定程度上促进了园区的旅游需求,但却给公园环境资源管理带来极大的压力。特别是在五一、十一节假日旅游旺季,大连西郊国家森林公园明显地存在超负荷利用的情况,使得园区环境资源保护面临极大的威胁。通过采取门票收费制度,特别是根据季节性游憩需求弹性测算结果,制定出调节性的门票价值。在旅游需求弹性高的季节降低门票价格,在旅游需求弹性低的季节提高门票价格,这将对改善国家森林公园承载力管理、调节公园季节之间的均衡利用发挥有益的作用。

根据本研究价值测算结果,大连西郊国家森林公园对于每个游客每次参加游憩活动产生 36.82 元的使用游憩价值。这个使用游憩价值水平可以作为目前大连西郊国家森林公园制定门票价格标准的重要参考。除此之外,根据非使用游憩价值测算结果,国家可以向当地居民征收国家森林公园生态保护费。这样一来,把景区门票收入和生态保护税收加到一起,是一笔不菲的收入,定能大大缓解大连西郊国家森林公园运营资金不足的压力,可基本解决公园面临的资金短缺问题。从目前财务预算来看,每年国家拨款给大连西郊国家森林公园运营的总费用大约在 4 200 万元,相当于每亩林地分摊 470 元的费用。通过采取公园使用收费和税收制度,大连西郊国家森林公园每年的创收总额将达到目前国家财政拨款的 5 倍以上。

2) 根据属性价值信息对森林公园进行精准管理

根据大连西郊国家森林公园属性价值评价结果,游客对于属性的偏好顺序是"减少拥挤""提高水质""提高植被覆盖率"和"减少景区垃圾数量"。而降低节日期间园区游客拥挤度应该是大连西郊国家森林公园面临的首要任务,虽然在每年绝大部分的时间里,景区拥挤问题也可能不是很突出。尽管如此,季节性的园区承载力的管理仍然是该公园面临的重要挑战,也是国家森林公园管理普遍面临的问题。这是因为国家森林公园普遍具有明显的季节性旅游人数波动的特点。从这个意义上来说,国家森林公园的承载力管理就是对旅游旺季或节假日期间客流量的管理。建议在各个公园入口处安装遥感等录像装置,实时监控入园人数。当入园人数达到规定的上限后,不再允许游人进入。同时,要根据历年入园人数监测数据,对节假日期间入园游客数量进行预警,提前告知游客选择更加合适的节日旅游路线,避免游人扎堆,导致森林公园过于拥挤;而另外一些国家森林公园可能出现游人稀少和利用不足,促进国家森林公园景区的均衡利用。

此外,除了园区承载力管理之外,大连西郊国家森林公园应加强对西山水库水质量的管理,力争水的能见度从目前的 1.5 米提高到 3 米以上。游客的意愿支付水平将从现在的每人每次的 13.64 元提高到 50.44 元,实现公园使用游憩价值大幅增长。其次,该公园仍需进一步加强植被的管理,力争使植被的覆盖率从目前的 85% 提高到 95%。当前植被覆盖率偏低的地方主要集中在园区游径和一些稀疏林地。前者可以通过适当规划园区游客行走路线和设置游人指示牌,提醒游客在途经植被稀疏或植物敏感地带不要随意离开行走路线。另外,可根据稀疏林地土壤水文等特点,选择种植适当的植物,逐步提升土壤敏感地带的植被覆盖率。研究表明,目前大连西郊国家森林公园垃圾管理状况也存在明显的问题,小件垃圾随处可见。特别是在西山水库水域周边,垃圾数量十分明显,这种状况急需得到解决。建议库区管理人员定期清理水域垃圾和岸边垃圾,通过增加雇用园区环卫工人数量,做到每日垃圾清理。不得不承认,包括大连西郊国家森林公园在内的许多国家森林公园,就总体环境管理而言,与美国和日本相比均有较大的差距。但是,笔者相信这个问题的解决不会很难。只要管理经费到位,这个问题一定会得到尽快解决。

3)加强居民生态环境保护意识

国家森林公园非使用游憩价值与当前游客参加园区游憩活动无关,而与公众对国家森林公园生态保护重要意义的认知有关。根据测算,目前大连市每户居民愿意为大连西郊国家森林公园每年支付 20.26 元生态保护费。产生此项意愿支付的动机是来自公园的非使用游憩价值,包括存在价值、选择价值和遗赠价值。应该说,这个非使用游憩价值水平是非常低的,表明很多居民对大连西郊国家森林公园存在的重要性认识不是很高。有理由相信,随着人们对国家森林公园生态保护重要性认识逐步提高,非使用游憩价值将会呈现较大幅度的增长。因此,政府部门需要通过各种媒体宣传渠道,加大环境和生态系统知识普及力度,通过开展形式多样的生态环境教育活动,提升居民对国家森林公园重要作用的认识,进而促进非使用游憩价值数量的快速增长。

4)开展国家森林公园应进行金融政策改革实验

金融保障体系的建立是确保国家森林公园正常运营,实现健康和可持续发展的重要一环。与世界上很多国家存在的问题一样,单独依靠政府财政拨款作为国家森林公园唯一的资金来源,无法彻底摆脱国家森林公园面临的资金短缺和财务风险问题。解决这个问题的办法除了景区使用收费(如采取门票制度)之外,还可以向居民收取国家森林公园生态保护费。根据大连西郊国家森林公园收入来源和运营资金供需情况,目前完全采取的依靠政府财政预算与免费入园政策需要进行改革。根据本书研究结果,基于居民意愿支付,大连西郊国家森林公园能够给当地居民带来每年每户 20 元非使用游憩价值。由于这一估计结果是基于当地居民对大连西郊国家森林公园的意愿支付,因此可以尝试向当地居民每年每户收取 20 元大连西郊国家森林公园生态保护税。这一举措可以具有两方面的作用:一是提高居民对国家森林公园生态保护重要意义的认识;二是能够为改善公园管理筹集必要的经费,从而大大缓解园区管理资金紧张的状况,起到"一石击二鸟"之功效。值得一提的是,非使用游憩价值是基于当地居民个人意愿支付信息测算得出的,而非具有强制性的增税行为。这一政策建议可以为国家森林公园开展金融改革政策实验提供参考。如果实验成功,可从根本上解决大连西郊国家森林公园运营资金不足的问题,助力公园实现健康和可持续发展。

附录 7.1　国家森林公园使用游憩价值调查

尊敬的女士、先生:

您好! 我们是大连理工大学经济管理学院旅游与环境管理专业研究生,目前承担国家森林公园游憩价值评价研究课题。为了正确认识游客对于国家森林公园游憩属性的偏好性选择,科学制定园区投资建设规划及管理工作重心排序,请您对下列 5 项游憩属性指标进行重要性打分。其中,从 1 到 5 表示重要性程度逐渐增加,请在对应的分值中画"√"即可。感谢您的配合。

一、大连西郊国家森林公园属性重要性得分

根据您个人的看法,请对以下五种大连西郊国家森林公园属性每一种属性重要性打分。分数 1~7 表示重要性程度排序,分数越大表示重要性越大。

评分说明:7 分最重要,1 分最不重要。		1 分	2 分	3 分	4 分	5 分	6 分	7 分
景区资源特征	植被覆盖率							
	拥挤程度							
	水体质量							
	垃圾数量							
	门票价格							

二、请您填写本次出游相关情况

1. 此次出行,您从居住地到大连西郊国家森林公园所需的时间是多少?(单程)。

□20 分钟　□30 分钟　□50 分钟　□1 个小时　□1.5 小时　□2 小时
□3 小时　□4 小时　□5 小时　□6 小时　□7 小时
□8 小时及以上

2. 您在景区内花费为(　　)元/每人。(包括娱乐、景区内餐饮、摆渡车、购物等)

3. 您的出游方式为:□自驾车　□火车　□高铁　□客车　□轮船
□出租车　□摩托车　□自行车　□步行

若为自驾车,请问您花费燃油费大约是多少?_____元;

请给出上述交通工具的单程花费是多少?_____元/每人。

4. 如果您是外地游客,请问您打算如何解决过夜问题?□居住亲戚朋友家,□居住酒店。如果选择居住酒店,每晚住宿费用:_____元/每人;餐饮费用:_____元/每人;其他花费:_____元/每人。

5. 您在该景区内的游览时间有多长时间:□1~2 小时　□3 小时　□4 小时　□5 小时　□6 小时　□7 小时　□8 小时及以上

6. 这是您第几次来该公园旅游?□1　□2　□3　□4　□5　□6　□7 及以上

7. 您此次旅游的一同随行有几个人?□1 人　□2 人　□3 人　□4 人　□5 人　□6 人及以上

三、请填写您个人的基本情况

1. 请问您的性别□男□女;来自省区市_____。

2. 请问您的年龄是:

□20 岁及以下　□21~30 岁　□31~40 岁　□41~50 岁　□51~60 岁　□61 岁及以上

3. 请问您所接受的最高教育程度是:

□小学及以下　□初中　□高中　□大学　□硕士及以上

4. 您个人的平均每月税前收入是:

□1 000 元以下　□1 001~3 000 元　□3 001~5 000 元　□5 001~8 000 元　□8 001~10 000 元　□10 001~20 000 元　□20 001 元以上

附录 7.2　居民环境态度测试(HTZ)题项

请对表中每一个环境态度(HTZ)测试题项打分。

题　项	得　分				
1. 大连市的人口数量正在接近所在自然环境所能承受的极限。	5	4	3	2	1
2. 大连人有权利按照自己的需要来改变属于自己的自然环境。	1	2	3	4	5
3. 当人的活动严重干预自然环境的时候常常招致灾难性后果。	5	4	3	2	1
4. 依靠大连人自己的智慧一定会确保这个城市不会被毁掉。	1	2	3	4	5
5. 我们正在严重地滥用环境。	5	4	3	2	1
6. 如果我们学会如何正确利用,大连有足够多的资源供我们所用。	1	2	3	4	5

题　　项	得　　分				
7. 地球上的动植物生态系统跟我们人类具有同等的生存权利。	5	4	3	2	1
8. 尽管工业发展对环境造成破坏和影响,但环境具有自我修复能力。	1	2	3	4	5
9. 尽管我们人有许多的能力,但是也无法摆脱自然法则的约束。	5	4	3	2	1
10. 所谓大连这座城市正在面对生态危机的说法有些夸大其词。	1	2	3	4	5
11. 在大连这块土地上有无限多的资源供我们所利用。	5	4	3	2	1
12. 人就该控制自然界的各个组成部分。	1	2	3	4	5
13. 整个自然系统是非常脆弱的,很容易遭到不利因素的干扰。	5	4	3	2	1
14. 不必担心,我们大连人终将学会掌控自然的能力。	1	2	3	4	5
15. 如果一切按照目前状况发展,大连市将会很快迎来大生态灾难。	5	4	3	2	1

注：表中数字为偶数题项：非常同意＝1；有些同意＝2；不确定＝3；有些不同意＝4；非常不同意＝5。而数字为奇数的题项顺序刚好相反：非常不同意＝1；有些不同意＝2；不确定＝3；有些同意＝4；非常同意＝5。

附录 7.3　国家森林非使用游憩价值支付意愿调查

一、受访者个人信息

1. 您是否大连市居民？□是　□否。如果"否"结束调研。

2. 请问您的年龄是：

□21～30 岁　□31～40 岁　□41～50 岁　□51～60 岁　□61 岁及以上

3. 请问您所接受的最高教育程度是：

□小学及以下　□初中　□高中　□大学　□硕士及以上

4. 您的婚姻状况：□已婚　□未婚　□同居

5. 包括您自己在内,您家里有多少人：□1 人　□2 人　□3 人　□4 人

□5 人及以上

6. 您家庭平均每月税前总收入是：

□10 000 元以下　□10 001～20 000 元　□20 001～30 000 元

□30 001～50 000 元　□50 001～65 000 元　□65 001～80 000 元

□80 001～100 000　□100 000～150 000　□150 001～200 000

□200 000 元以上

7. 你是否一家之主,具有支配家庭开支的权力？□是　□否

8. 你是否了解大连西郊国家森林公园？□是　　□否

二、国家森林公园非使用游憩价值

1. 大连西郊国家森林公园不仅能为人们提供使用游憩价值，而且能提供非使用游憩价值。使用游憩价值是指人们从到该公园参加游憩活动中产生愉悦和幸福感；而非使用游憩价值是指人们无须到公园旅游也能产生满足和快乐感。非使用游憩价值来自以下三种动机：选择价值，存在价值，遗赠价值。请您告诉我们，就大连西郊国家森林公园而言，您是否具有以下动机：是□　否□。

选择价值：我希望未来能有机会到该国家森林公园旅游。

存在价值：我为该国家森林公园能够永远存在而感到欣慰。

遗赠价值：我从子孙后代能够继续到该国家森林公园旅游中感到快乐。

如果回答"是"，继续回答下面的问题；如果回答"否"，结束此次调查。

2. 大连西郊国家森林公园属于国家 4A 级公园，但是近年来由于工业、农业和房地产业的快速发展，导致土地短缺，加上国家每年拨给园区财政预算明显不足，使得景区管理陷入一定的困境。为了解决这个矛盾，一个可行的办法就是卖掉部分公园林地面积，从中获得资金用来缓解园区管理资金的短缺。另一个办法就是国家每年向当地居民征收生态保护税，用于弥补园区管理资金的不足。如果政府在未来 10 年里，每年以工资所得税的形式向大连市每户居民征收大连西郊国家森林公园生态保护税，您是否对这一政策表示支持？是□，否□。以下是征税的办法。

（1）您愿意每年以工资所得税的形式向国家支付 x 元钱吗？（支付金额见下表）：□是；□否。如果"是"，调查者把价格提高 1 倍，继续询问受访者是否愿意支付；如果"否"，把价格降为原来的一半，继续询问受访者是否愿意支付。如下表所示，共有 6 种初始报价，分别为 5 元、10 元、15 元、20 元、30 元、50 元。

（2）请在下表中以百分比的形式（%）标出您的意愿支付动机，三项价值之和等于 100%。

（3）如果您选择了拒绝任何报价，请继续回答问题 3。

WTP 二次报价结果及价值属性分布　　　　　　　（单位：元）

1st 报价	2nd 报价(上升)	2nd 报价(下降)	选择价值(%)	存在价值(%)	遗赠价值(%)
5	10	2.5			
10	20	5			
15	30	7.5			
20	40	10			
30	60	15			
50	100	25			

　　3. 如果您不愿为保护大连西郊国家森林公园支付任何税费,能给出您的理由吗?

　　(1) 每年经济收入所限,我的家庭不能为保护公园支付任何钱。

　　(2) 公园是归国家所有,政府应该出资保护和发展公园。

　　(3) 公园可以提高收费标准,实现自主经营。

　　(4) 我相信政府会把我们的捐赠全部用到公园保护建设和发展上面。

　　(5) 其他。请给予简要说明。

第8章 研究案例2-国家森林公园游憩属性价值比较分析

8.1 引 言

从第 7 章的研究结果中不难看出,国家森林公园的价值主要取决于其属性具有的价值,而每一种主要属性的价值又取决于属性的质量。当然,国家森林公园属性价值还会受到游客偏好、旅游经济发展水平、旅游需求,以及游客来自不同客源地等多种因素的影响。这些因素决定了国家森林公园属性的价值具有明显的动态性。每一次价值评价的结果只能是反映或代表着当时或评价前后较近一段时期内的价值的大小。如果盲目地将这一价值评价结果在时间或空间上随意外推或开展预测是不尽合理的,不论是国家森林公园的自然属性还是管理属性都可能会随着上述各种因素的变化而发生改变。据此,本章我们将重点探究国家森林公园属性价值在不同地区、不同属性之间,以及不同客源地之间所产生的差异。采用的主要案例来自笔者和笔者的博士研究生发表在 *forests* 期刊上论文的部分内容(亢楠楠等,2021)。具体内容包括运用游客满意度法测算 20 个国家森林公园的价值,并选取其中几个主要国家森林公园价值评价结果进行比较。比较的内容集中在三个方面:一是同一国家森林公园不同属性价值之间的比较;二是不同国家森林公园同一属性价值之间进行比较;三是本地游客和外地游客之间进行价值比较。

8.2 游客满意度法理论与模型

8.2.1 游客消费行为经济分析

显而易见,国家森林公园的游憩属性和游客旅行花费对于游憩效用会产生影响,这种影响的大小可以用无差异曲线来进行描述。如图 8.1(a)所示,x 轴代表景区的游憩环境，y 轴代表游客购买的其他产品，为了方便分析，我们将其看作游客用于其他消费的货币数量。事实上，每个游客用于其他消费可支配收入的变化就等于游客用于购买游憩产品成本的变化。当景区的环境质量状态由 R_0 向右移动到 R_1 时，为了保持效用不变，游客用于其他消费的货币数量由 C_0 降为 C_1（同时，游客的旅行成本增加了 $C_0 - C_1$）。此时，根据两者之间的边际转换率 $\dfrac{C_0 - C_1}{R_0 - R_1}$ 可以计算出游客愿意为景区游憩属性的水平变化 ΔRecreation attribute 所放弃货币的数量 ΔCost，即游客对景区游憩属性的边际意愿支付（WTP）。

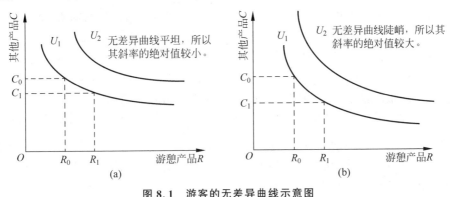

图 8.1　游客的无差异曲线示意图

（a）当地游客的无差异曲线；（b）外地游客的无差异曲线

　　虽然这一变化的过程是简单清晰的，但对于旅行花费与景区游憩环境质量之间存在的替代性还需进一步讨论。这是因为，游客的旅行花费一般由交通费用、住宿费用以及门票费用等构成。来自不同客源地游客在旅行距离、消费构成和旅游目的性（单一目的地旅行，多目的地旅行，在旅行途中是否有探亲访友等）需求表现出不同的成本花费。相较于本地游客，外地游客需要支付较高的旅行成本以获取某一景区的游憩属性，他们的"游憩属性"与"旅行费用"之间的边际替代率就会比较高。相反，当地游客只需要支付很少一部分费用就可以享受到该景区的属性资源，他们的"游憩属性"和"旅行费用"之间的边际替代率会较低。如图 8.1(a)所示，比较平缓且斜率绝对值较小的无差异曲线，反映出当地游客的偏好。相反，图 8.1(b)中比较陡峭且斜率绝对值较大的无差异曲线，则代表了外地游客的偏好。类似地，冯淑华（2002）在对古村落旅游客源市场和行为模式的分析中指出，游客因不同的生活方式、地位声望等因素会带来不同的旅游资源价值观。Manlika Matchai（2017）的研究也证实，当游客的来源地、文化背景以及价值观等存在不同时，他们对景区的感知价值就会存在差异，进而会影响到其旅游选择行为。因此，研究者提出游客满意度法理论框架的另一重要假设：不同客源地游客对景区游憩属性的价值评价结果存在差异。

8.2.2 游客满意度法评价模型的构建

根据以上理论分析,可以建立游客的效用函数为 $U_i(RA_j, C_i, S_i, OA_j)$,其中,$RA_j$ 表示游客 i 所到达景区 j 的游憩属性,C_i 表示游客 i 花费的向量,S_i 表示游客个体特征向量,OA_j 表示影响游客效用的景区其他特征。可以将游客效用表达式简写为

$$U_{ij} = \alpha_0 + \beta'_i RA_{ij} + \mu'_i OA_{ij} + \gamma'_i C_{ij} + \delta'_i S_{ij} + \varepsilon_{ij} \tag{8.1}$$

式中,$RA_{ij} = (RA_{ij1}, RA_{ij2}, \cdots, RA_{ijk})'$ 表示景区 j 游憩属性的列向量,$\beta'_i = (\beta_{i1}, \beta_{i2}, \cdots, \beta_{ik})'$ 表示对应的参数列向量。类似地,矩阵 $OA_{ij} = (OA_{ij1}, OA_{ij2}, \cdots, OA_{ijk})'$ 表示景区 j 其余属性的特征向量,C_{ij} 和 S_{ij} 分别表示样本中游客花费向量和自身特征向量。ε_{ij} 是随机误差项,假定它服从零均值、零方差的一般常规假设。为了保证结果的稳健性,我们还可以将游客满意度方程表示如下:

$$U_{ij} = \alpha_0 + \beta'_i RA_{ij} + \mu'_i OA_{ij} + \gamma'_i \ln(C_{ij}) + \delta'_i S_{ij} + \varepsilon_{ij} \tag{8.2}$$

$$U_{ij} = \alpha_0 + \beta'_i RA_{ij} + \mu'_i OA_{ij} + \gamma'_i C_{ij} + \theta'_i C_{ij}^2 + \delta'_i S_{ij} + \varepsilon_{ij} \tag{8.3}$$

方程(8.1)是线性方程设定形式,方程(8.2)和方程(8.3)分别是半对数函数形式和二次型函数设定形式。

在游客追求效用最大化的前提下,游憩属性水平变化所带来的边际效用等于改变旅游花费所带来的边际效用。此时旅游产品的定价,即游客的支付意愿,便可从游憩产品与旅游花费的边际替代率中推导出来。令 MU_{ra} 表示游憩属性变化对游客满意的边际效用,MU_c 表示旅游花费变动所带来的边际效用,那么游客选择的最优化表现为 $|\mathrm{MU}_{ra} \Delta \text{Recreation attribute}| = |\mathrm{MU}_c \Delta \text{Cost}|$,因此游憩属性与旅游花费之间的边际替代率可表示为

$$\mathrm{MRS} = \frac{\Delta \text{Cost}}{\Delta \text{Recreation attribute}} = -\frac{\partial U_{ij}/\partial RA_{ij}}{\partial U_{ij}/\partial C_{ij}} \Leftrightarrow \mathrm{WTP} \tag{8.4}$$

线性函数(8.1)中,游客的支付意愿为 $-\hat{\beta}/\hat{\gamma}$;在半对数方程和二次型方程设定形式下,游客在平均花费 $\bar{C}$ 处的 WTP 分别为 $-(\hat{\beta}/\hat{\gamma})\bar{C}$ 和 $-(\hat{\beta}/\hat{\gamma} + 2\hat{\theta})$,其中 $\hat{\theta}$ 是游客花费二次平方项的系数估计值。

上述理论框架的关键是,游客效用作为一个隐含的变量,其本身是不能被直接观测的。因此,将个体自我描述的满意度水平作为效用的替代变量便成为研究主流。总体来看,这些研究可以归纳为以下两方面思路:一方面,将游客满意度数值直接视为游客的效用水平,对数值直接赋予"基数"值,并且承认不同人群中满意度水平的可比较性。这种设定条件下,个体的效用函数采用 OLS(普通最小二乘法)回归。而另一方面,新古典经济学研究认为,基于离散满意度水平的个体不能进行

效用大小的比较,只能进行简单的排序。此时,可以将个体效用 U_{ij} 视为潜变量(latent variable)来推导出 MLE 估计量,即 Ordered Probit 模型。

值得注意的是,尽管把个体自我描述的满意度水平作为目标效用函数存在不同的认识,但是越来越多的研究证实在实践中采用上述两种方法所估计出的模型参数是类似的。因此,在本书中我们将同时使用 OLS 和 Ordered Probit 两种模型估计方法。考虑到不同来源地游客偏好可能存在的差异,我们还将分为"当地游客"和"外地游客"两个群体进行讨论。[①]

8.3　研究设计与数据收集

8.3.1　问卷设计及变量定义

本研究所用的变量主要来自两大方面:针对游客的满意度和消费行为的调查以及针对国家森林公园管理者的游憩属性调查(附录 8.1)。问卷中涉及的主要变量定义如下。

1. 游客满意度

参照国家旅游研究院"游客满意度指数课题组"(2012)的研究,本书的"游客满意度"调查包括"总体满意""游客忠诚""满足需求""满足预期"以及"推荐意愿"5 个问题,具体定义以及赋值情况如表 8.1 所示。

表 8.1　游客满意度量表及其有效性检验

游客满意度量表	变量赋值
总体而言,我对这次旅行感到满意。 此次旅行,满足了我的需求。 与预期相比,我对这次旅行感到满意。 如果有机会,我还会选择重游此地。 我会积极地向亲朋好友推荐此处公园。	5 级量表 1 表示非常不同意 5 表示非常同意
题项数	5
Cronbach's α 系数	0.854
KMO 检验	0.893

---

① 考虑到不同来源游客交通费用上的主要差异,本书将游客来源地分类定义如下:如果游客汇报的日常居住地所属的地级市与其所到访的公园所属城市相同,即认定为"本地游客";反之则为"外地游客"。

续表

游客满意度量表		变量赋值
Bartlett's 球形检验	χ^2 统计量	11 990.865
	自由度	21
	显著性水平	0.000

表 8.1 中,还展示了游客满意度量表的有效性检验结果,详细的数据来源及收集过程稍后进行说明。利用 SPSS 19.0 软件,可以得到,Cronbach's α 系数值为 0.854,远高于建议值 0.70,代表着本量表具有较高的同质信度。建构效度(construct validity)的考察方面,KMO 值接近最优标准值 0.90,Bartlett's 球形检验显著性水平为 0.000。因此,可以断定,游客满意度量表的建构效度良好。

2. 旅行成本

与传统的旅行成本法相似,本书将游客从客源地到达目的地的旅游支出作为为这一国家森林公园所支付的价格。其基本计算公式为

$$\text{Cost} = C_1/N_1 + C_2 + C_3$$

其中,C_1 代表游客汇报的在景区外的旅行交通费用、住宿费用、餐饮费用及其他花费,为了解决旅行中的多目的地与同行多人等可能给旅行费用估计带来的偏差,还要求游客汇报了在森林公园所属城市游览景区的个数 N_1。C_2 为景点内的花费(包括门票、公园内娱乐项目费用、餐饮费用、住宿费用以及购买纪念礼品费用等)。C_3 代表了游客出行的时间机会成本(根据每个游客汇报的家庭工资率的 1/3 核算),$C_3 = 1/3 \times (T_1 + 2 \times T_2)/(Y \div 12 \div 23 \div 24)$。其中,$T_1$ 为游客在公园内的游览时间(单位:小时);T_2 为游客从目的地到达景区所耗费的时间(单程,单位:小时);Y 为游客汇报的家庭年收入,12 代表一年工作的月份;除去法定双休周末外,每个月的工作时间以 23 天计算;24 则为每个工作日中的 24 个小时。

3. 森林公园属性信息

考虑国家森林公园的景区特征,参照第 3 章评价指标的选取结果,本次调查中的游憩属性考虑了风景资源、环境质量、地理区位、基础设施、游憩设施以及服务质量等多个方面;另外以景区面积、气候等因素作为控制变量。各属性定义及变量类型见表 8.2。

4. 游客个体特征

参照已有研究,本书引入年龄、年龄的平方、性别、受教育程度、婚姻状况以及家庭年收入等变量,以控制这些因素对游客满意度的影响。

表 8.2　国家森林公园游憩属性定义及变量分类

变量分类		评价标准	变量类型	变量名称
游憩属性	植被覆盖率	森林覆盖面积<60%（中） 森林覆盖面积 60%～85%（良） 森林覆盖面积>85%（优）	哑变量	Forest* Forest+ Forest++
	垃圾数量	主要景区垃圾桶 1 个/200 米，不可以分类回收，垃圾>10 件/200 米（中） 主要景区垃圾桶 2 个/200 米，不可以分类回收，垃圾 3～10 件/200 米（良） 主要景区垃圾桶 4 个/200 米，且可以分类回收，垃圾 3 件以下/200 米（优）	哑变量	Garbage− Garbage* Garbage+
	交通便利程度	进出城市一般便捷，可选择交通工具 2 种以下，省会城市至此用时 180 分钟以上（中） 进出城市一般便捷，可选择交通工具 2～4 种以上，省会城市至此用时 60～180 分钟以内（良） 进出城市很便捷，可选择交通工具 5 种以上，省会城市至此用时 60 分钟以内（优＝3）	哑变量	Traffic* Traffic+ Traffic++
	拥挤水平	主要景区点可视范围内游客的人数>60 人/100 平方米（差） 主要景区点可视范围内游客的人数 50 人/100 平方米（一般） 主要景区点可视范围内游客的人数 35 人/100 平方米（中） 主要景区点可视范围内游客的人数 20 人/100 平方米（良） 主要景区点可视范围内游客的人数<10 人/100 平方米（优）	哑变量	Crowding− Crowding− Crowding* Crowding+ Crowding++
	基础设施	综合考虑景区生态厕所，健身场所，独立停车栈道，游客服务中心以及特色餐饮及商店等因素，得到完善的综合指标，建设是否完善每具有一项得一分（优＝5，良＝4，中＝3，一般＝2，差＝1）	连续变量	Support
	游憩设施	综合考虑景区游乐场，歌舞表演，导游服务，观光揽车以及官方信息渠道等因素，得到景区提供游憩设施的综合指标，景区每具有一项得 1 分（优＝5，良＝4，中＝3，一般＝2，差＝1）	连续变量	Recreation
控制变量	面积	国家森林公园园区的面积	公顷	Square
	温度	每月平均温度	摄氏度	Temperature
	温度的平方	每月平均温度的平方	摄氏度	Temperature-2
	降水	每月平均降水量	毫米	Rainfall
	空气质量	每季度监测到的主要景点空气中负离子浓度	万个/立方米	Air
	人文景点数量	景区对外开放的具有历史文化遗迹的人文景点的数量	个	Humanity

注：* 表示参照变量。

8.3.2　研究区域选择

为了保证国家森林公园自然资源以及环境属性具有一定的差异性,满足回归分析的要求,TSA需要选取多处国家森林公园进行实证研究。考虑到时间和经费这两个极为重要的因素,本研究选取了14个省份中的22处不同等级的国家森林公园作为分析样本。① 调查区域的选取重点考虑以下几项原则。

(1) 旅游人次在当地旅游行业中较高。

(2) 兼具一定的省内外知名度,且近3年内经营状况比较稳定。

(3) 公园的等级、游憩属性、门票价格等特征存在一定的差异性。

(4) 调研数据比较容易获取。

上述研究区域涉及我国多样性特质、多地域分布的国家森林公园旅游市场,可以有效地反映出森林公园游客消费的行为及心理特征。调研地点的名称及其对应的基本信息可见附录8.2。现将部分研究区域的资源概况介绍如下。

样本1:黑龙江威虎山国家森林公园,是2017年前获批的面积最大的国家级森林公园。该公园位于黑龙江省海林市,距离牡丹江市25千米,是隶属于柴河重点国有林业管理局的AAAA级旅游景区。因其园区内森林、瀑布以及泉水等景观酷似九寨沟,又享有"北国小九寨"的美誉。公园峡峰险谷景色迷人,颇具东北大森林的神秘感,更是红色经典小说《林海雪原》和现代京剧《智取威虎山》中英雄杨子荣剿匪故事的发祥地。此外,园区旅游设施建设完善,避暑山庄、水上乐园以及雪地游憩等成为游客观光旅游、寻觅革命踪迹的胜地。

样本2:河北塞罕坝国家森林公园,位于河北省围场满族蒙古族自治县最北部,是清朝著名的皇家猎苑之一"木兰围场"的一部分,距离承德市240千米。历史上,塞罕坝曾是森林茂密、水草丰沛的天然林区,但是长达半个多世纪的伐木垦荒使这里退化成了草原沙漠。新中国成立后,经过三代造林人的艰苦奋斗,成就了今天106万亩森林、20万亩草原景观的AAAAA级国家风景区,七星湖、塞罕塔等18处景点吸引着数百万游客的到来。"牢记使命,艰苦创业,绿色发展"的塞罕坝精神也代代相传。但是,与其鲜明的景观特色相比,公园的旅游基础设施还相对薄弱,不通铁路、不通航、不通高速,现有公路承载力不足;另外,停车场、旅游厕所等设施建设也长期受到土地手续的制约,园区可进入性和服务性水平具备更大的发展空间。

样本3:黑龙江五营国家森林公园,位于小兴安岭南坡中麓,被誉为小兴安岭

---

① 各省份及公园的排名不分先后。14个省份包括辽宁省、山东省、河南省、黑龙江省、陕西省、吉林省、江苏省、浙江省、河北省、北京市、江西省、湖南省、安徽省、上海市。

林海中的一块"祖母绿"。该公园拥有全亚洲占地最大、保存最为完整,也是最具有代表性的红松林,森林覆盖面积达到 89.2%。此外,该公园还具有世界一流的空气质量,空气中负氧离子含量高达 5 万个/立方厘米。除了迷人的自然景观外,园区内"少奇号"森林蒸汽小火车、旋转生态电影院、野外露营区等游憩设施便利。值得一提的,是景区"旅游厕所革命"的顺利实施。因地制宜的岩体卧式"寒带山区保温免供暖冲水式卫生间",外观上与园区林海景观融为一体,特色鲜明,又考虑了特殊群体"如厕难"的困境、改善了冬季厕所没有水冲的尴尬。此外,公园内已经实现了 Wi-Fi 全覆盖、线上自助购票、电子导览等服务功能日趋完备,是全国范围内"智慧旅游"模式的典范。

8.3.3　样本容量确定

随机抽样方式下,我们假设可接受的抽样绝对误差 e 为 8%,调查估计值的置信度 z 在置信度为 95% 时为 1.96,$\hat{p}(1-\hat{p})$ 最大取 0.25。由于我们采用简单的随机抽样,设计效应(deff)一般定为 1,这样每个园区需要的初始样本数量 n_0 就为 150 个。

$$n_0 = \frac{z^2 \hat{p}(1-\hat{p})}{e^2} = 150 \tag{8.5}$$

需要注意的是,最终样本量 n_1 的确定还需综合考量精确度、经费、时间以及调研过程中的突发事件等多项因素。结合课题组往年多次的实地调研经验可以发现,游客接收问卷后弃之一旁、填写后却不上交以及其他各种原因造成的无回答现象时有发生。因此,本研究预计回答率为 0.60。至此,可以确定每个公园的最终样本量为 $n_1 = 150 \div 0.60 = 250$ 个,22 个调研试点共计 5 500 个样本量。这 5 500 个样本不仅能满足对各公园的估计,而且能满足对总体的估计,所以是比较合适的样本量。

8.3.4　研究数据收集

TSA 模型中,所涉及的资料和数据主要来自两部分。

1. 游客调研数据

在问卷正式投入之前,课题组在大连市银石滩国家森林公园、大连西郊国家森林公园两处开展了预调研。借此过程,收集了游客对于问卷内容的反馈意见,并结合访谈记录对调查问卷进行了调整与完善,最终确定调查问卷,详细可见附录 8.3。正式调研过程中,课题组分别赴辽宁千山仙人台国家森林公园、北京八达岭国家森林公园以及东平国家森林公园 3 处地点发放问卷。考虑到研究团队的人员限制、项目的经费成本以及时间成本等各项因素后,对于其余 19 处国家森林公园,课题组采用了委托调研的方式,通过与管理人员的协商说明或与公园的协作,有偿委托其在所辖景区内投放针对游客的调查问卷,在 2017 年旅游高峰 5—12 月分别向 22个国家森林公园内投放 250 份问卷。最终,本研究共收回 4 531 份有效问卷。

2. 游憩属性客观数据

除了向公园内的游客发放调查问卷,本研究还制作了只针对公园管理人员的景区游憩属性调查表,结合公园官网信息等,获取景区属性的客观数据,问卷内容见附录 8.4。研究数据类型及收集方式如图 8.2 所示。

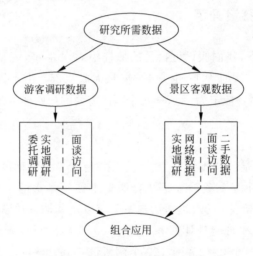

图 8.2 研究数据类型及收集方式

8.3.5 样本描述性统计

问卷收回后,比较被试者常住地址与景区所属市区的异同,分成当地居民与外地居民两个组别,整体样本以及两组样本的结构如表 8.3、表 8.4 所示。从客源地来看,本次调查所涉及的外地游客与本地游客的数量分别为 3 326 与 1 205,占总样本的 73% 和 27%。陈宏飞等(2016)对城市内公园的研究表明,伴随居住地与公园距离的增加,到访游客的数量会逐渐减少;但考虑到公园的知名度、交通状况等方面,上述规律不完全相符。对于本研究来说,研究区域集中于面向全国范围的国家级公园。那些居住在与公园地理环境差异较大的其他城市的游客,也更容易成为国家森林公园的客源群体。

表 8.3　各样本个体特征的结构统计

项　目		全部游客样本		本地游客样本		外地游客样本	
		人数	比例/%	人数	比例/%	人数	比例/%
性别	男	2 225	49.11	585	48.54	1 640	49.31
Gender	女	2 306	50.89	620	51.45	1 686	50.69
年龄	18～25 岁	708	15.63	228	18.92	480	14.43
Age	26～35 岁	1 465	32.33	389	32.28	1 076	32.35
	36～50 岁	1 733	38.25	452	37.51	1 281	38.51
	51～60 岁	382	8.43	87	7.22	295	8.87
	61 岁以上	243	5.36	49	4.07	194	5.83
学历	小学及以下	48	1.06	9	0.74	39	1.17
Education	初中	153	3.38	43	3.56	110	3.31
	高中	1 732	38.22	416	34.52	1 316	39.57
	本科	1 729	38.15	473	39.26	1 256	37.76
	硕士	755	16.67	230	19.08	525	15.78
	博士	114	2.51	34	2.82	80	2.41
婚姻状况	未婚	1 173	25.89	346	28.71	827	24.86
Marriage	已婚没有孩子	608	13.41	171	14.19	437	13.14
	已婚有孩子	2 665	58.82	664	55.10	2 001	60.16
	其他	85	1.87	24	1.99	61	1.83
收入水平	2 万元以下	465	10.26	153	12.69	312	9.38
HH icome	2 万～4 万元	644	14.21	168	13.94	476	14.31
	4 万～6 万元	1 015	22.41	267	22.16	748	22.49
	6 万～10 万元	1 062	23.43	278	23.07	784	23.57
	10 万～15 万元	774	17.08	207	17.18	567	17.06
	15 万～20 万元	315	6.95	76	6.31	239	7.19
	20 万～50 万元	174	3.83	34	2.82	139	4.19
	50 万元以上	82	1.82	22	1.81	59	1.76
来访特征	首次来访	2 392	52.79	555	46.05	1 837	55.23
Come	重游来访	2 139	47.21	650	53.94	1 489	44.76
游客满意度	非常不满意	98	2.16	41	3.40	37	1.10
Satis	比较不满意	166	3.66	73	6.05	93	2.79
	一般	711	15.69	191	15.85	520	15.63
	比较满意	2 150	47.45	560	46.47	1 590	47.80
	非常满意	1 406	31.03	340	28.22	1 066	32.05
来源地	本地游客	1 205	26.59	—	—	—	—
Residence	外地游客	3 326	73.41	—	—	—	—

注：各变量的定义方式如下：男=1,女=0；小学及以下=1,初中=2,高中(中专、高职)=3,本科(大专)=4,硕士=5,博士=6；未婚=1,已婚没有孩子=2,已婚有孩子=3,其他=4；2 万元以下=1,2 万～4 万元=2,4 万～6 万元=3,6 万～10 万元=4,10 万～15 万元=5,15 万～20 万元=6,20 万～50 万元=7,50 万元以上=8；重游来访=1,首次来访=0。

表8.4　各样本个体特征的描述性统计

变量 变量名称	性别 Gender	年龄 Age	年龄的平方 Age²	学历水平 Education	婚姻状况 Marriage	收入水平 HH icome	来访特征 Come	游客满意度 Satis	旅行费用 Cost
全部游客样本									
最大值	1	82	6 724	6	4	8	1	5	2 500
最小值	0	18	324	1	1	1	0	1	5
均值	0.509	37.795	1 576.55	3.735	2.366	3.683	0.472	4.015	290.639
标准差	0.499	12.169	1 037.03	0.900	0.887	1.648	0.499	0.899	233.756
斜度	-0.035	0.681	1.367	0.125	-0.625	0.339	-0.112	-1.046	1.476
峰度	1.001	2.986	4.823	3.203	1.828	2.817	1.013	4.364	7.161
样本量	4 531	4 531	4 531	4 531	4 531	4 531	4 531	4 531	4 531
本地游客样本									
最大值	1	76	5 776	6	4	8	1	5	530
最小值	0	18	324	1	1	1	0	1	5
均值	0.515	36.692	1 484.158	3.808	2.304	3.576	0.461	3.9	79.519
标准差	0.499	11.746	969.991	0.907	0.909	1.652	0.498	0.99	65.832
斜度	-0.581	0.671	1.387	0.086	-0.476	0.331	0.158	-1.017	2.659
峰度	1.003	3.020	5.074	3.003	1.651	2.829	1.025	3.873	13.433
样本量	1 205	1 205	1 205	1 205	1 205	1 205	1 205	1 205	1 205
外地游客样本									
最大值	1	82	6 724	6	4	8	1	5	2 500
最小值	0	18	324	1	1	1	0	1	60
均值	0.506	38.195	1 640.023	3.709	2.389	3.722	0.446	4.056	367.126
标准差	0.500	12.297	1 058.425	0.896	0.879	1.646	0.497	0.86	225.543
斜度	-0.277	0.679	1.350	0.138	-0.681	0.344	-0.210	-1.019	1.544
峰度	1.001	2.958	4.705	3.285	1.909	2.811	1.044	4.469	8.073
样本量	3 326	3 326	3 326	3 326	3 326	3 326	3 326	3 326	3 326

表 8.3 中,我们还汇报了样本的游客个体特征的描述性统计分析结果。结合表 8.3 与表 8.4 的结果,可以发现,本地与外地两组游客在性别、年龄、学历水平、婚姻状况以及收入水平几项特征上并无明显的差异,具体表现为,男性游客与女性游客的比例相当;被访游客的年龄集中在 26~35 岁(约为 32%)以及 36~50 岁(约为 38%)两个区间,表现出了正态分布的趋势;从游客的受教育水平来看,绝大部分游客拥有初中以上的学历,其中高中以及大学本科占比最大;家庭结构中,已婚游客与未婚游客的比例约为 3∶1,更多的家庭已经抚育子女;收入水平方面,两组样本游客的结构分布都比较集中,6 万~10 万元、4 万~6 万元以及 10 万~15 万元三组人群的占比较高,但存在少许差异的是,在高收入水平 15 万元以上的分布上外地游客(合计 13.14%)要略高于本地游客(合计 10.94%)。两组样本相似的比例结构均反映出了当前旅游市场游客分布的一般规律,并从侧面验证了问卷调查过程中的随机性,保证了接下来组间价值评估结果的有效性。

此外,从"来访特征"与"游客满意度"两方面的统计分析来看,本地游客与外地游客表现出明显的差异。首先,本地样本中有超过半数的受访游客(53.94%)已经到访过所调查的国家森林公园,这一比例明显高于外地游客(44.76%)。得益于更加便利的交通以及更少的预算费用,本市游客表现出了更高的重游水平。其次,本地样本中,"非常不满意"以及"比较不满意"的游客占比达到了 9.45%,而外地游客的占比仅为 3.89%。相反,外地游客中"非常满意"的比例则更高。

8.4　模型结果与游憩使用价值计算

8.4.1　基于全部样本的分析

表 8.5 给出了式(8.1)、式(8.2)和式(8.3)的估计结果。其中,前 3 个模型是将游客满意度视为基数效用值的 OLS 估计结果,最后一个是将满意度视为潜变量后,使用 Ordered Probit 模型对式(8.1)进行估计。总体来看,各模型均表现出了良好的拟合效果,各参数的系数大小与显著性水平并无较大差异,游客满意度与更高水平的森林覆盖面积、更干净的景区环境成正相关关系。不同的是,拥挤程度对游客满意度的影响并不是单调变化的。当可见游客数量＞35 人/100 平方米时,游客的满意度水平逐渐下降,而拥挤水平＜10 人/100 平方米后,又会对游客的福利产生负面影响,过度拥挤带来的嘈杂不适或者人数过少带来的孤寂均会导致游客

表 8.5 整体样本的回归结果

变量	线性回归 式(8.1)		半对数回归 式(8.2)		二次项回归 式(8.3)		Ordered Probit 模型 式(8.2)	
Cost	-3.66×10^{-4}***	6.74×10^{-5}			3.66×10^{-4}	6.75×10^{-5}	-4.33×10^{-4}**	8.66×10^{-5}
Ln(cost)			-0.081***	0.0155				
Cost²					-1.54×10^{-8}***	5.41×10^{-8}		
Forest⁺	0.066**	0.033	0.061**	0.033	0.066**	0.033	0.116***	0.043
Forest⁺⁺	0.120***	0.037	0.120***	0.037	0.120***	0.037	0.200***	0.048
Traffic⁺	0.037	0.035	0.027	0.035	0.036	0.035	0.069	0.045
Traffic⁺⁺	0.041	0.026	0.032	0.027	0.040	0.026	0.048	0.034
Garbage⁻	-0.103***	0.035	-0.097***	0.035	-0.102***	0.035	-0.145***	0.045
Garbage⁺	0.131***	0.033	0.126***	0.033	0.131***	0.033	0.142***	0.043
Crowding⁻	-0.166***	0.032	-0.168***	0.032	-0.167***	0.032	-0.174***	0.042
Crowding⁻	-0.092***	0.034	-0.099***	0.034	-0.092***	0.034	-0.127***	0.043
Crowding⁺	0.228***	0.035	0.246***	0.035	0.228***	0.035	0.281***	0.046
Crowding⁺⁺	-0.091**	0.046	-0.099**	0.047	-0.092**	0.046	-0.182***	0.059
Support	0.040***	0.016	0.040***	0.016	0.041***	0.016	0.080***	0.021
Recreation	0.045***	0.017	0.036**	0.017	0.045***	0.017	0.093***	0.021
Humanity	-0.001	0.001	-0.0003	0.001	0.000	0.001	-0.001	0.001
Air	0.045***	0.005	0.046***	0.005	0.045***	0.005	0.062***	0.007
Square	-0.0001**	5.75×10^{-5}	-0.0002**	5.68×10^{-5}	-0.0001**	5.75×10^{-5}	-0.28×10^{-4}**	7.83×10^{-5}
Temperature	-0.001	0.001	-0.001	0.001	-0.001	0.001	-0.001	0.001
Temperature²	-0.001***	0.000	-0.001***	0.000	-0.001***	0.000	-0.002*	0.000
Rainfall	-0.007	0.007	-0.011	0.007	-0.007	0.007	-0.012	0.009

续表

变量	线性回归 式(8.1)		半对数回归 式(8.2)		二次项回归 式(8.3)		Ordered Probit 模型 式(8.2)	
Come	-0.051^{*}	0.026	-0.051^{**}	0.026	-0.051^{*}	0.026	-0.071	0.034
Age	-0.013^{*}	0.007	-0.012^{*}	0.007	-0.013^{*}	0.007	-0.014	0.010
Age^2	$1.56 \times 10^{-4*}$	0.000	$1.49 \times 10^{-4*}$	0.000	$1.56 \times 10^{-4*}$	0.000	1.75×10^{-4}	1.05×10^{-4}
Gender	0.016	0.026	0.022	0.026	0.016	0.026	0.027	0.033
Education	-0.074^{*}	0.016	-0.072^{***}	0.016	-0.074^{***}	0.016	-0.099^{***}	0.021
Marriage	0.015	0.020	0.012	0.020	0.015	0.020	0.019	0.026
HH icome	0.000	0.009	0.000	0.009	0.000	0.009	-0.002	0.011
Residence	-0.267^{***}	0.043	-0.165^{***}	0.039	-0.267^{***}	0.043	-0.278^{***}	0.055
Cons	3.438	0.178	3.551	0.199	3.442	0.179		
Number of observation	4 531		4 531		4 531		4 531	
R^2	0.102 9		0.098 4		0.102 9		0.049 5	
Log-likelihood							$-5\,218.121$	

注：*、**、***分别表示 10%、5%、1%的水平上显著。

体验的下降。另外,游客的满意度水平还与景区基础设施的建设和游憩活动的开展成正相关关系。从整体样本来看,景区交通的便利程度并未表现出与游客满意度显著的相关关系。个体特征方面,游客的体验效用水平与年龄存在 U 形关系,中年阶段游客的满意度水平较低。被试者的学历水平越高,对于旅行的满意度越低。与预期一致,游客的满意度水平的确会因客源地的不同产生显著差异,外地游客对所到达景区的满意度水平更高。在与部分被试者沟通过程中也发现,当地居民对周边环境有更深的了解,对于景区的游憩服务也表现出更高的期望水平。

8.4.2　各游憩属性经济价值的计算

对于本研究所关心的游客对于游憩属性的价值估计,也即支付意愿 WTP 的问题,我们使用了表 8.5 的估计结果对式(8.4)进行了计算,结果见表 8.6。其中,右上角标*的为各游憩属性的参照水平。对于这种基础场景变量的系数,Lawson 和 Manning(2002)给出了一种计算方法:某一属性对应的不同水平的效用之和为 0 的假定条件下,参照变量的系数等于该属性其他变量的系数之和的相反数,即 $\beta_{\text{Basic-level}} = -\sum_{t \in k} \beta_t$。因此,各参照水平的支付意愿即可表示为:$\text{WTP}_{\text{Basic-level}} = -\sum_{t \in k} \text{WTP}_t$。

表 8.6 结果显示,在不同的方程设定形式下,所估计得到的游客 WTP 略有不同,但是差异并不明显。这说明使用 OLS,Ordered Probit 模型所估计的结果大致相当,证实了研究结果的稳健性。以基本线性回归的 OLS 估计为例,游客为了使国家森林公园内达到一个良好的拥挤程度(Crowding$^+$)以及高水平的植被覆盖率(Forest^{++})的支付意愿 WTP 较高,分别达到了 623.184 元和 327.263 元。也就是说,为了选择一个具备更舒适的旅行氛围和更优美的森林景观的公园,游客分别愿意为此支付 214% 和 113% 的旅行费用。相反,当某处国家森林公园的垃圾状况表现不佳(Garbage$^-$)或者过度拥挤(Crowding^{--})时,游客则会考虑减少 281.882 元或 454.590 元的旅行支出以维持自身的效用水平不发生改变。更强烈地,游客为国家森林公园基础设施和游憩设施的完善程度增加 1 个指数的支付意愿分别达到了旅行支出的 42% 和 38%。

表 8.6　游憩属性水平发生变化所带来的经济价值

变量	线性回归		半对数回归		二次项回归		Ordered Probit 估计	
	WTP均值	占旅行成本的比例/%	WTP均值	占旅行成本的比例/%	WTP均值	占旅行成本的比例/%	WTP均值	占旅行成本的比例/%
Forest*	-508.184	-1.75	-591.091	-2.36	-506.971	-1.74	-738.527	-2.54
Forest⁺	180.921	0.62	198.863	0.82	180.562	0.62	270.394	0.93
Forest⁺⁺	327.263	1.13	392.228	1.54	326.409	1.12	468.133	1.61
Traffic*	-211.639	-0.73	-195.883	-0.73	-209.177	-0.72	-274.699	-0.95
Traffic⁺	100.846	0.35	90.451	0.26	99.156	0.34	162.410	-0.56
Traffic⁺⁺	110.793	0.38	105.432	0.47	110.021	0.38	112.289	0.39
Garbage⁻	-281.882	-0.97	-316.720	-1.20	-279.069	-0.96	-339.634	-1.17
Garbage*	-74.568	-0.26	-94.691	-0.39	-77.922	-0.27	6.624	0.02
Garbage⁺	356.450	1.23	411.411	1.59	356.991	1.23	333.010	1.15
Crowding⁻⁻	-454.590	-1.56	-547.564	-2.07	-455.102	-1.57	-407.551	-1.40
Crowding⁻	-251.720	-0.87	-321.087	-1.18	-252.175	-0.87	-297.075	-1.02
Crowding⁺	332.773	1.15	388.507	1.44	334.295	1.15	475.14	1.62
Crowding⁺⁺	623.184	2.14	801.776	3.03	623.475	2.15	655.801	2.26
Crowding⁺⁺	-249.647	-0.86	-321.632	-1.22	-250.493	-0.86	-426.315	-1.46
Support	109.289	0.38	143.525	0.49	109.280	0.37	184.988	0.63
Recreation	122.951	0.42	129.173	0.44	122.951	0.42	214.781	0.74

注：WTP值占旅行成本的比例=WTP值/旅行费用均值；整体样本本次游客旅行费用的均值为 290.639 元。

8.4.3 不同客源地群体的差异性分析

针对不同来源地游客消费行为存在的差异性,有必要将总体样本分成当地游客与外地游客两组,分样本进行回归统计,结果汇报见表8.7。分样本回归结果显示,游客对于游憩属性的偏好因为客源地的不同存在些许差异。就旅行成本之一变量来说,与外地游客的满意度水平呈现明显的倒U形关系。当游客前往外地旅行时,伴随旅行费用的增加,游客满意度水平不断提高,但人均费用达到108.93元左右的拐点后,游客满意度逐渐下降。相反的是,本地游客群体却较少地受到费用的约束,受这一趋势的影响并不明显。游憩属性方面,两组游客样本对景区"拥挤水平""空气质量"与"游憩设施"表现出了相同的偏好方向和强度。此外,由市区到达景区的交通便利程度、森林公园内人文景观的数量在本地游客群体间表现出了显著的正向影响关系。其可能的解释是,相较于外地游客,当地居民对本地森林公园的定位更倾向于是一个休闲、放松之所,是否能较容易地享受到与市区景观不一样的视觉感受是他们更为在意的。相反,经历了多城市间颠簸的旅途后,外地游客对市区与森林公园之间的交通状况敏感度便不那么高了。与此同时,是否干净的公园卫生、是否多样化的游憩设施和活动成为影响外地游客满意度水平的显著变量。

在表8.7估计结果的基础上,我们使用限参Bootstrapping方法分别模拟了两组样本1000个支付意愿WTP的估计值,表8.8汇报了OLS线性回归和Ordered Probit模型回归下两组样本支付意愿的估计结果。结果显示,两组游客对景区"拥挤水平"和"植被覆盖率"两种游憩属性的支付意愿最高,这也与表8.7中观察到的各属性对游客体验满意度的影响一致。其中,外地游客对于良好的景区拥挤水平的支付意愿为556.03元,约为平均旅行费用的1.51倍;当地游客的支付意愿为117.47元,是平均旅行费用的1.48倍。

可以看出,虽然两组样本对各游憩属性的支付意愿占旅行费用的比例大体相当,但是数值大小却存在明显的不同。这一数值直观上证实了相同的游憩属性的价值在不同来源地游客之间存在差异。

图8.3进一步描述了两组游客对森林公园各游憩属性WTP的分布。横轴为游客的支付意愿数值,纵轴表示支付意愿的概率分布。其中,虚线代表了本地游客的WTP分布,实线则代表了外地游客的WTP分布趋势。可以看出,外地游客的WTP显著地高于本地游客,并且具有更强的离散程度。因此,可以证明,国家森林公园游憩属性价值的评估中存在显著的客源地差异,对外地游客具有更高的价值。其可能的解释是:游客长期居住地与旅游目的地之间的异质性,仍是当前游客选择目的地的主要动机。"差异性旅游"作为驱动因素的大背景下,外地游客难免会

表 8.7 不同客源地群体的模型估计结果

变量	线性回归 本地游客	线性回归 外地游客	半对数回归 本地游客	半对数回归 外地游客	二次项回归 本地游客	二次项回归 外地游客	Probit 模型 本地游客	Probit 模型 外地游客
Cost	-2.54×10^{-3}***	-3.23×10^{-4}***			0.004***	0.000 1	-3.72×10^{-3}***	-3.93×10^{-4}***
	(5.53×10^{-4})	(6.56×10^{-5})			(1.09×10^{-3})	(1.53×10^{-4})	(6.43×10^{-4})	(8.82×10^{-5})
Ln(cost)			-0.236	-0.109				
			(0.048)	(0.024)				
Cost^2					-3.23×10^{-6}	-4.59×10^{-7}***		
					(2.95×10^{-6})	(1.30×10^{-7})		
Forest$^+$	0.068	0.067*	0.065	0.067*	0.068	0.068*	0.105*	0.101**
	(0.075)	(0.037)	(0.075)	(0.037)	(0.075)	(0.075)	(0.087)	(0.050)
Forest^{++}	0.152**	0.112***	0.148*	0.114***	0.156*	0.109***	0.208***	0.133***
	(0.082)	(0.042)	(0.082)	(0.042)	(0.082)	(0.082)	(0.097)	(0.057)
Traffic$^+$	0.020	0.004	0.021	0.006	0.010	0.002	0.083	0.013
	(0.075)	(0.040)	(0.077)	(0.040)	(0.076)	(0.076)	(0.087)	(0.054)
Traffic^{++}	0.129**	0.007	0.129**	0.007	0.131**	0.007	0.161**	0.003
	(0.057)	(0.030)	(0.057)	(0.030)	(0.057)	(0.057)	(0.066)	(0.040)
Garbage$^-$	-0.111	-0.119	-0.099	-0.124***	-0.110	-0.113***	-0.157*	-0.136***
	(0.074)	(0.041)	(0.074)	(0.041)	(0.074)	(0.074)	(0.086)	(0.055)
Garbage$^+$	0.128*	0.137	0.135*	0.137	0.127*	0.136***	0.208***	0.131***
	(0.075)	(0.037)	(0.075)	(0.037)	(0.075)	(0.075)	(0.090)	(0.051)
Crowding^{--}	-0.242***	-0.126***	-0.275***	-0.129***	-0.250***	-0.121***	-0.360***	-0.111**
	(0.089)	(0.038)	(0.090)	(0.038)	(0.090)	(0.090)	(0.104)	(0.052)
Crowding$^-$	-0.142**	-0.096**	-0.153**	-0.089**	-0.145**	-0.099**	-0.115*	-0.166***
	(0.073)	(0.045)	(0.073)	(0.045)	(0.073)	(0.073)	(0.086)	(0.060)

续表

变量	线性回归 本地游客	线性回归 外地游客	半对数回归 本地游客	半对数回归 外地游客	二次项回归 本地游客	二次项回归 外地游客	Probit 模型 本地游客	Probit 模型 外地游客
Crowding[+]	0.298*** (0.081)	0.179*** (0.044)	0.293*** (0.081)	0.186*** (0.044)	0.298*** (0.081)	0.179*** (0.081)	0.303*** (0.096)	0.216*** (0.061)
Crowding[++]	−0.148 (0.101)	−0.059 (0.053)	−0.142 (0.101)	−0.058 (0.053)	−0.144 (0.101)	−0.060 (0.101)	−0.107 (0.118)	−0.043 (0.071)
Support	0.131*** (0.033)	0.073** (0.019)	0.163*** (0.034)	0.072*** (0.019)	0.138*** (0.033)	0.072** (0.033)	0.168*** (0.038)	0.103*** (0.026)
Recreation	0.051 (0.038)	0.047* (0.019)	0.051 (0.038)	0.047** (0.019)	4.14×10^{-5} (0.038)	0.046** (0.038)	0.057 (0.045)	0.063*** (0.025)
Humanity	0.004** (0.002)	−0.002** (0.001)	0.004** (0.002)	−0.002** (0.001)	0.004** (0.002)	−0.002** (0.002)	0.003** (0.002)	−0.003*** (0.001)
Air	0.054*** (0.012)	0.037*** (0.006)	0.059*** (0.012)	0.037*** (0.006)	0.054*** (0.012)	0.036*** (0.012)	0.063*** (0.014)	0.051*** (0.008)
Square	2.98×10^{-4} (2.23×10^{-4})	$-1.48\times10^{-4*}$ (0.60×10^{-4})	1.15×10^{-4} (1.99×10^{-4})	$-1.82\times10^{-4**}$ (0.59×10^{-4})	2.47×10^{-4} (2.28×10^{-4})	$-1.25\times10^{-4**}$ (2.28×10^{-4})	1.50×10^{-4} (2.62×10^{-4})	-2.97×10^{-4} (2.62×10^{-4})
Temperature	0.020 (0.022)	−0.001 (0.001)	0.019 (0.021)	−0.001 (0.001)	0.019 (0.022)	−0.001 (0.022)	0.005 (0.026)	−0.001 (0.001)
Temperature^2	−0.003*** (0.001)	−0.001*** (0.000)	−0.003*** (0.001)	−0.001*** (2.30×10^{-4})	−0.003*** (0.001)	−0.001*** (0.001)	−0.003** (0.001)	−0.002*** (0.003)
Rainfall	0.002 (0.015)	−0.009 (0.007)	−0.002 (0.016)	−0.009 (0.007)	0.002 (0.015)	−0.009 (0.015)	−0.001 (0.018)	−0.014 (0.010)
Come	−0.064 (0.056)	−0.045 (0.030)	−0.066 (0.056)	−0.045 (0.030)	−0.064 (0.056)	−0.045 (0.056)	−0.081 (0.065)	−0.067 (0.040)

续表

变量	线性回归 本地游客	线性回归 外地游客	半对数回归 本地游客	半对数回归 外地游客	二次项回归 本地游客	二次项回归 外地游客	Probit 模型 本地游客	Probit 模型 外地游客
Age	-0.025 (0.015)	-0.002 (0.008)	-0.026 (0.015)	-0.002 (0.008)	-0.025 (0.015)	-0.002 (0.015)	-0.025 (0.018)	-0.002 (0.011)
Age^2	2.33×10^{-4} (1.78×10^{-4})	5.86×10^{-5} (0.91×10^{-4})	4.59×10^{-7} (1.77×10^{-4})	2.41×10^{-4} (0.91×10^{-4})	$5.43\times10^{-5**}$ (1.77×10^{-4})	$6.02\times10^{-5**}$ (1.77×10^{-4})	2.17×10^{-4} (2.08×10^{-4})	0.79×10^{-4} (1.25×10^{-4})
Gender	0.007 (0.055)	0.018 (0.029)	0.010 (0.055)	0.019 (0.029)	0.009 (0.055)	0.018 (0.055)	0.003 (0.064)	0.035 (0.039)
Education	-0.019 (0.034)	-0.095*** (0.018)	-0.018 (0.034)	-0.094*** (0.018)	-0.018 (0.034)	-0.096*** (0.034)	-0.024 (0.040)	-0.127*** (0.024)
Marriage	0.034 (0.041)	0.000 (0.023)	0.035 (0.041)	-0.001 (0.023)	0.034 (0.041)	0.000 (0.041)	0.037 (0.048)	0.003 (0.031)
HH icome	0.002 (0.018)	-0.002 (0.010)	0.003 (0.018)	-0.003 (0.010)	0.002 (0.018)	-0.002 (0.018)	0.001 (0.021)	-0.006 (0.013)
Cons	3.187 (0.374)	3.324 (0.202)	3.946 (0.414)	3.712 (0.241)	3.221 (0.375)	3.236 (0.375)		
观察值的数量	1 205	3 326	1 205	3 326	1 205	3 326	1 205	3 326
R^2	0.134 1	0.103 9	0.136	0.101	0.135	0.107 2	0.052 6	0.053 9
Log-likelihood							-1 472.593	-3 704.635

注：*、**、***分别表示 10%、5%、1%的水平上显著。

表 8.8　不同客源地群体的价值评价结果

变量	线性回归				Ordered Probit 估计			
	本地游客		外地游客		本地游客		外地游客	
	WTP均值	占旅行成本的比例/%	WTP均值	占旅行成本的比例/%	WTP均值	占旅行成本的比例/%	WTP均值	占旅行成本的比例/%
Forest*	−86.31	−1.08	−556.11	−1.52	−84.43	−1.06	−591.72	−1.62
Forest+	26.58	0.33	208.11	0.57	28.38	0.36	255.23	0.70
Forest++	59.73	0.75	348.00	0.95	56.05	0.70	336.49	0.92
Traffic*	−58.96	−0.74	−35.81	−0.09	−65.69	−0.82	−39.74	−0.07
Traffic+	8.04	0.10	12.67	0.03	22.39	0.28	33.19	−0.09
Traffic++	50.92	0.64	23.14	0.06	43.30	0.54	6.55	0.02
Garbage−	−43.63	−0.55	−369.05	−1.01	−42.27	−0.53	−346.47	−0.94
Garbage*	−6.66	−0.08	−55.11	−0.15	−13.78	−0.17	13.84	0.03
Garbage+	50.29	0.63	424.16	1.16	56.05	0.70	332.63	0.91
Crowding−−	−95.09	−1.20	−389.58	−1.06	−96.77	−1.22	−281.65	−0.77
Crowding−	−55.95	−0.70	−297.15	−0.81	−47.15	−0.59	−421.73	−1.15
Crowding*	92	1.15	313.36	0.86	91.1	1.14	264.25	0.72
Crowding+	117.47	1.48	556.03	1.51	81.58	1.03	549.46	1.50
Crowding++	−58.43	−0.73	−182.66	−0.50	−28.76	−0.36	−110.33	−0.30
Support	51.55	0.65	226.12	0.62	45.30	0.57	260.83	0.71
Recreation	20.08	0.24	145.43	0.40	15.47	0.19	160.09	0.44
合计	−38.05	1.73	813.38	2.22	106.93	1.34	829.32	2.26

注：右上角标 * 的属性为参照变量，其对应数值的计算方式同表 8.6。

对景区的自然属性和游憩服务价值产生更深刻的体验。加之本书选取的国家森林公园大多数为收费开放型景区,在国内具有较高的知名度,吸引着大量的外地游客,因此表现出了更高的游憩价值。

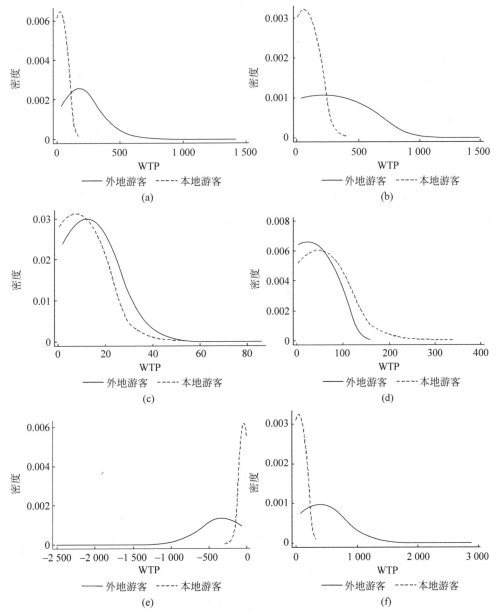

图 8.3　不同客源地游客对森林公园游憩属性的意愿支付分布图

(a) 植被覆盖率(中);(b) 植被覆盖率(优);(c) 交通便利程度(中);(d) 交通便利程度(优);(e) 垃圾数量(差);(f) 垃圾数量(优)

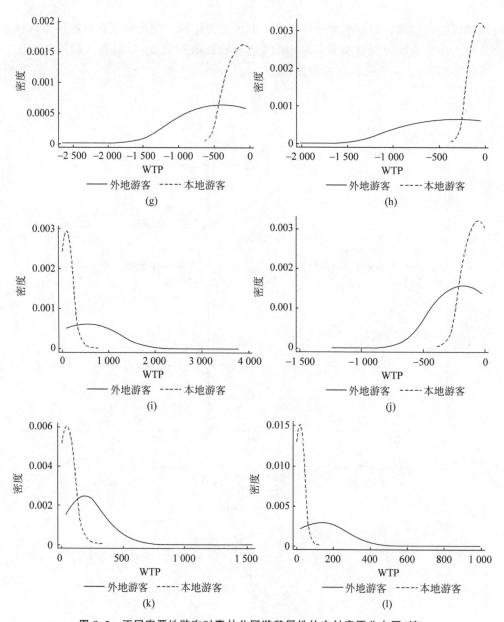

图 8.3 不同客源地游客对森林公园游憩属性的支付意愿分布图（续）
(g) 拥挤水平（差）；(h) 拥挤水平（一般）；(i) 拥挤水平（良）；(j) 拥挤水平（优）；(k) 基础设施；(l) 游憩设施

8.4.4 单个公园使用游憩价值的核算

在 8.4.2 节和 8.4.3 节，我们分别根据全体游客数据以及不同客源地游客数据测算了国家森林公园游憩属性价值。下面,我们将以五营国家森林公园为例,进行单个国家森林公园的游憩价值测算。表 8.9 中第 2~4 列汇总了总体样本中游客对于不同水平游憩属性的支付意愿占该组样本旅行费用的比例。本次调查过程中,五营国家森林公园景区共收回 216 份有效问卷,游客旅行成本均值为 265.47元。其中,当地游客的旅行成本均值为 78.91 元,外地游客的旅行成本均值为299.11 元。该公园各水平游憩属性的支付意愿如表 8.9 中第 5~7 列所示。

表 8.9　五营国家森林公园各游憩属性的价值

游憩属性 及水平	占旅行成本的比例/%			WTP		
	全部样本	当地游客	外地游客	全部样本	当地游客	外地游客
Forest*	−1.74	−1.08	−1.52	−461.918	−85.221	−454.693
Forest+	0.62	0.33	0.57	164.591	26.040	170.510
Forest++	1.12	0.75	0.95	299.450	59.181	284.183
Traffic*	−0.73	−0.74	−0.09	−194.590	−58.392	−26.923
Traffic+	0.34	0.1	0.03	92.118	7.891	8.974
Traffic++	0.38	0.64	0.06	102.321	50.501	17.948
Garbage−	−0.96	−0.55	−1.01	−256.975	−43.399	−302.131
Garbage*	−0.26	−0.08	−0.15	−69.819	−6.313	−44.871
Garbage+	1.23	0.63	1.16	326.794	49.712	347.002
Crowding−−	−1.56	−1.2	−1.06	−414.133	−94.690	−317.088
Crowding−	−0.86	−0.7	−0.81	−229.366	−55.236	−242.303
Crowding*	1.13	1.15	0.86	301.839	90.744	257.260
Crowding+	2.14	1.48	1.51	568.902	116.784	451.701
Crowding++	−0.85	−0.73	−0.5	−226.977	−57.603	−149.570
Support	0.46	0.65	0.62	122.116	51.290	185.467
Recreation	0.37	0.24	0.40	98.224	18.938	119.656

注:标 * 的属性为参照变量,计算方式同表 8.6。

此外,根据表 8.9 的估计结果,我们给出了五营国家森林公园整体游客对各游憩属性水平对应的 WTP 的更为直观的展示,如图 8.4 所示。其中,x 轴为各游憩属性所对应的不同水平,y 轴则为相对应的游客支付意愿。从图 8.4 可以清晰地看到各游憩属性水平的变化所带给游客经济价值的变动。除景区的拥挤水平外,其余各游憩属性从较低水平变动中至较高的水平时,游客所能感受到的效用都在逐渐增加。当景区的拥挤水平从 50 人/100 平方米提升至 35 人/100 平方米时,每位游客可以获得平均 301.84 元的经济价值;20 人/100 平方米的拥挤水平所带来的经济价值最大,为 568.90 元。而过高或者过低的拥挤感知,均会对景区游客的价值感知带来负面影响。此外,当景区的植被覆盖率下降至 60% 或以下,对游客价值感知的影响达到了一个较高的水平(−461.92)。

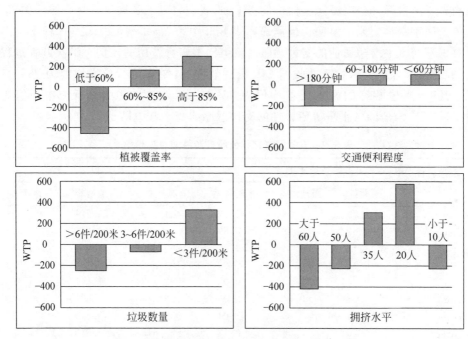

图 8.4　游憩属性对游客价值感知的影响示意图

结合表 8.9 和图 8.4 的结果,我们得出了五营国家森林公园各游憩属性当前状态以及最优状态下的经济价值,如表 8.10 所示。当前状态下,该公园对游客产生的平均游憩价值为 588.91 元/人·次,若使各游憩属性达到最优水平,产生的游憩价值为 2 399.17 元/人·次。可以看出,公园当前的环境质量、基础设施建设以及游憩服务等仍然存在较大的改善空间,游客福利可以获得进一步提升。2017 年度,五营国家森林公园接待旅游人次共计 20 万。因此,计算得到该公园的总游憩价值为:588.91×20=11 778.20 万元。

表 8.10　五营国家森林公园的使用游憩价值

属　　性	植被覆盖率 Forest	交通便利程度 Traffic	垃圾数量 Garbage	拥挤水平 Crowding	基础设施 Support	游憩设施 Recreation	合计
当前状态	优	中	良	中	4 分	4 分	—
最佳状态	优	优	优	良	5 分	5 分	—
当前价值/(元/人·次)	299.450	−194.59	−69.81	−229.37	488.45	294.67	588.91
最佳价值/(元/人·次)	299.450	102.32	326.79	568.90	610.58	491.12	2 399.17
改善前后比例	1	1.108	4.678	1.884	1.3	1.25	1.581

同样以五营国家森林公园作为研究区域,黄茂祝等(2009)使用旅行成本法评估了该景区的游憩价值。结果显示,该景区的游憩价值为 7 524.85 万元。当年该景区的年度接待游客人次 17.49 万,由此计算出公园为每位游客创造的游憩价值为 430.17 元/人·次,略低于本书计算的 588.91 元/人·次。考虑到现金折现率以及旅游业快速发展带来的游憩价值增值,可以断定,本次评价结果具有较高的可信水平。

8.5　结　　论

本章基于效用理论和无差异曲线的分析,提出了基于游客满意度法的国家森林公园使用游憩价值评价模型,通过 22 处代表性景区 4 531 名游客的满意度及消费行为数据,完成了对各游憩属性的价值测算,最后计算出单个国家森林公园的使用游憩价值。

结果表明:第一,公园的"植被覆盖率""垃圾数量""基础设施"以及"游憩设施"的改善均对游客满意度起着正向影响作用,"拥挤水平"的恶化则负面影响着游客的满意度水平。从整体样本来看,"交通便利程度"并未表现出与游客满意度显著的相关关系。第二,不同来源地游客对景区游憩属性的偏好存在显著差异。"植被覆盖率""垃圾数量"等成为影响外地游客满意度水平的主要因素;而当地游客更偏好于市区到达公园的"交通便利程度"。第三,旅游资源的价值评估结果存在显著的客源地差异效应。同一游憩属性的价值评价在不同来源地游客之间存在显著的差异,国家森林公园旅游资源游憩属性的改善对于外地游客意味着更高的经济价值。第四,以五营国家森林公园为例,完成了 TSA 评估结果在单个景区价值评估中的应用。同时,与传统技术下测算出的该公园的使用游憩价值进行了比较分析,验证了结果的精确性和可信度。

附录 8.1　国家森林公园游憩属性重要程度识别调查

尊敬的女士、先生:

您好!我们是××大学××专业国家森林公园游憩价值评价研究课题组。为了获取国家森林公园游憩属性的重要程度,进一步了解游客的旅游需求,请您对下列 13 个游憩属性指标进行重要性评价。其中,从 1 到 10 代表属性的重要性程度逐渐增加,请在对应的分值中画"√"即可。如果您还有其他意见或建议,也可在识别表下方列出。您的意见对我们下一步的研究至关重要,再次感谢您的配合!

国家森林公园游憩属性重要程度识别表

★评分说明：10分最重要，1分最不重要。

		1分	2分	3分	4分	5分	6分	7分	8分	9分	10分
景区资源特征	植被覆盖率										
	树种多样性										
	人文景观										
	水体景观										
	空气质量										
景区可进入性	与市区的距离										
	来园交通条件										
游客旅行诉求	基础设施建设										
	游憩设施建设										
社会管理条件	垃圾数量										
	拥挤水平										
	门票价格										
	景区服务质量										

您的其他建议或意见：

附录 8.2　TSA 所选国家森林公园及其基本信息

（截至 2019 年 7 月）

序号	名　称	级别	门票价格/元	成立时间	成立时间排名	面积/公顷	面积排名	地址
1	大连银石滩国家森林公园	0	50	2005 年 12 月	573	570.00	854	辽宁省大连市
2	山东蒙山国家森林公园	5A	80	1994 年 12 月	221	3 675.87	494	山东省临沂市
3	山东腊山国家森林公园	0	50	1996 年 8 月	253	723.00	836	山东省泰安市
4	河南云台山国家森林公园	5A	135	1993 年 5 月	188	2 000.00	865	河南省焦作市
5	黑龙江威虎山国家森林公园	4A	70	1993 年 1 月	210	414 756.00	1	黑龙江省牡丹江市
6	陕西太平国家森林公园	4A	65	2004 年 12 月	557	6 085.00	344	陕西省西安市
7	吉林朱雀山国家森林公园	0	30	2001 年 11 月	342	5 662.00	373	吉林省吉林市
8	陕西大白山国家森林公园	5A	100	1991 年 8 月	12	2 949.00	576	陕西省宝鸡市
9	辽宁和睦国家森林公园	4A	50	2008 年 1 月	660	1 367.85	756	辽宁省抚顺市
10	江苏大阳山国家森林公园	4A	70	2009 年 2 月	705	1 029.80	796	江苏省苏州市
11	吉林五女峰国家森林公园	4A	65	1992 年 11 月	117	6 866.67	310	吉林省通化市
12	黑龙江五营国家森林公园	4A	60	1993 年 1 月	211	14 141.00	166	黑龙江省伊春市
13	浙江千岛湖国家森林公园	5A	215	1990 年 6 月	7	95 000.00	19	浙江省杭州市
14	河北塞罕坝国家森林公园	5A	150	1993 年 5 月	160	94 000.00	25	河北省德州市
15	北京八达岭国家森林公园	3A	35	2005 年 12 月	562	2 940.00	531	北京市
16	上海东平国家森林公园	4A	70	1993 年 5 月	172	355.00	866	上海市
17	江西三爪仑国家森林公园	5A	30	1993 年 3 月	157	12 396.23	187	江西省宜春市
18	河南亚武山国家森林公园	0	30	1992 年 11 月	134	15 133.33	158	河南省三门峡市
19	湖南神农谷国家森林公园	4A	75	1992 年 7 月	43	10 000.00	221	湖南省株洲市
20	合肥大蜀山国家森林公园	4A	0	2013 年 1 月	762	1 003.01	799	安徽省合肥市
21	吉林净月潭国家森林公园	5A	30	1989 年 11 月	6	8 330.00	262	吉林省长春市
22	辽宁千山仙人台国家森林公园	0	30	2002 年 12 月	383	2 931.00	580	辽宁省鞍山市

附录8.3 游客满意度调查问卷（TSA）

××国家森林公园游客满意度调查问卷
（仅限游客填写）

尊敬的女士、先生：

您好！我们是××大学××专业国家森林公园游憩价值评价研究课题组。为了不断提高国家森林公园的旅游服务水平，了解您的旅游需求和意见，使您的旅游消费得到质价相符的服务，恳请您协助我们填写这张调查表。我们承诺，您所填写的内容仅用于学术研究，涉及个人信息的内容，我们将严格为您保密。

请填写您此次旅游的基本情况：

1. 您之前是否来过该国家森林公园？
　□是，之前共来过＿＿＿＿＿＿次　　□否
2. 您在该国家森林公园内，已经参与或者最感兴趣的是什么？（可以多选）
　□观光　　　□游径徒步　　□野餐露营　　□参观人文古迹
　□住宿　　　□民俗节庆　　□科普教育　　□林间游乐场地　其他＿＿＿＿
3. 此次旅行，您的同伴人数为＿＿＿＿＿＿名。

请填写您的满意度情况：

4. 请根据您在此国家森林公园旅途中的实际感受，对下列说法进行打分。
（1）总体而言，我对这次旅行感到满意。
　　　□非常不同意　□比较不同意　□一般　□比较同意　□非常同意
（2）此次旅行，满足了我的需求。
　　　□非常不同意　□比较不同意　□一般　□比较同意　□非常同意
（3）与预期相比，我对这次旅行感到满意。
　　　□非常不同意　□比较不同意　□一般　□比较同意　□非常同意
（4）如果有机会，我还会选择重游此地。
　　　□非常不同意　□比较不同意　□一般　□比较同意　□非常同意
（5）我会积极地向亲朋好友推荐此处公园。
　　　□非常不同意　□比较不同意　□一般　□比较同意　□非常同意
5. 您对本处国家森林公园的哪几方面比较满意？（可以多选）

☐门票价格　　　　☐基础设施　　　　☐植被覆盖率

☐卫生状况　　　　☐交通便利性　　　　☐拥挤程度

☐空气质量　　　　☐游憩设施　　　　☐其他

请填写您的旅游消费情况：

6. 为了进入该公园,您花费的门票费用是_____元/每人。

7. 在该公园内,您在餐饮、园内交通(摆渡车等)、娱乐、购物以及其他方面的费用共计_____元/每人。

8. 此次出行,您在本市(该公园所在城市)停留_____天;共计(预计)前往_____个景点。

9. 为了此次旅行,您的城市间来往交通费用是_____元/每人(双程);您的本市内交通费用(出租车、地铁、公交车等)是_____元/每人;

您的住宿费用是_____元/每人;餐饮费用是_____元/每人;

您的其他花费(设备租用、照相等,不包括森林公园内的)是_____元/每人。

请填写您的个人基本情况：

10. 您的性别：☐男　　　　☐女

11. 您的年龄：_____

12. 您的受教育水平：

☐小学及以下　　　　☐初中　　　　☐高中(中专、高职)

☐本科(大专)　　　　☐硕士　　　　☐博士

13. 您的婚姻状况：

☐未婚　　　　☐已婚没有孩子　　　☐已婚有孩子　　　☐其他

14. 您的家庭年收入：

☐2 万元以下　　　　☐2 万～4 万元　　　☐4 万～6 万元

☐6 万～10 万元　　　☐10 万～15 万元　　　☐15 万～20 万元

☐20 万～50 万元　　　☐50 万元以上

15. 您来自_____省_____市。

16. 请问您居住在：☐城市　☐乡村

再次感谢您的配合,祝您旅途愉快!

附录8.4 景区游憩属性客观信息调查问卷

××国家森林公园管理调查问卷
（仅限公园管理人员填写）

尊敬的女士、先生：

您好！我们是××大学××专业国家森林公园游憩价值评价研究课题组。为了不断提高国家森林公园的服务水平，保障景区的可持续运行，恳请您协助我们填写这张调查表。我们承诺，您所填写的内容仅用于学术研究，绝不做排名等他用，所有信息将严格保密。

1. 本处国家森林公园成立于_____年，位于_____省_____市。

2. 本处国家森林公园园区的面积为_____ m²。

3. 本处国家森林公园的门票价格是_____元（淡季）、_____元（旺季）。

4. 本处国家森林公园的开放时间是_____月—_____月。

5. 本处国家森林公园的工作人员数量为_____名，导游_____名。

6. 去年一年内，本处国家森林公园的旅游接待人数为_____人次。

7. 请您介绍一下本处国家森林公园的气候条件？
   □年平均气温_____℃　　　　□年平均降水量为_____ mm

8. 请您填写本处国家森林公园的评级情况？
   □AAAAA　　□AAAA　　□AAA　　□AA　　□A或无评级

9. 本处国家森林公园的主营业务包括哪些？（可多选）
   □观光休闲　　□游径徒步　　□人文景区开放　　□民俗节庆活动
   □野餐露营　　□科学教育　　□展览会议　　　　□林间游乐设施
   □其他_____

10. 本处国家森林公园的植被覆盖率是多少？
    □60%以下　　　□61%～70%　　　□71%～85%
    □85%以上

11. 本处国家森林公园距离所属辖区（市区）的距离为多少？
    □30 km以内　　□31～60 km　　　□61～120 km
    □120 km以外

12. 从所属辖区进入本处国家森林公园的可选择交通方式有哪几种？（可以多选）

　　□公交车　　　　　□地铁　　　　□出租车　　　□轻轨/小火车

　　□摆渡车　　　　　□旅游巴士　　□私家车(有独立停车场时可选)

　　□其他_____

13. 本处国家森林公园是否具有对外开放的具有历史文化遗迹的人文景点?

　　□没有　　　　□有,但尚未开放　　□有,已开放_____处

14. 本处公园的每季度监测到的主要景点空气中负离子浓度平均为_____

个/cm^3。

15. 请您在下列描述中,选择与本处公园的垃圾桶设置情况最为符合的一项。

　　□园区内主要景点垃圾桶 4 个/200 m,且可以分类回收

　　□园区内主要景点垃圾桶 2 个/200 m,不可以分类回收

　　□园区内主要景点垃圾桶 1 个/200 m,不可以分类回收

16. 请您在下列描述中,选择与本处公园旺季时游客密度情况最为符合的
一项。

　　□园区内主要景点视野内可见游客的人数为<10 人/100 m^2

　　□园区内主要景点视野内可见游客的人数为 20 人/100 m^2

　　□园区内主要景点视野内可见游客的人数为 35 人/100 m^2

　　□园区内主要景点视野内可见游客的人数为 50 人/100 m^2

　　□园区内主要景点视野内可见游客的人数为>60 人/100 m^2

17. 请您介绍一下本处国家森林公园的基础设施情况:

(1) 当前景区内是否建立了生态环保公共厕所?

　　□已修建　　　　　□尚未修建,还是传统公厕

(2) 当前景区内是否建立了健身木栈道?

　　□已修建,且覆盖公园内主要景点　　□尚未修建

(3) 当前景区是否配备独立停车场?

　　□已修建　　　　　□尚未修建

(4) 当前景区内是否已经开放"游客服务中心"?

　　□已开放　　　　　□尚未开放

(5) 当前景区内是否开放了特色餐饮及购物场所?

　　□已开放　　　　　□尚未开放

18. 请您介绍一下本处国家森林公园的游憩设施情况:

(1) 当前景区内是否开放了专门的游乐场所?

　　□已开放　　　　　□尚未开放

(2) 当前景区内是否具有定期的民俗节庆或歌舞表演活动?

　　□已开放　　　　　□尚未开放

(3) 当前景区是否具备导游服务(导游员或者电子导游)?

　　□已开放　　　　　□尚未开放

(4) 当前景区内是否已经具备观光缆车、观光游船或者园区摆渡车?

　　□已开放　　　　　□尚未开放

(5) 当前景区内是否开放了完善的官方信息渠道(官网、微信公众号等)?

　　□已开放　　　　　□尚未开放

再次感谢您的配合,祝您工作顺利,生活愉快!

第9章 美国国家公园总经济价值评估

9.1 引 言

本章介绍美国国家公园管理局(NPS)委托相关专家对美国整个国家公园系统进行的总经济价值评价研究,包括美国国家公园所有占地和 NPS 管理的全部计划项目。相关信息来自美国学者 Haefele 等(2020)发表的研究,题为 *Total economic valuation of the National Park Service lands and programs: Results of a survey of the American public*。

文献搜索显示目前美国是世界上唯一一个系统运用非市场评价方法对整个国家公园系统进行总经济价值测算的国家。这项研究的目的是让美国国会控制预算委员会以及广大公众能够全面领会国家公园及其管理的计划项目给美国民众创造的总经济价值,进而为美国国会制定合理的国家公园管理预算提供经济依据。这项研究结果表明,整个美国国家公园系统每年至少为美国公众创造 620 亿美元的价值,其中以自然资源为基础的国家公园服务(NPS 单位)创造经济价值为 233 亿美元,以历史文化为基础的 NPS 服务创造的价值为 183 亿美元,而以水源为基础的 NPS 服务创造的价值为 204 亿美元。NPS 项目给美国公众带来总经济价值为 300 亿美元,其中 66 亿美元归于与历史文化相关计划项目,20 亿美元归于 NPS 向社区提供的转移土地项目,用于推动当地社区居民参加游憩活动,72 亿美元来自用于保护当地社区具有重要意义的自然地标项目,142 亿美元归于开展的小学教育。本章研究者将详细介绍这些价值测算过程和应用方法。

在过去的 30 年中,有很多学者开展了国家公园的价值评价研究,但是绝大多数研究都是关于单个公园价值测算或某种游憩活动价值评价,如钓鱼或从事登山运动的价值评价等。而本研究首次针对 NPS 系统进行价值评价,因此问卷调查需要面向美国所有家庭,而不只是针对某一公园游客开展调查。总经济价值被定义为包括使用价值和被动使用价值,后者包括存在价值和遗赠价值(Krutilla,1967)。

很显然,这一 TEV 的概念完全适用于世界其他国家开展国家公园、地区公园以及自然保护区等价值评价研究。此外,本章采用的研究方法同样适用于开展上述各类资源的价值评价研究。当然,有关细节可以根据每个国家资源评价的具体情况进行调整。本章采用的总经济价值构成是根据 Choi 和 Marlowe(2012)提出的 TEV 框架,该框架已在本书的第 2 章和第 7 章进行了描述,在此不再赘述。

9.2　经济价值评价方法

9.2.1　非市场价值的测量

与 NPS 相关的绝大部分经济价值是经济学家所说的非市场价值。比如,在公共土地上提供各种游憩活动,生产清洁的空气和提供各类濒危物种栖息地等生态产品或服务,它们都没有正式的市场交易环境,因此不可能像食品或服装等市场商品那样具有明确的市场价格,用来测算价值。

然而,用于评价市场商品采用的基本经济学理论和方法,仍然适用于评价非市场产品的经济价值(包括直接使用价值和被动使用价值)。例如,经济学家把个人愿意为某种公共品或服务支付的最大货币数额作为该公共品或服务的经济价值。"支付意愿"的概念在美国等许多西方经济发达国家,早已被联邦政府机构用在各种投资项目的成本效益分析当中,并将分析结果作为联邦政府审批投资项目的重要依据。比如,美国垦务局(Welsh et al.,1997;美国水资源委员会,1983)、美国国家管理和预算办公室(1992)、国家海洋和大气管理局(Arrow et al.,1993)和美国国家环境保护局(2010)都采用成本效益分析作为审批重要政府投资项目的标准。

意愿支付是评价国家公园经济价值最为合适的方法,因为作为美国公众,个人是不可能独自拥有一处国家公园的。然而,根据美国联邦政府一直以来所面临的总体预算吃紧的情况,有理由相信解决预算资金不足的一个可行措施就是削减NPS 公园和 NPS 管理项目的数量。因此,本研究就是假设通过避免削减 NPS 公园占地面积和 NPS 项目,公众愿意为此资助的钱数来测算 NPS 的经济价值。

当评价目前公众正在"拥有"享用某种公共资源权利的价值时,经济学家通常采用最低"接受补偿意愿"的概念(Freeman,2003)。其指的是个人可以接受的最低补偿的钱数是多少,才能补偿因产品或服务减少而给个人带来的经济损失。鉴于本研究的目的是测算公众已经拥有使用所有国家公园的权利,因此,当提出让公众评价放弃部分国家森林公园林地面积(减少国家森林公园林地面积)的价值,从理论上来说,WTA 是测算 TEV 的正确方法。然而,在开展实证研究当中,发现使用 WTA 方法往往存在一些障碍。

具体来说,在对公众进行调查的过程中,向其询问 WTA 存在以下缺点:首先,经济学家在非市场评价调查中,开展 WTA 调查的成功概率很低。这是因为人们很少被问及是否愿意放弃现有的公共资源,以换取一定数额的资金(如以退税的形式返还现金)。较为常见的调查方式是询问一个家庭是否愿意支付某种形式的附加税(销售税、财产税、收入税),以便让政府部门提供更多的公共物品,如扩建学校、公园、广场、道路等。Horowitz 和 McConnell(2002)研究发现,对于很多公共产品,采用 WTA 估计出的经济价值通常是采用 WTP 估计价值的 10 倍。产生这些价值估计差异的原因可有几种解释。其中,包括适用于 WTP 但不适用于 WTA 的预算约束。Hanemann(1991)指出,如果一个人认为可以用钱来弥补难以购买的自然资源,那么 WTA 要比 WTP 大很多。由 WTP 和 WTA 进行价值估计产生的巨大差异,使人们怀疑采用 WTA 进行评价的可信性(Horowitz et al.,2003,第 544 页)。

因此,像大多数经济学家一样,研究者在本书将采用 WTP 调查方法。很显然,这是一种保守的价值估计方法。这也是美国蓝丝带小组(Arrow et al.,1993)所推荐的一种评价方法。因此,研究者得到的最终总价值的结果,肯定会低估整个美国国家公园系统和 NPS 项目的总价值。

9.2.2　实证研究方法

如上所述,与国家公园和 NPS 项目相关的大部分经济价值属于非市场价值,因此不能采用市场价格来进行价值评价。测量非市场价值可以采用间接和直接两种方法来进行。间接方法是通过观察消费者的行为来推断所涉及产品的价值。这些方法也被称为揭示性偏好(revealed preference)法,因为价值是从消费者实际购买的产品的行为中揭示出来的,能够反映出消费者对购买产品的偏好。例如,一种用来评价游憩活动价值的常用方法是旅行成本法。把游客花在交通、吃、住、门票等费用作为价格,估计旅游需求曲线,即把旅行次数作为旅行成本的函数,从中测算游憩体验价值(Champ et al.,2003)。

衡量非市场价值直接方法叫作陈述性偏好(stated preference)法。因为这种方法直接要求受访者说出他们将为进行价值评价的非市场品愿意支付多少钱。陈述性偏好法是唯一一种可以用来估计被动使用价值的方法(Freeman,2003),因为对于被动使用价值(如存在价值和遗赠价值),很难通过追踪的人的行为来判断资源价值的大小。

陈述性偏好的两个主要代表性方法是条件价值法和选择实验法。CE 有时也被称为条件选择、联合方法或陈述性选择。在 CVM 调查中,受访者被要求给出愿意为某种非市场品(如游憩活动)或被动使用价值(如存在价值、选择价值或遗赠价值)支付的费用(Mitchell et al.,1989)。在 CE 调查中,要求受访者从一组不同属性和每种属性具有不同水平,以及所对应的价格水平的备选方案组合中选出一个最佳组合方案。每一个剖面包括的一组属性组合当中都对应一个价格水平(Louviere et al.,2000;Bennett et al.,2001)。

CE 方法相比 CVM 具有两个优势:首先,CE 中的 WTP 问题设计形式更类似于消费者在市场上选择购物的场景。具体而言,CE 为受访者提供了在 CVM 研究中所设计的典型场景,比如"要么接受报价,要么放弃报价"。相反,CE 受访者被要求从一组备选方案中选出最喜欢的方案(Freeman,2003)。这种做法非常接近消费者在市场上购买商品的过程,从几种具有可替代性商品中进行挑选,在权衡各种产品的属性与成本组合之后,挑选出个人最喜欢的产品(Louviere et al.,2000;Hensher et al.,2005)。其次,研究者能够从每个受访者那里收集到更多有用信息。在分析选择实验的结果时,研究人员不仅能够估计出产品的总价值,还能够估计出非货币属性的 WTP(Freeman,2003)。当估计出了每种属性和单位 NPS 占地面积的经济价值,即可得知哪种类型 NPS 项目或 NPS 用地对公众的价值最大。

Boyle 和 Markowski(2003)以及 Turner(2012)都建议使用 CE 测算 NPS 经济价值。基于这些原因,以及国家公园系统具有多重不同维度的实际情况,本研究采用选择实验法具有明显的优势。

9.3　问卷设计与调查实施

9.3.1　设计调查问卷

考虑到评价的规模和复杂性,研究者认为有必要在问卷设计当中首先征求潜在受访者的意见,以确保研究者的问卷设计具有明确的针对性,便于受访者进行正确解读。因此,研究人员首先在科罗拉多州柯林斯堡和丹佛两个城市开展了 9 个焦点小组和 6 次个人访谈。通过这一过程,调查问卷设计在几个月内取得了较大进展。此外,研究人员还前往马萨诸塞州沃伯恩和加利福尼亚州南旧金山等地进行焦点小组调查。每个焦点小组都包括十几名随机选取的普通民众。研究者告诉参与者,选择焦点小组的目的是帮助调查问卷设计。研究者先向聚焦小组每个成员分发了一页调查的问题,请他们阅读之后,标记出任何感觉不清楚的问题。随后调查者要求每个人用文字描述或解释他们对问题可能产生的误解。每一页列出的调查问题都重复了这一过程。焦点小组开会的时间通常约持续两个小时。

这些焦点小组提出的意见,对设计这样一个让全国绝大多数民众都能理解的调查问卷帮助是巨大的。此外,研究者还就一直以来 NPS 面临的预算问题,包含

价值评价内涵和具有重要意义,向参与者进行详细的说明。根据前几个焦点小组
的反馈意见,研究者决定采取评估 NPS 项目削减和出售部分 NPS 土地的方法。
在过去 30 年里,曾有一个或多个社会组织(如 Sagebrush Rebellion)多次建议削减
或转让部分国家公园土地,以缓解政府财政预算不足的问题。因此,采取这一研究
设计,研究者认为是可行的。

最终,研究者设计出了一个有长达 12 页文字的调查问卷。

问卷的第一部分简要介绍了美国国家公园,并列举了各种类型的国家公园和
国家公园计划。研究者将国家公园分为三大类:①主要目的是保护自然和以自然
为基础提供开展游憩活动的国家公园;②主要目的是保护美国历史和文化或纪念
重大事件和人物的公园;③主要目的是保护海岸线和水体的公园。对于以自然为
中心和以水为核心的国家公园,研究者使用英亩作为度量单位,但对于历史遗迹类
型的公园,研究者则使用场地的数量。其原因是,历史遗迹类型的公园通常面积都
很小,占总 NPS 面积不到 1%,但却占到总 NPS 单位数量的 57%。

NPS 管理几十个项目。在本次调查中,研究者将这些项目(或计划)划分为四
个领域:保护、教育、历史保护和游憩。具体而言,这四个主要 NPS 计划包括:
①专注于保护当地历史建筑和遗址;②为社区居民创造和改善游憩机会;③注重
保护自然环境;④帮助儿童和成人学习历史、文化和环境科学。其中,每一项计划
都以年度产出的形式进行了描述。表 9.1 给出了公园单位和项目属性,以及每个
单位使用的具体指标。

表 9.1 属性描述

国家公园的类型	度 量 单 位
(1) 主要用于保护自然资源和用于支持各种游憩活动的国家公园(包括:国家公园、纪念碑、自然保护区、国家公园道路、风景步道和游憩区)。	英亩: 79 096 632
(2) 用于重点保护美国历史文化或纪念重大历史事件和人物的国家公园区域(例如:国家历史遗址、战争发生地、国家纪念馆和纪念碑)。	公园数量(个): 226
(3) 重点海岸线保护区和国家水体公园区(例如:五大湖的国家湖岸、国家海滨、河流和游憩地)。	英亩: 4 818 275

公园面积、场地数量和项目产出均来自 2012—2013
年 NPS 各种出版物

国家公园以外的 NPS 项目类型	度 量 单 位
(1) 保护当地历史建筑物和场地,纪念美国历史,文化和重要事件和人物。	每年受保护的历史遗址数量:2 000
(2) 用于创造和改善当地社区游憩机会。	每年向社区转移土地的面积(英亩): 2 700

续表

国家公园以外的 NPS 项目类型	度 量 单 位
（3）保护对当地社区具有重要意义的自然环境及其具有的独特性。	每年制定的场地数：114
（4）帮助儿童和成年人学习历史，文化和环境知识	每年儿童参与项目的人数：4 100 000

注：占地面积、场地数量和项目产出基于 2012 年至 2013 年 NPS 出版物和/或与 NPS 人员的个人沟通。2013 年 2 月，Edutopia 的 Milton Chen 博士根据 2012 年 NPS 估算和材料计算了参加教育项目的儿童人数。

问卷的第二部分由 12 个 Likert 量表问题组成，旨在引出受访者对 NPS、国家公园和 NPS 项目的一般态度，随后详细描述了国家公园和国家公园管理局项目以及对问题的评估。研究者向受访者提出的方案是出售一些国家公园土地和/或场地，并削减一些计划或项目，以此来应对联邦政府巨额的预算赤字。这对受访者来说具有较好的可信度，因为这样的问题常常被美国国会里的一些政治家所提议。

为了最大限度地减少受访者出现夸大 WTP 的情况，减小估计偏差，研究者采取了两个步骤：首先，在对国家公园单位或项目削减的情况进行描述之后，会给出一个"预算提醒"，提醒受访者要考虑他们的家庭预算，以及选择 NPS 单位和项目组合的成本。其次，提醒人们考虑是愿意用自己的钱购买政府设计的公共产品，还是把钱花在自己想要购买的其他消费品上。这些提醒是 CVM 蓝带专家小组推荐的（Arrow et al.，1993），已经证明可以减小假设价值估计的偏差（Carlson et al.，2005，Silva et al.，2011）。

研究者向受访者提出了两个选择问题：一个是关于国家公园，另一个是关于 NPS 项目。每个选择问题由三个选项组合。在现状（或"什么都不做"）的选项中，给出了最高水平的国家公园土地面积削减（大量卖地），此时增税金额为 0 美元；中间方案是建议国家公园少量卖地，但需要受访者每年支付政府一些税费；第三个选项是保留目前所有国家公园和项目不被减少，受访者每年需要向联邦政府支付最高的税费。上述无论是国家公园数量还是项目数量的变化都是作为非价格属性变化[公园有三种情况（或因素），项目有四种情况（或因素）]。图 9.1 和图 9.2 给出其中的一个设计剖面，共有 16 个类似的国家公园和 NPS 计划评价剖面（profiles and scenarios）。（此处以黑白显示，但在实际调查问卷中为彩色。）

研究者采用未来连续 10 年每年向居民征收联邦所得税作为资金支付方式，用于防止出售国家公园土地或避免削减 NPS 项目。税收有时会导致受访者作出负面心理反应，一些人不愿意或拒绝向政府支付任何税款。但这并不表示他们会认为国家公园或有关项目的保护对他们没有任何价值，而是因为他们对付税抱有偏见的态度，有些人反对向政府支付任何税收。这种行为被称为抗议反应。虽然这国家森林公园面积选择方案。

方案A和方案B是售出每一类型国家森林公园部分的土地面积。

方案C为保留目前所有国家公园的土地面积。根据少数服从多数的原则，政府将会按照多数家庭选择的意见执行，政策制定后，每个家庭必须支付相应的费用。请注意，您的选择没有对错之分，因此只是根据对您最有力的方式进行选择。在此图的末端，请在方块中标出你最喜欢的选项和最不喜欢的选项。

	选项A出售所有公园部分土地	选项B出售部分或全部公园少量土地	方案C不出售公园土地
国家公园区域，注重自然保护和以自然为基础的娱乐活动。	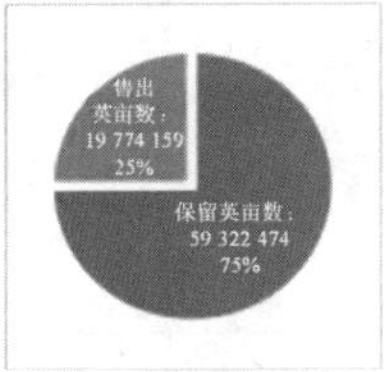 售出英亩数：19 774 159　25%　保留英亩数：59 322 474　75%	 售出英亩数：7 909 663　10%　保留英亩数：71 186 969　90%	 未出售：保留全部英亩 79 096 632　100%
国家公园的重点是保护美国的历史和文化。	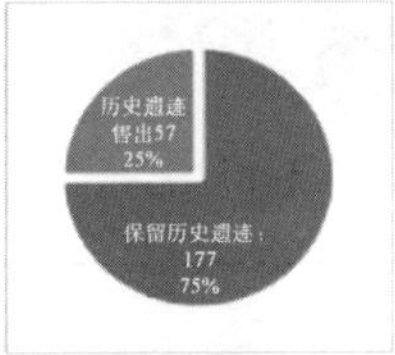 历史遗迹售出57　25%　保留历史遗迹：177　75%	 未出售：保留全部遗址：226个　100%	 不出售：保留所有网站数：226个　100%
国家公园的重点是保护海岸线和水体。	 售出英亩：1927310　40%　保留英亩：2 890 965　60%	 售出英亩722 741　15%　保留英亩：4 095 534　85%	 未售出：保留所有英亩：4 818 275　100%
未来十年，你的家庭每年的税收成本：	选项A：0 美元	选项B：150 美元	选项C：400 美元
1.选择你最喜欢的选项：	选项A ▢	选项B ▢	选项C ▢
2.选择你最不喜欢的选项：	选项A ▢	选项B ▢	选项C ▢

图 9.1　国家森林公园选项剖面示例

选项 D 和选项 E 是削减或削减部分或所有类型的地方社区项目的建议。大多数家庭选择的方案将被执行，所有家庭将支付指定的金额。没有正确或错误的答案，请选择最适合您的选项。

选项 F 将使当地社区的所有项目保持在目前的水平。

在这个表格的底部，请勾选你最喜欢的选项和你最不喜欢的选项：

	选项 D 裁剪到所有程序	选项 E 对部分或全部项目进行较小幅度的削减	选项 F 不削减项目
每年新增国家公园以外的地方历史遗迹和建筑受到保护。	每年未受保护的遗址：600个 30%；每年保护的遗址：1 400个 70%	每年未受保护站点：400个 20%；每年受保护土地：1 600个 80%	不削减：每年有 2 000处地方历史遗迹得到保护
每年有额外的非国家公园土地转移给社区用于娱乐。	每年未转让的符合条件的土地1080个 40%；每年转让的土地面积：1 080 60%	未转让合格土地 945英亩 35%；每年转让土地：1 755英亩 65%	没有削减：每年 2 700英亩土地转移当地社区
对社区很重要的自然区域每年都受到保护。	每年不受保护地区：23 20%；每年受保护地区：91 80%	每年不受保护合格地区：23个 20%；每年受保护：91个 80%	没有削减：每年有 114个对当地社区很重要的自然保护区受保护
每年参加国家公园管理局制作的教育项目的学生人数。	每年未受服务的学生：123万 30%；每年受服务的学生：287万 70%	每年未受服务学生：41万 10%；每年服务学生人数 369万 90%	没有削减：每年有410万学生参加教育项目
你的家庭在未来十年每年的纳税成本。	选项 D：0 美元	选项 E：60 美元	选项 F：100 美元
1.选择您的单一最喜欢的选项：	选项 D ☐	选项 E ☐	选项 F ☐
2.选择您的单一最低收费参考选项：	选项 D ☐	选项 E ☐	选项 F ☐

图 9.2　NPS 项目选择剖面选择示例

种问题很难避免,但是研究者从另外一个角度来想,税收作为一种支付手段,可以确保接受付税人的反应更具有效性。也就是说,当受访者表示愿意支付,这种表示可能具有更高的可信度(Carson et al. ,2007)。因此,从这个角度来看,采用支付税收来表示公众对国家公园或项目保护具有的经济价值,比其他支付形式会更加有效。但是,为了测试抗议行为,研究者在问卷中增加了一些用来检验抗议反应的问题,目的是查明那些给出 0 支付意愿的真正原因。比如:是因为国家公园对他们价值不高,还是无钱支付税收,或许另有其他原因。

最终的调查问卷由 16 个版本组成,每个版本都包括了国家公园和国家公园管理计划不同的削减情况(用百分比表示),以及每个选择方案所对应的成本(受访者支付所得税金额)。国家公园土地最大销售比例和 NPS 项目最高削减比例(调查中称为现状)设定在 20%～40% 之间,其所对应的税收价格始终为零,而不出售任何国家公园土地和不削减任一国家公园计划所对应的付税价格为最高,每户付税从 115 美元到 600 美元不等。中间方案是对国家公园土地和项目削减数量较小(0～20%),此时每户付税较低(15～100 美元)。注意,各种属性和成本水平组合问卷版本是需要通过使用正交设计得出的。

每个选择问题都采用相同的格式,要求受访者给出最喜欢和最不喜欢的选项。这种选择方式能够使研究者从一个受访者那里获得最大信息量。在受访者回答调查问卷之后,研究者提出了三个后续的问题。第一个问题是问受访者,自己有多确定对给出的答案会被用来制定政策参考。第二个问题是有多肯定自己真的需要支付同意的税收。对这两个问题的回答有助于研究者评估受访者对问题的看法,从中判断他们给出的支付税款可信度的大小(Carson et al. ,2007;Vossler et al. ,2009)。焦点小组对第一个问题的答复表明,一些焦点小组成员的确觉得他们的回答意见一定会影响政策的制定,相信政府会对他们填写的问卷作出回应,比如决定是否减少国家公园占地面积。这表明受访者的确感觉到了调查问题的重要性。第三个问题是帮助研究者确定那些给出 0 报价的原因,是属于"抗议性反应"还是因为个人实属无能力支付。

9.3.2　样本抽样设计

为了减小抽样偏差,本研究采用对家庭住址进行样本抽样。抽样的过程,先是向美国邮政服务部门索取投送信件家庭住址列表文本,里面涵盖了美国所有家庭的有效住址。根据怀俄明州调查和分析中心的研究,这是公认的能够以合理成本获得调查区域内所有家庭联系方式的办法。

9.3.3　调查模式

调查模式是指向受访者发送调查问卷的方式。调查模式包括面对面访谈、邮寄问卷、电话调查,以及网络调查等混合模式。由于个别受访者有时候可能为了取悦于面试者,所以采用当面调查模式可能会产生夸大的支付意愿的情况(Leggett et al.,2003)。其他调查模式也可能会导致抽取的样本不具备代表性。因此,本研究采用了线上调查和邮件调查混合模式,因为大量研究(Taylor et al.,2009;Poole et al.,2010)表明,采用混合调查模式方法(结合在线、邮件和/或电话调查)能够提高与扩大调查回复率和样品规模。

9.3.4　调查实施和反馈率

本章是结合了 2013—2014 年和 2015 年进行的两轮独立调查的结果。两次调查所遵循的程序相同。通过向选取的家庭住址邮寄信件,信件由科罗拉多州立大学和怀俄明州大学研究人员撰写,向被抽取的住户提出正式邀请参加此次调查。这封信中提供了在线调查登录网址。几周后,对两轮调查中没有参加调查的受访者发了第二封纸质信,信中重复了调查链接网址,同时包括 12 页彩色纸质问卷(带有一个已付费的回寄信封)和 2 美元现金作为参加调查的答谢。

在第一轮(2013—2014 年)中,研究者通过电话联系了没有任何反馈的受访者或通过电话留言给出提醒信息。几天后,第三封带有链接网址的提醒信再次发送。第一轮的最后一次接触包括寄出第二份纸质问卷和提供链接网址。在第二轮(2015 年)中,研究者在第一份纸质问卷寄出两周后,向没有反馈的受访者发送了一张提醒明信片。随后,调查人员进行了两轮电话沟通,一轮是在对方收到提醒明信片后立即向对方打电话,第二轮是大约在寄出第二份纸质调查问卷一个月后打的电话。

2013—2014 年的样本包括向 1 630 个有效地址发送了信件,收到了 317 份反馈问卷(回复率为 19%)。2015 年的样本包括向 2 246 个有效地址邮寄纸质问卷,获得 391 份完成的问卷(17% 的回复率)。在确定两个样本在统计上没有差异后,研究者将两次调查数据汇总成一个样本数据库,样本的基本统计信息放在了本章末尾。汇总后得到 708 个样本观察值,大大超过了采用联合选择实验法所要求的最小需要 500 个观察值样本(Orme,2010)。

虽然 18% 的总调查样本反馈率低于理想的状态,但是与其他较长陈述性偏好调查问卷得到的反馈率基本相似(Stratus Consulting,2015)。此外,美国国家研究委员会(NRC)记录了过去 10 年(2013 年)调查反馈率呈现总体下降趋势。即使是美国人口普查局对普通居民开展的一些官方调查,其回复率也只是在 10%～30%(NRC,2013)。

为了评估那些没有回复调查问卷的人是否存在系统性偏差,研究者对那些没有回复调查问卷的住户进行了跟踪调查。在 438 名拥有工作电话号码而没有参与调查活动的受访者中,研究者对其中一半的人打了电话。电话沟通结果表明,大多数未参与此次调查的人就是不愿回答任何调查问题,而不是因为他们不喜欢国家公园的调查。与研究者交谈没有进行问卷反馈的受访者中,近 80% 的人表示不愿意参加长篇幅的问卷调查。而研究者的调查问卷长达 12 页,所以他们不愿在这上面花费时间。这些拒绝参与调查的人中有一半人表示,他们在过去两年中曾参观过国家公园游玩;80% 的人不认同美国政府采取出售一些国家公园土地的主张。这表明,研究者把拒绝参加问卷调查的家庭都看作是国家公园具有 0 价值,可能会大大低估其具有的总价值,或者说研究者测算的总价值将是极其保守的结果。

9.4　调查样本数据结果

9.4.1　样本人口统计学分析

大多数受访者回答的是邮寄的纸质问卷(73%),有 27% 的受访者是在线完成的问卷调查。合并的样本数据显示,受访者普遍年龄较大,受教育程度较高,收入水平也明显高于整个美国居民的平均水平。就这些指标来看,如果不进行统计修正,难以用样本数据分析的结果外推到全部美国人口。研究者在图 9.3 和表 9.2 中展示了运用原始数据进行描述性统计分析的结果。但是,在实际统计模型分析中,研究者采用的是对样本数据进行加权处理的数据,目的是使经济价值评价的结果更具有代表性,特别是在一些关键人口指标上面能够代表美国全部的人口。

分析表明,调查样本当中有 59% 的人表示在过去两年中去过国家公园,而另有一项关于国家公园参观情况的独立调查表明,有 47% 的美国公众曾经访问过国家公园(Taylor et al.,2011)。其中有 8% 的受访者表示他们是各种环境组织的成员。

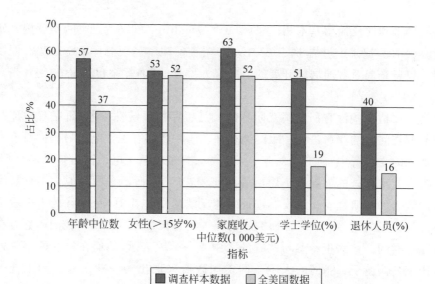

图 9.3　调查样本和全美国人口统计指标分布

资料来源：美国商务部、人口普查局、美国实况调查机构（2012 年）和美国社会保障局。

表 9.2　对于 NPS 公园和 NPS 项目的认知态度调查

提出的问题	表示同意的占比/%
1. 无论我是否参加访问历史遗迹，他们的保护对于当代人或未来几代人来说都是非常有意义的。	94.9
2. 国家公园是帮助儿童学习自然的重要场所。	96.2
3. 当地政府无须政府的任何帮助来保护历史遗迹和建筑物。	14.6
4. 我很欣赏参观历史遗迹和建筑物。	89.8
5. 国家应该卖掉一些国家公园土地。	6.2
6. 当地政府应该在没有国家公园帮助下，为当地居民修建步行小路、公园和露天空地。	39.9
7. 我欣赏使用当地步行小路、公园以及其他一些露天空地。	86.6
8. 我没有从国家公园中直接受益。	14.7
9. 在保护历史遗迹和建筑物方面，私人企业可能比联邦政府做得更好一些。	22.2
10. 保护当地社区中的步行小路、公园、休闲用地对当代人和未来人都是重要的，这与我个人是否对它使用无关。	93.5
11. 国家公园对我很重要，因为我喜欢访问国家公园。	80.8
12. 无论我个人是否有参观的机会，我都认为保护国家公园对当代人和未来人都是非常重要的。	94.8

　　作为对样本代表性的另一项检查，研究者将实验调查样本估计的国家公园访问量与 NPS 年度报告的访问量进行了比较。根据报告，2012—2015 年平均年游客

访问量为 2.83 亿人次。利用受访者报告的访问频率,计算出平均每个家庭每年访问国家公园次数的加权平均值,将这一平均值应用到美国家庭总数,使用平均家庭规模。计算结果表明,国家公园年总访问量为 2.48 亿人次,非常接近 NPS 报告的年平均国家公园访问的总人次数。应该注意的是,该访问量是指所有国家公园访问的人次数,而不是所有访问的人数(即它包括一个家庭人数当中每年参加了多次国家公园访问的情况)。

9.4.2　对认知态度问题的回答

大多数受访者表示支持国家公园和国家公园计划,这一点可以从 Likert 量表问题的回答中看出来(表 9.2)。

9.4.3　对 WTP 问题的反应

分析显示有 77%～81% 的受访者愿意为防止削减国家公园土地和管理项目支付一定的费用。有 81% 的受访者把方案 B 或方案 C 作为他们的首选,表明他们愿意花钱用于阻止出售国家公园的土地。有 77% 的受访者愿意为防止减少 NPS 管理项目支付费用(从选项 E 或选项 F 中可以看出来)。

在 WTP 问题之后有两个问题,这两个问题目的是引出受访者对 NPS 项目政策重要性的看法。大约有一半的受访者确信,他们对调查问题的回答将被用于 NPS 项目政策制定提供参考信息。也有大约一半的受访者认为,他们同意付费标准是真实的。最后一个问题的回答表明,许多受访者认为该调查可能对未来每年家庭付税标准产生影响。

为了确定受访者拒绝支付任何费用是为了抵制政府提高税收行为,还是属于真实反对 NPS 公园进行保护,研究者提出了另外一些问题,用来识别 0 支付的性质,是有效的回答(即,个人没有能力为国家公园和管理项目支付任何费用),还是来自个人观念上的偏见,反对任何付税。结果表明有 13% 的受访者不愿意为国家公园支付任何费用,是因为个人没有能力付费或觉得不值得为此付费。同样地,也有 17% 的受访者不愿为国家公园或管理项目支付任何费用,也是因为他们没有能力付费或不值得付费。这些拒绝付费的理由不属于抗议的性质,因为这反映了他们真正的支付意愿和能力。

只有约 7.5% 的受访者对国家公园保护表示的拒绝付费(要知道 58.9% 的受访者选择了选项 A)和 9.2% 的受访者对 NPS 管理项目拒绝支付任何费用(这部分有 56% 的受访者选择了选项 D)被确定为一般性的"抗议"回应。这种相对较低的抗议回应率表明,90% 以上的受访者接受了研究者"模拟市场"的情景。应该注意的是,在以下 WTP 分析中包括了所有 WTP 的回应,包括表示拒绝支付部分,尽管采取删除这部分作出抗议反应的人数处理办法也是可以接受的。

9.5 统 计 结 果

9.5.1 受访者选择排序分析

调查要求受访者除了给出付费之外,还要对最喜欢和最不喜欢的国家公园和 NPS 管理项目进行选择。这使研究者能够从中推断出这三个选项的排名。最喜欢的选项代表受访者的第一选择,但并不反映选项的价值信息。通过运用 Rank-ordered Logit 模型估计系数,可以得出附加的信息。反过来,这些回归系数能够帮助研究者推导出国家公园和 NPS 管理项目各种属性变化的边际价值。方案 A 包括出售所有类型公园的部分土地(售出土地的数量不等)。方案 B 是卖出少量和不卖相关公园的土地。方案 C 不卖出公园任何土地。而对 NPS 管理项目的属性是指四类项目中每一类项目中被砍掉一些项目之后,剩下的项目每年所能创造的产出。

通过回答最高偏好方案和最低偏好方案信息,可从每个受访者得出三行信息,每行信息反映受访者对每一种选择方案的选择结果,这样的数据形式相当于面板数据。在这个面板数据当中,包括每个方案中的属性水平(含有价格选项)和各个方案的选择排序(从最喜欢到最不喜欢)。但是,对于问题回答不完整的问卷,在数据分析时进行了剔除处理。然后,研究者把对每一种选择方案的排序结果作为因变量,用于 Rank-ordered Logit 模型分析,把每种方案中的各种属性作为解释变量。

9.5.2 加权处理样本数据

如前所述,原始调查样本数据既不能正确反映某些人口特征,也不能准确地代表人口中访问国家公园的数量或比例。为了调整从样本中测算得出的国家公园访问率和全国人口对国家公园访问率之间的差异,研究者使用了一种统计方法对样本观察结果重新进行加权处理,以便准确反映人口特征。

具体而言,就是运用统计软件(Stata)根据每个受访者特征相对于美国总人口的特征建立权重。该软件通过将调查样本比例与近期美国人口普查得到的各项指标的比例进行比较,计算权重系数。例如,在样本数据中受到较低的教育程度人数和年轻人数量偏低,因为样本群体中受教育程度偏高、收入较高的白人退休人员占比较高,需要适当减小这些比例,才能与人口中的数据相吻合。所以,在样本中应该扩大年轻人和受教育程度较低的人数所占比重。此外,样本中国家公园游客人数所占比例也过高,因此也应适当降低权重。为此,研究者构建了三组权重:第一组仅基于人口统计特征指标,第二组是根据公园访问量指标,第三组是采用人口统计和公园访问数量相结合的指标。

9.5.3　Rank-ordered Logit 回归分析

在对样本数据进行以上权重处理之后,前面估计了几个秩序 Logit 模型。从使用各种加权数据测算的 TEV 结果来看,都具有相当的稳健性。这里报告的是两个最佳的模型结果。首先,采用最有效的参数系数估计,即产生最小的标准误差,进而使得 WTP 估计值保持最小置信区间。其次,该模型也产生了最为保守的价值估计结果。由于人口统计变量是国家公园访问率的决定因素(Henrickson et al.,2013;Neher et al.,2013),公园访问量权重也反映出对人口统计变量起到调整作用。

表 9.3 显示国家公园模型总体表现良好。在 99% 的置信水平下,每个单独的回归系数都是显著的,并且都具有预期的符号。最重要的是,每个选项(税收)的年度成本系数是负的,具有统计学意义,表明受访者非常关注每个选择方案带有的成本信息。换言之,成本系数符号为负表明该选项的成本越高,受访者选择该选项的可能性就越小。这表明,受访者是在作出理性的选择。此外,Wald 统计(卡方分布)表明从总体上看模型具有统计学意义。NPS 项目模型的结果见表 9.4。与国家公园模型结果一样,模型总体表现良好。所有系数符号都与预期相一致。除了转移社区部分土地用于游憩活动地之外,其他所有回归系数都在 95% 或更高的水平上具有显著性。Wald 统计表明,模型总体统计上显著。

表 9.3　使用国家公园访问量调整数据的秩序 Logit 模型结果

自变量=NPS 公园方案(或政策)排序			
每年选择方案成本 (联邦所得税)	系　　数	标准误	Z	$p > \lvert z \rvert$
基于自然 NPS (不减少土地)	$-0.001\ 772\ 4$	$0.000\ 292\ 4$	-6.06^{***}	0.000
基于历史 NPS (不减少土地)	$2.94\text{E-}08$	$6.99\text{E-}09$	3.57^{***}	0.000
基于水源的 NPS (不减少土地)	$0.006\ 859\ 8$	$0.001\ 703\ 9$	4.03^{***}	0.000
观察值=1 941	Wald Chi-Sq(4)=232.03, Prob>Chi-Sq=0.000 0	Log pseudo-likelihood=$-1\ 133.892$		
组数=647 (每组 3 个观察值)				

注:*** 在 99% 置信区间显著。

表 9.4　基于访问数量权重调整数据的国家公园管理项目秩序 Logit 模型结果

自变量＝NPS 管理项目排序

	系　　数	标准误	Z	$p>\|z\|$
选择方案年成本(联邦所得税)	−0.004 151 4	0.000 324 4	−12.8 ***	0.000
每年历史遗迹和建筑物保护(不减少)	0.000 656 6	0.000 288 7	2.27 **	0.023
每年向社区转移土地(英亩)	0.000 151 3	0.000 201 1	0.75	0.452
每年自然地标保护(不减少)	0.012 672	0.005 137 1	2.47 **	0.014
每年对学校儿童提供教育项目(不减少)	6.91E-07	1.09E-07	6.33 ***	0.000
观察值＝1 902	Wald chi(5)＝244.06；prob＞chi2＝0.000 0	Log pseudo-likelihood＝−1 117.304		
组数＝634 (每组有 3 个观察值)				

注：*** 在 99％置信区间显著，** 在 95％置信区间显著，* 在 90％置信区间显著。

9.6　美国国家公园和 NPS 项目经济价值测算

每种类型的国家公园和国家公园管理计划的隐含价格(边际价值)均以单位价值(如每英亩、每个场地或每名学生)表示。然后,将这些边际值乘以英亩数、场地数或学生数,得出每个属性的总价值。最后,通过汇总这些国家公园或管理项目价值,求得 TEV。

属性边际价值是通过属性变量的回归系数与价格变量回归系数的比值来计算的(Holmes et al.,2003)。统计软件(Stata)有一个命令,用于计算该比值、标准误差和置信区间。从而,研究者可以估计出每个属性的边际价值和总价值所在的区间范围。表 9.5 和表 9.6 给出国家公园与 NPS 管理项目秩序回归模型价值估计结果。

表 9.5 中最后一行标记为"全部国家公园"两种价值的估计值。第一个是为防止国家公园土地减少每户愿意支付的价值,第二个是为了防止土地面积减少和历史遗址场地数减少计算的 TEV。这一结果相当于每个美国家庭为了防止国家公园土地面积减少,愿意"买断"10％～40％国家公园土地,将其保护起来继续用作国家公园。由此得出的 WTP 金额是相当合理的,每个家庭 TEV 为 523.86 美元,在

表 9.5　国家公园包括土地、水域、历史遗迹为每个家庭带来的边际价值和 TEV

		估计的价值	95％置信区间估计值	
基于自然 (79 096 632 英亩)	边际价值（每英亩）	\$ 0.000 014 1	\$ 0.000 006	\$ 0.000 022 1
	为避免削减每户 TEV	\$ 189.21	\$ 83.54	\$ 294.8
	对于全部园区土地每户 TEV	\$ 1 113.24	\$ 491.51	\$ 1 734.97
基于历史遗迹 (226 处)	边际价值（每英亩）	\$ 3.87	\$ 1.74	\$ 6.00
	为避免削减每户 TEV	\$ 148.66	\$ 66.75	\$ 230.57
	对于全部园区土地每户 TEV	\$ 874.71	\$ 874.71	\$ 392.75
基于水域 (4 818 274 英亩)	边际价值（每英亩）	\$ 0.000 203	\$ 0.000 059 9	\$ 0.000 346
	为避免削减每户 TEV	\$ 185.99	\$ 54.90	\$ 317.08
	对于全部园区土地每户 TEV	\$ 977.93	\$ 288.64	\$ 1 667.22
全部国家公园	为避免削减每户 TEV	\$ 523.86	\$ 377.52	\$ 670.19
	对于全部公园土地/场地每户 TEV	**\$ 2 967**	**\$ 2 144**	**\$ 3 787**

表 9.6　国家公园管理项目对每个家庭具有的边际价值　　　　　美元

		估计的价值	95％置信区间的价值估计值	
历史遗迹场地 (2 000)	边际价值（每个场地）	0.16	0.02	0.29
	为避免削减每个家庭的 TEV	48.40	7.47	89.32
	所有场地对每个家庭的 TEV	316.31	48.82	583.80
每年转移给社区的土地（英亩） (2 700)	边际价值（每英亩）	0.04	0	0.13
	为避免土地削减每个家庭的 TEV	15.20	0	54.60
	所有土地对每个家庭的 TEV	98.41	0	353.53
每年自然地标保护 (114)	边际价值（每个场地）	3.05	0.71	5.40
	为避免土地削减每个家庭的 TEV	54.94	12.75	97.14
	所有场地对每个家庭的 TEV	347.98	80.74	615.22
每年由 NPS 为学校儿童提供的教育项目（4.1 百万）	边际价值（每个学生）	0.000 167	0.000 109	0.000 234
	为避免土地削减每个家庭的 TEV	135.29	88.73	181.84
	所有学生对每个家庭的 TEV	682.62	447.70	917.53
全部项目结果	为避免土地削减每个家庭的 TEV	253.82	226.68	280.97
	全部项目对每个家庭的 TEV	**1 445**	**1 290**	**1 601**

95％置信区间的价值为 377.52 美元至 670.19 美元。很遗憾，目前还没有用于比较研究者这一研究结果的相关信息。为了提供一些旁证，Walsh 等（1984）发现，在

科罗拉多州平均每个家庭表示愿意支付 91.14 美元(以 2014 年美元计算),用于保护州内 1 000 万英亩的自然荒野地。根据 Carson 和 Mitchell(1993)的研究,若将国家当前水质改善到可以游泳的状态,每个家庭每年愿意支付 438 美元。由此看来,研究者研究得出的每个家庭从防止国家公园土地削减获得的价值与其他全国范围内环境项目价值的测算结果基本上是保持一致的。

表 9.5 和表 9.6 中最后一行黑体字是把每英亩国家公园土地和单个历史遗迹场地的价值扩大到整个国家公园系统和全部国家公园管理项目,求得所有国家公园和管理项目给每个家庭带来的价值。这一测算过程是假定每英亩的价值是不变的。这也是运用选择实验方法进行价值评价中的普遍做法。为确定这一假设的有效性,研究者检验了秩序回归模型的非线性形式,即在模型当中设置了单位土地面积变量的二次项。结果发现,没有一个带有二次项变量的回归系数是具有统计显著性。从整个模型结果来看,带有二次项的秩序 Logit 模型表现不如表 9.5 和表 9.6 所展示的结果。二次项系数在统计上不显著表示边际价值在给定的数据区间范围内的确是线性的。然而,当将其扩大到所有国家公园和 NPS 项目时,研究者可能超出了调查中向受访者提出的公园土地和管理项目的削减范围。

根据边际报酬递减的经济学原理,随着消费者对某一消费品消费数量的增加,消费者从多增加每一单位产品的消费中获得总效益的增加量要小于从消费前一个单位产品对总效益产生的增加量。这一现象可以从研究者消费市场产品中很容易理解,如从多喝另外一杯咖啡的消费中,增加的效益下降得到解释。但是,这个原理也同样适用于人们对于带有均质性的公共产品的消费或使用边际效益的变化规律。

研究者可以运用这一原理或逻辑关系来说明本研究价值估计结果具有的保守性。虽然研究者可以询问每个家庭为避免出售所有国家公园和停止所有 NPS 管理项目而支付的费用,是一个更为理想的报价形式,但研究者不认为这是一种可信的情况。为了在调查中提供一个最为现实的制定政策的场景,在本调查中采用由于政府预算削减,需要取消一部分国家公园和管理项目以减少相应的开支。研究者是假设当国家公园土地和 NPS 管理项目减少 20%~40%,每个家庭愿意为此支付的费用,即是对于每户具有的经济价值。然后,将这个 20% 国家公园和项目减少的价值,外推到所有的国家公园或管理项目的价值计算当中。

要知道受调查者"回购"国家公园和管理项目所支付的费用(WTP)属于边际价值的概念。根据边际报酬递减规律,每个家庭对于这个 20%~40% 国家公园和管理项目削减所愿意支付的价格要低于之前 60%~80% 的公园和项目支付的价格。但是,研究者只是使用前者价值来推算其余 60%~80% 国家公园及其管理项目的价值。因此从这个角度来讲,研究者估计的总价值要低于国家公园和管理项目的实际经济价值。据此研究者可以说，这里进行的价值估计是一个非常保守的结果，或者说研究者很可能低估了整个国家公园系统的总价值。

尽管研究者采取的做法存在低估价值的偏差，将每户家庭为防止 20％ 的国家公园削减的 WTP，外推到全部的国家公园产生的价值，但仍然达到了每户 2 967 美元，对于管理项目达到每户的 WTP 1 445 美元。虽然这两个 WTP 加起来数额较大，但考虑到样本中一个典型家庭，从理论上来说是有能力支付这个费用的，因为它只是约占样本平均家庭收入的 7％。当然，对于低收入家庭来说，一些人也许只能够支付避免 20％ 的公园占地削减，但无法支付避免 100％ 公园土地的削减，因为这一数额将超出他们的预算限制。然而，平均 WTP 意味着样本或群体中有一半的人数愿意支付的金额要高于平均值，而另一半人数愿意支付的价格要小于平均值。因此，每个家庭的"平均"WTP 并不意味着每个家庭都会支付这个平均价格。例如，样本中显示，当受访者在过去两年里曾参观过国家公园，他们给出的 TEV 就较高，因为他们的 TEV 既包括了游憩使用价值也包括非使用/被动使用价值。而从未参观过国家公园的家庭人均价值较低，因为他们的 TEV 纯属于游憩非使用/被动使用价值，不包括当前游憩使用价值。

值得注意的是，研究者对国家公园的估计值远高于 NPS 项目的估算值。产生这种经济价值差异很可能是由于这两种公共产品的性质不同。本研究是基于出售 NPS 系统内的土地和场地，这将是一个不可逆转的变化。另外，政府目前计划减少对一些 NPS 项目的资助，这种情况在未来的某一天是可逆的。前者可能会导致一些历史或自然保护机会的丧失，但与管理项目保护有关的一些具有标志性的历史文化事件是相对容易进行记载和保护的。

9.7　美国国家公园和 NPS 管理项目总经济价值

为了计算 NPS 总经济价值，研究者使用了估计的国家公园和管理项目对每户的总价值，将其外推到所有美国家庭。为了避免任何夸大总价值的可能性，研究者采取以下两种价值计算方法：第一，为了坚持保守的价值评估原则，研究者假设那些对调查没有作出任何回应的家庭，国家公园或国家公园管理项目的保护价值等于 0。因此，研究者只采用 18％ 的问卷调查响应率，将从样本中估计的平均每户的价值乘以美国家庭总数的 18％（11 560 万美国家庭中的 18％），并假设国家公园和管理项目对剩余 82％ 的家庭的价值为 0。这显然是大大低估了总价值，因为许多家庭可能只是不愿意回答研究者设计的长达 12 页的调查问卷，尽管国家公园和国家公园管理计划对他们具有一定的价值。第二，研究者把没有返回调查表家庭的价值假设为 0，尽管它们不参加此次问卷调查是由很多其他原因所致。研究者使用了最为保守的方法来为对调查作出反馈的家庭设立权重，据此来进行价值估计。毫不夸张地说，研究者的价值估计结果是非常保守的。

美国国家公园和管理项目的总经济价值是 920 亿美元，其中 620 亿美元归属于国家公园，300 亿美元归属于 NPS 项目，这些项目通常是位于 NPS 公园所处地理位置的边界之外。按照国家公园资源属性划分，这 620 亿美元，其中 233 亿美元是用于以自然为基础的国家公园，183 亿美元是以历史为基础公园，204 亿美元是以水域为基础的公园。在国家公园管理项目的 300 亿美元的价值当中，也可以细分为 66 亿美元属于历史遗迹和建筑物保护项目，20 亿美元属于国家公园管理局给当地社区进行的土地转让项目，用于社区居民从事游憩活动，72 亿美元属于保护对当地社区具有重要意义的自然地标，142 亿美元用于开展学龄儿童教育。

研究者得出的结论是，根据 Neher 等（2013）估计的国家公园游憩使用价值为 285 亿美元，本研究测算得到的 620 亿美元的国家公园价值是可信的。TEV 包括使用游憩价值和非使用游憩价值（被动价值）。后者对国家公园总价值的贡献无疑是巨大的。如果研究者从国家公园 TEV 中减去 Neher 等估计的游憩使用价值，可得到非使用游憩价值为 335 亿美元，即美国公众仅仅是从知道国家公园存在并确保它能够被遗赠给后代人对当代人具有的价值。

研究者认为 920 亿美元总价值是美国家庭为避免国家公园和项目丢失而愿意支付的最低货币金额。在此，研究者需要再次强调研究者选择了高度保守的价值测算方法。另外，如前所说，采用 WTA 评价国家公园和管理项目的价值，在理论上要比采用 WTP 更加合适，但是如果研究者采用 WTA 进行价值估计，得到的总价值一定会大大超过采用 WTP 估计得到的总价值。本研究仅是评估了当国家公园土地/水域和历史遗址减少 20%～40%时每个家庭的意愿支付，但是，却将这一价值估计结果（每英亩的价值或每个历史遗址的价值）运用到所有国家公园土地、水域和历史遗迹的损失。这类似于估计一个人失去五根手指的价值是失去一根手指的 5 倍。而事实上，一个人要付出更多的代价来避免失去五根手指。此外，本研究选择的经济评价模型，也使研究者得出每个家庭愿意支付的最低费用。最后，研究者的价值估计还没有包括 NPS 所能提供很多活动的价值，如科学研究价值、生态系统服务价值和其他活动的价值。

总体来看，研究者价值估计的结果也与其他采用 CVM 对全国环境项目的 WTP 估算值一致。根据 Carson 和 Mitchell（1993，第 2452 页）估计，1983 年如果将全部美国的河流和湖泊的水质改善到可以游泳水质状态，价值为 292 亿美元。按照不变价格计算，相当于 2015 年的 695 亿美元。这一估计值与本研究对美国国家公园土地、水域和历史遗址估计的总价值相似。

9.8　结　　论

研究者的研究结果表明,NPS 生产的非市场公共产品给美国公众带来的经济价值是巨大的。国家公园系统的土地、水域、历史遗迹和管理项目至少具有 920 亿美元的经济价值。

在与国家公园系统土地相关的 620 亿美元中,不到一半是来自游憩活动的价值,其余为美国家庭带来的非使用游憩价值。这相当于,人们从知道国家公园的土地、水域和历史遗迹存在,以及能够继续为子孙后代提供各种服务中获得的经济价值。

美国国家公园管理局从保护、管理历史和文化遗址和对公众提供教育等各种项目活动当中,给美国公众创造了 300 亿美元的价值。这些项目惠及数百万人次能够参观到受到国家保护的各种历史文化遗产,以及大量使用 NPS 开发的教育课程材料和学生培养。但这一数字很可能还是低估了这些资源和管理活动给美国公众带来的全部价值,包括保护生态系统、流域、知识产权和促进私人资产增值方面具有的价值。

尽管存在这些限制,但有理由相信本研究所估算的价值代表了国家公园和管理项目具有的最低经济价值。其实,由于对该资源的价值估计只是聚焦于美国家庭,并没有考虑它们给全球数十亿人可能带来潜在的经济价值。作为外国人,他们是以游客的身份来参观美国国家公园,深知美国国家公园具有的重要价值。关于这一点,可从最近开展的一些国内外居民或游客调查当中得到强有力的证据。

第 10 章　结束语

　　本书在国内首次较为系统性地提出了国家森林公园总游憩价值评价理论方法与实证。具体而言,本书提出了国家森林公园总游憩价值构成体系、测算框架、模型方法及部分实证研究结果。国家森林公园总游憩价值分为两大类:使用游憩价值和非使用游憩价值。前者源自旅游者对公园的利用,即从参加国家森林公园旅游活动中产生的价值;而后者与国家森林公园的利用没有任何关系。非使用游憩价值来自人们从国家森林公园保护完好,使其得以永续利用当中获得效应(存在价值)和留给后人能够继续从中受益中得到幸福感(遗赠价值)。这一总游憩价值结构的建立对于正确认识国家森林公园全部游憩价值具有重要的意义。其原因在于,一直以来不论是国家森林公园管理部门,还是广大公众,甚至包括部分从事科学研究的学者,都对国家森林公园的游憩价值缺乏正确的认识,片面地认为国家森林公园的游憩价值就是指能够给旅游者带来的使用游憩价值,而对于非使用游憩价值,包括存在价值和遗赠价值等从未予以应有的重视,更不要说考虑如何对其进行测算。不必讳言,当整个社会存在这样的认知,对于国家森林公园科学管理,特别是发展战略制定是极其不利的。任何自然环境资源价值被严重低估,势必导致资源的浪费甚至滥用。

　　需要指出的是除了游憩价值之外,国家森林公园还具有其他重要的经济价值,包括历史文化价值、自然科学教育价值、固碳价值、调节气候价值、影视制作价值,以及提高房地产价格等。从这个角度来看,本书测算的总游憩价值,只是国家森林公园全部经济价值的冰山一角。

　　本书提出的价值测算框架和模型方法不仅适用于国家森林公园的总游憩价值评价,也同样适用于对国家、省、市、县级公园、自然资源保护区、历史遗迹和文化遗产等进行价值评价。

　　希望本书的出版,能够引起广大学者和国家森林公园管理者对收集有关价值评价数据的极大关注,开展国家森林公园科学价值评价研究离不开数据的积累。而相关数据的收集和积累仅仅依靠个别学者和某一资助课题来完成,显然是不可能的。尽管有些国家森林公园价值评价相关数据已经存在,只是不被研究人员所掌握。比如,房产营销数据。要知道,国家森林公园对周边房屋销售价格能够产生积极的影响。很多购房者愿意出高价购买位于美丽国家森林公园周边的房屋,或者说在相同的价格水平下,会对位于国家森林公园周边的房屋有着极高的购买需求。关于国家森林公园的这部分经济价值,本书尚未提及。但是,它们是真实存在的。因此,如果研究人员拥有了房屋市场监测数据,他们完全可以通过测算,得到归因于国家森林公园的这部分房产价值。此外,正如我们在本书第 7 章所论述的那样,国家森林公园非使用游憩价值有着明显的动态性。随着广大公众对国家森林公园总经济价值认识的提高,非使用游憩价值必然会逐渐增大。因此,有关部门可以采取定期进行数据监测的办法,准确把握国家森林公园非使用游憩价值的变化。

随着科技水平不断进步,未来将会出现各种各样新型的国家森林公园的利用方式。比如,网络摄像头技术的发展将会使人们坐在家中即可看到国家森林公园的壮丽风景。目前,我们还无法确定虚拟现实技术在不久的将来是否能够取代现场游览国家森林公园的景观。可以预见的是,随着这一技术的逐步完善,人们待在远离国家森林公园的任何地方,都可以欣赏到需要亲自前往国家森林公园进行浏览观光所能见到的部分景色。因此,未来国家森林公园游憩价值评价,也应考虑国家森林公园给虚拟访问者带来的价值。

最后,我们真诚地希望国家森林公园管理者和政策制定者能够在本书的启发之下,重新审视已经制定的或即将要制定的未来国家森林公园开发利用规划和发展战略。特别是通过正确运用国家森林公园总游憩价值评价信息,制定发展战略和改善园区管理。让我们共同努力,为实现我国国家森林公园健康可持续发展贡献力量。

参 考 文 献

查爱苹,邱洁威,姜红,2010.旅行费用法若干问题研究[J].旅游学刊,25(1):32-37.

陈永伟,史宇鹏,2013.幸福经济学视角下的空气质量定价——基于 CFPS 2010 年数据的研究[J].经济科学,35(6):77-88.

冯淑华,2002.古村落旅游客源市场分析与行为模式研究[J].旅游学刊,17(6):45-48.

亢楠楠,王尔大,2019.城市幸福指数与旅游发展的互动影响研究[C]//2019 中国旅游科学年会论文集.北京:中国旅游研究院.

廉欢,王尔大,2019.历史古迹旅游景区游憩属性价值评价研究——以沈阳东陵公园为例[J].地域研究与开发,38(4):92-97.

王建明,王俊豪,2011.公众低碳消费模式的影响因素模型与政府管制政策——基于扎根理论的一个探索性研究[J].管理世界(4):11.

韦健华,2014.基于游客体验的森林公园旅游承载力评价研究[D].大连:大连理工大学.

徐尚昆,杨汝岱,2007.企业社会责任概念范畴的归纳性分析[J].中国工业经济(5):9.

"游客满意度指数"课题组,2012.游客满意度测评体系的构建及实证研究[J].旅游学刊,27(7):74-80.

ADAMOWICZ W,BOXALL P,WILLIAMS M,et al.,1998. Stated preference approaches for measuring passive use values: choice experiments and contingent valuation[J]. American journal of agricultural economics,80: 64-75.

ADAMOWICZ W,LOUVIERE J,SWAIT J,1998. Introduction to attribute-based stated choice methods[R]. Final Report to Resource Valuation Branch, Damage Assessment Center, NOAA,U. S. Department of Commerce.

ADAMOWICZ W,SWAIT J,BOXALL P,et al.,1997. Perceptions versus objective measures of environmental quality in combined revealed and Stated Preference Models of environmental valuation[J]. Journal of environmental economics and management,32: 65-84.

AIN Q,ULLAH R,KAMRAN M A,et al.,2021. Air pollution and its economic impacts at household level: willingness to pay for environmental services in Pakistan[J]. Environmental science and pollution research,28(6): 6611-6618.

AL MAMUN A,FAZAL S,AHMAD G,et al.,2018. Willingness to pay for environmentally friendly products among low-income households along coastal peninsular Malaysia[J]. Sustainability,10(5): 1316.

ALBERINI A,1995. Optimal designs for discrete choice contingent valuation surveys: single-bound,double-bound, and bivariate models[J]. Journal of environmental economics and management,28(3): 287-306.

ANDREWS T,1996. A discrete choice models of recreational trout angler benefits in Pennesylvanian[Z]. Unpublished manuscript, Department of Economics. West Chester

University.

ARATA L,DILUISO F,GUASTELLA G,et al. ,2021. Willingness to pay for alternative features of land-use policies: the case of the lake Garda region[J]. Land use policy,100: 104942.

ARROW K,SOLOW R,PORTNEY P R,et al. ,1993. Report of the NOAA panel on Contingent Valuation[R]. Federal register.

BACHMANN D,ELFRINK J,VAZZANA G,1996. Tracking the progress of E-mail versus snail-mail[J]. Marketing research,8: 31-35.

BEGGS S,CARDELL S, HAUSMAN J,1981. Assessing the potential demand for electric cars [J]. Journal of econometrics,16: 1-19.

BENNET J,BLAMEY R,2001. The choice modelling approach to environmental valuation[M]. Cheltenham,UK: Edward Elgar Publishing Ltd.

BERGSON A, 1938. A reformulation of certain aspects of welfare economics [J]. Quarterly journal of economics,52: 310-334.

BISHOP R C, HEBERLEIN T A,1979. Measuring values of extra-market goods: are indirect measures biased? [J]. American journal of agricultural economics,61(5): 926-930.

BOXALL P C,ADAMOWICZ W L,1999. Understanding heterogeneous preferences in Random Utility Models: the use of latent class analysis[Z]. Staff Paper 99-02,Department of Rural Economy,University of Alberta,Edmonton,Alberta.

BOXALL P,ADAMOWICZ W, WILLIAMS M,et al. ,1996. A comparison of stated preference approaches to the measurement of environmental values [J]. Ecological economics, 18: 243-253.

BOYLE K J,BISHOP R C, WELSH M P,1985. Starting point bias in contingent valuation bidding games[J]. Land economics,61(2): 188-196.

BOYLE K J,JOHNSON F R,MCCOLLUM D W,et al. ,1996. Valuing public goods: discrete versus continuous contingent-valuation responses[J]. Land economics,72(3): 381-396.

BOYLE K J,MACDONALD H F,CHENG H,et al. ,1998. Bid design and Yea Saying in single-bounded,dichotomous-choice questions[J]. Land economics,74(1): 49-64.

BOYLE K J, MARKOWSKI M A, 2003. Estimating non-use values for national park system resources[R]. White paper.

BOYLE K J,MORRISON M M,TAYLOR L O,2002. Provision rules and the incentive capability of choice surveys[Z]. Unpublished Manuscript,Georgia State University.

BRAEUTIGAM R, NOLL R G, 1984. The regulation of surface freight transportation: the welfare effects revisited[J]. Review of economics and statistics,66: 80-87.

BROOKSHIRE D S, EUBANKS L S, 1978. Valuing wildlife resources: an experiment[C]// Transactions of the Forty-third North American Wildlife and Natural Resources Conference, March 18-22 Phoenix,Arizona. Wildlife Management Institute: 302-310.

BROWN T C,CHAMP P A,BISHOP R C,et al. ,1996. Which response format reveals the truth about donations to a public good[J]. Land economics,72(2): 152-166.

CALLICOTT J B,1989. In defense of the land ethic: essays in environmental philosophy[M]. Albany,NY: State University of New York Press.

CAMERON T A, HUPPERT D D, 1989. OLS versus ML estimation of non-market resource values with payment card interval data [J]. Journal of environmental economics and management, 17(3): 230-246.

CARLSSON F, MARTINSSON P, 2001. Do hypothetical and actual marginal willingness to pay differ in choice experiments? Application to valuation of the environment [J]. Journal of environmental economics and management, 41: 179-192.

CARMINES E G, ZELLER R A, 1979. Reliability and validity assessment [M]. Beverly Hills, CA: Sage.

CARMONE F J, GREEN P E, 1981. Model misspecification in multiattribute parameter estimation [J]. Journal of marketing research, 18: 87-93.

CARSON R T, GROVES T, 2007. Incentive and informational properties of preference questions [J]. Environmental and resource economics, 37: 181-201.

CARSON R, MITCHELL R C, 1993. The value of clean water: the public's willingness to pay for boatable, fishable and swimmable quality water [J]. Water resources research, 29 (7): 2445-2454.

CARSON R, MITCHELL R, HANEMANN W, et al. ,1992. A contingent valuation study of lost passive use values resulting from the Exxon Valdez oil spill: report to the attorney general of the State of Alaska [Z].

CHAMP P A, BISHOP R C, BROWN T C, et al. ,2003. Using donation mechanisms to value nonuse benefits from public goods [J]. Journal of environmental economics and management, 33(2): 151-162.

CHAMP P A, BOYLE K J, BROWN T C, 2003. A primer on nonmarket valuation [M]. Norwell, MA: Kluwer Academic Publishers.

CHAPMAN R G, STAELIN R, 1982. Exploiting rank-ordered choice set data within the Stochastic Utility Model [J]. Journal of marketing research, 19: 288-301.

CHEN Y, DOU S, XU D, 2021. The effectiveness of eco-compensation in environmental protection—a hybrid of the government and market [J]. Journal of environmental management, 280: 111840.

CHOI F, MARLOW T, 2012. The value of America's greatest idea: framework for total economic valuation of National Park Service Operations and Assets and Joshua Tree National Park total economic value case study [R]. A report provided to the NPS, developed for the Policy Analysis Exercise Requirement at the Harvard Kennedy School of Government: 87.

CICATIELLO L, ERCOLANO S, GAETA G L, et al. , 2020. Willingness to pay for environmental protection and the importance of pollutant industries in the regional economy. Evidence from Italy [J]. Ecological economics, 177: 106774.

COSTANZA R, FOLKE C, 1997. Valuing ecosystem services with efficiency, fairness and sustainability as goals [M]//DAIL G C. Nature's services: societal dependence on natural ecosystems. Washington, DC: Island Press.

COURT A T, 1993. Hedonic Price Indexes with automotive examples. In the Dynamics of Automobile Demand [M]. New York: General Motors.

CREEL M D,LOOMIS J B,1990. Theoretical and empirical advantages of truncated count data estimators for analysis of deer hunting in California[J]. American journal of agricultural economics,72: 434-441.

CREEL M,LOOMIS J,1997. Semi-nonparametric distribution free dichotomous choice CV[J]. Journal of environmental economics and management,32(3): 341-358.

CUMMINGS R G,BROOKSHIRE D S,SCHULZE W D,1986. Valuing environmental goods: an assessment of the contingent valuation method[M]. Totowa,NJ: Rowman & Allanheld.

DAVIDOVIC D, HARRING N, JAGERS S C, 2020. The contingent effects of environmental concern and ideology: institutional context and people's willingness to pay environmental taxes[J]. Environmental politics,29(4): 674-696.

DAVIS,R K,1963. Recreation planning as an economic problem[J]. Natural resources journal, 3(3): 239-249.

DESVOUSGES W H,JOHNSON F R,DUNFORD R W,et al. ,1993. Measuring natural resource damages with contingent valuation: tests of validity and reliability[M]//HAUSMAN J A. Contributions to economic analysis. Amsterdam: Elsevier Science Publishers B. B.

DIAMOND P A,HAUSMAN J A,1993. On contingent valuation measurement of nonuse values [J]. Contingent valuation: a critical assessment,220: 3-38.

DILLMAN D, 1991. The design and administration of mail surveys [J]. Annual review of sociology,17: 225-49.

DUBOURG,W R,JONES-LEE M W, LOOMES G, 1995. Imprecise preferences and survey design in contingent valuation[J]. Ecological,64(256): 681-702.

DUNLAP R, VAN LIERE K D, MERTIG A G, et al. , 2000. New trends in measuring environmental attitudes: measuring endorsement of the new ecological paradigm: a revised NEP scale[J]. Journal of social issues,56: 425-442.

FERRER-I-CARBONELL A, 2005. Income and well-being: an empirical analysis of the comparison income effect[J]. Journal of public economics,89(5): 997-1019.

FREEMAN A M, 2003. The measurement of environmental and resource values: theory and methods[M]. 2nd ed. Washington,DC: Resources for the Future: 491.

FREEMAN Ⅲ A M,1986. On assessing the state of the arts of the contingent valuation method of valuing environmental change[M]//CUMMINGS R G,BROOKSHIRE D S,SCHULZE W D. Valuing environmental goods: an assessment of the contingent valuation method. Totowa,NJ: Rowman and Allenheld Publishers.

FREEMAN Ⅲ A M,1993. The measurement of environmental and resource values,theory and methods[M]. Washington,DC: Resources for the Future in the United States of America.

GAN C,LUZAR E J,1993. A conjoint analysis of waterfowl hunting in Louisiana[J]. Journal of agricultural and applied economics,25: 36-45.

GREEN P E,RAO V R,1971. Conjoint measurement for quantifying judgmental data[J]. Journal of marketing research,8: 355-363.

GREEN P E,WIND Y,1975. New way to measure consumers' judgments[J]. Harvard business review,53: 107-117.

GREENE W H,1997. Econometric analysis[M]. 3rd ed. Upper Saddle River,NJ: Prentice Hall.

GRILICHES Z,1961. Hedonic Price Indexes for automobiles: an econometric analysis of quality change[M]//GRILICHES Z. Price indexes and quality change: studies in new methods of measurement. Cambridge,MA: Harvard University Press.

HAAB T C,MCCONNELL K E,1998. Referendum models and economics values: technical, intuitive,and practical bounds on willingness to pay[J]. Land economics,74(2): 216-229.

HAAB T C,MCCONNELL K E, 2002. Valuing environmental and natural resources—the econometrics of non-market valuation[M]. Cheltenham: Edward Elgar Publishing.

HAAB T,MCCONNELL K, 2003. The econometrics of non-market valuation[J]. Journal of econometrics,52: 1219-1240.

HAEFELE M, LOOMIS J, BILMES L, 2020. Valuing U. S. National Parks and investment America's best investment[M]. New York: Routledge Taylor & Francis Group.

HAENER M,BOXALL P C, ADAMOWICZ W L, 2000. Modeling recreation site choice: do hypothetical choices reflect actual behavior? [J]American journal of agricultura economics, 83(3): 629-642.

HAMMOND K R, 1955. Probabilistic functioning and the clinical method[J]. Psychological review,62: 255-262.

HANEMANN M,1991. Willingness to pay and willingness to accept: how much can they differ? [J]. American economic review,81(3): 635-647.

HANEMANN W M,1994. Valuing the environment through contingent valuation[J]. Journal of economic perspectives,8(4): 19-43.

HANLEY N, WRIGHT R E, ADAMOWICZ W, 1998. Using choice experiments to value the environment[J]. Environmental and resource economics,11: 413-428.

HAUSMAN J A,1981. Exact consumer's surplus and deadweight loo[J]. American economic review,71(4): 662-676.

HAUSMAN J A,1984. Contingent valuation: a critical assessment[M]. Amsterdam: Elsevier Science Publishers BV.

HAUSMAN J A,RUUD P A,1987. Specifying and Testing Econometric Models for rank ordered data[J]. Journal of econometrics,34: 83-104.

HAUSMAN J A,2012. Contingent valuation: a critical assessment[M]. Amsterdam: Elsevier.

HELLERSTEIN D,1999. Can we count on count models? [M]//HERRIGES J A,KLING C L. Valuing recreation and the environment: revealed preference methods in theory and practice. Cheltenham,UK: Edward Elgar.

HENRICKSON K,JOHNSON E,2013. The demand for spatially complementary national parks [J]. Land economics,89(2): 330-345.

HICKS J R,1939. The foundation of welfare economics[J]. Economic journal,49(196): 696-712.

HOLMES T P,ADAMOWICZ W L,2003. Attribute based methods[M]//CHAMP P A,BOYLE K J, BROWN T C. A primer on nonmarket valuation. Norwell, MA: Kluwer Academic Publishers.

HOLMES T P,BOYLE K J,2002. Using stated preference methods to estimate the value of forest attributes[M]//LEE K A, SILLS E O. Forests in a market economy. Dordrecht, Netherlands: Kluwer Academic Publishers. Forthcoming.

HOROWITZ J, MCCONNELL K, 2002. A review of WTA/WTP studies[J]. Journal of environmental economics and management,44(3): 426-447.

HOROWITZ J,MCCONNELL K,2003. Willingness to accept, willingness to pay and the income effect[J]. Journal of economic behavior & organization,51: 537-545.

IRFAN M,ZHAO Z Y,REHMAN A,et al.,2021. Consumers' intention-based influence factors of renewable energy adoption in Pakistan: a structural equation modeling approach[J]. Environmental science and pollution research,28(1): 432-445.

KALDOR N, 1939. Welfare propositions of economics and interpersonal comparisons of utility [J]. Economic journal,49(195): 549-552.

KANG N,WANG E,YU Y,et al.,2021. Valuing recreational services of the National Forest Parks using a tourist satisfaction method[J/OL]. Forests,12(12): 1688. https://doi.org/10.3390/f12121688.

KANNINEN B J, KHAWAJA M S, 1995. Measuring goodness of fit for the double-bounded Logit Model[J]. American journal of agricultural economics,77(4): 885-890.

KEALY M J, TURNER R W, 1993. A test of the equality of closed-ended and open-ended contingent valuation[J]. American journal of agricultural economics,75(2): 321-331.

KELMAN S,1970. Cost-benefit analysis: an ethical critique[J]. Regulation,5: 33-40.

KRUTILLA J V, 1967. Conservation reconsidered[J]. American economic review, 57(4): 777-786.

LANCASTER K J,1966. A new approach to consumer theory[J]. Journal of political economy, 74(2): 132-157.

LAREAU T J, RAE D A, 1989. Valuing WTP for diesel odor reductions: an application of contingent ranking technique[J]. Southern economic journal,55: 728-742.

LAWSON S R, MANNING R E, 2001. Solitude versus access: a study of tradeoffs in outdoor recreation using indifference curve analysis[J]. Leisure sciences,23(3): 179-191.

LAWSON S, MANNING R, 2002. Balancing tradeoffs in the denali wilderness: an expanded approach to normative research using stated choice analysis[C]//21 Northeastern Recreation Research Symposium. USDA Forest Service General Technical Report,NE-289: 15-24.

LAYTON D F, 2000. Random Coefficient Models for stated preference surveys[J]. Journal of environmental economics and management,40: 21-36.

LEGGET C G,KLECKNER N S,BOYLE K J,et al.,2003. Social desirability bias in contingent valuation surveys administered through in-person interviews[J]. Land economics,79(4): 561-575.

LITTLE I M D,1957. A critique of welfare economics[M]. 2nd ed. Oxford,England: Clarendon Press.

LIU W, MCKIBBIN W J, MORRIS A C, et al., 2020. Global economic and environmental outcomes of the Paris Agreement[J]. Energy economics,90: 104838.

LOOMIS J B,1990. Comparative reliability of the dichotomous choice and open-ended contingent

valuation techniques[J]. Journal of environmental economics and management,18(1):
78-85.

LOOMIS J,2000. Vertically summing public good demand curves：an empirical comparison of
economics versus political jurisdictions[J]. Land economics,76(2)：312-321.

LOOMIS J,WHITE D,1996. Economic benefits of rare and endangered species：summary and
meta-analysis[J]. Ecological economics,18(3)：197-206.

LOOMIS,et al. ,1995. Do reminders of substitutes and budget constraints influence contingent
valuation estimates[J]. Land economics,70(4)：499-506.

LOUVIERE J,HENSHER D,SWAIT J,2000. Stated choice methods：analysis and application
[M]. Cambridge：Cambridge University Press.

LUCE R D,1959. Individual choice behavior[M]. New York：John Wiley & Sons.

LUCE R D,TUKEY J W,1964. Simultaneous conjoint measurement：a new type of fundamental
measurement[J]. Journal of mathematical psychology,1：1-27.

MACKENZIE J,1993. A comparison of Contingent Preference Models[J]. American journal of
agricultural economics,75：593-603.

MALER K,1974. Environmental economics：a theoretical inquiry[M]. Baltimore：Johns Hopkins
Press for Resources for the Future.

MATCHAI M,2017. 自然景区社会责任感知与游客忠诚行为及支付意愿的关系研究[D]. 厦门：
厦门大学.

MANNESTO G,LOOMIS J,1991. Evaluation of mail and in-person contingent value survey：
results of a study of recreational boaters[J]. Journal of environmental management,32：177-
190.

MANNING R E,2013. Parks and carrying capacity：commons without tragedy[M]. Washington,
DC：Island Press.

MARSCHAK J,1960. Binary choice constraints on random utility indicators[M]//ARROW K.
Stanford Symposium on Mathematical Methods in the Social Sciences. Stanford CA：
Stanford University Press.

MATZEK V,WILSON K A,2021. Public support for restoration：does including ecosystem
services as a goal engage a different set of values and attitudes than biodiversity protection
alone？[J]. Plos one,16(1)：e0245074.

MCCOLLUM D W,HAEFELE M A,ROSENBERGER R S,1999. A survey of 1997 Colorado
anglers and their willingness to pay increased license fees：Project Report No. 39[R]. Project
Report for the Colorado Division of Wildlife. Fort Collins,CO：Colorado State University.

MCCONNELL K E,STRAND I E,1994. The economic value of mid and south atlantic
sportfishing[R]. University of Maryland,Report to the U. S. EPA and NOAA. Department
of Agricultural and Resource Economics,University of Maryland.

MCFADDEN D,1974. Conditional Logit analysis of qualitative choice behavior [M]//
ZAREMBKA P. Frontiers in econometrics. New York：Academic Press.

MCFADDEN D,1974. The measurement of urban travel demand[J]. Journal of public economics,
3(4)：303-328.

MCFADDEN D, 1981. Econometric models of probabilistic choice [M]//MANSKI C, MCFADDEN D. Structural analysis of discrete data with econometric applications. Cambridge, MA: MIT Press.

MCFADDEN D, 1986. The choice theory approach to market research[J]. Marketing science, 5: 275-297.

MCFADDEN D, TRAIN K, 2000. Mixed MNL Models for discrete response[J]. Journal of applied econometrics, 15: 447-470.

MITCHELL R C, CARSON R T, 1981. An experiment in determining willingness to pay for national water quality improvements[R]. Unpublished report, Resources for the Future, Washington, DC.

MITCHELL R C, CARSON R T, 1989. Using surveys to value public goods: the contingent valuation method[M]. Washington, DC: Resources for the Future.

MOREY E R, 1999. Two RUMs unCLOAKED: nested Logit models of site choice and nested Logit Models of participation and site choice[M]//HERRIGES J A, KLING C L. Valuing recreation and the environment. Revealed preference methods in theory and practice. Northampton MA: Edward Elgar.

MOREY E, ROWE R D, WATSON M, 1993. A Repeated Nested-Logit Model of atlantic salmon fishing[J]. American journal of agricultural economics, 75: 578-592.

MUHAMMAD I, SHABBIR M S, SALEEM S, et al., 2021. Nexus between willingness to pay for renewable energy sources: evidence from Turkey[J]. Environmental science and pollution research, 28(3): 2972-2986.

National Oceanic and Atmospheric Administration (NOAA), 1993. Natural resource damage assessments under the Oil Pollution Act of 1990[J]. Federal Register, 58: 4601-4614.

National Research Council, 2013. Nonresponse in social science surveys[M]. Washington, DC: National Academy Press.

NEHER C, DUFFIELD J, PATTERSON D, 2013. Valuation of National Park System visitation: the efficient use of count data models, meta-analysis, and secondary visitor survey data[J]. Environmental management, 52(3): 683-698.

NORDBRANDT M, 2021. Do cross-cutting discussions enhance pro-environmental attitudes? Testing green deliberative theory in practice[J]. Environmental politics, 30(3): 326-356.

OPALUCH J J, SWALLOW S, WEAVER T, et al., 1993. Evaluating impacts from noxious waste facilities: including public preferences in current siting mechanisms[J]. Journal of environmental economics and management, 24: 41-59.

PARSONS G R, KEALY M J, 1992. Randomly drawn opportunity sets in a Random Utility Model of lake recreation[J]. Land economics, 68(1): 93-106.

PARSONS G R, MASSEY M, TOMASI T, 1999. A comparison of welfare estimates from four models for linking seasonal recreational trips to Multinomial Logit Models of site choice[J]. Journal of environmental economics and management, 38: 143-157.

PARSONS G R, NEEDELMAN M, 1992. Site aggregation in a Random Utility Model of recreation[J]. Land economics, 68(4): 418-433.

PARUMOG M, MIZOKAMI S, KAKIMOTO R, 1998. Response bias in double scenario cvm survey on environmental impacts of road projects[R].

PETERSON G, SWANSON C S, MCCOLLUM D, et al. , 1992. Valuing wildlife resources in Alaska, social behaviour and natural resources series[M]. Boulder, CO: Westview Press.

POOLE B D, LOOMIS D K, 2010. A comparative analysis of mail and internet surveys[C]// WATTS C E JR, FISHER C L. Proceedings of the 2009 Northeastern Recreation Research Symposium. Gen. Tech. Rep. NRS-P-66. Newtown Square, PA: U. S. Department of Agriculture, Forest Service, Northern Research Station: 231-234.

QIAN C, YU K, GAO J, 2021. Understanding environmental attitude and willingness to pay with an objective measure of attitude strength[J]. Environment and behavior, 53(2): 119-150.

RAC D A, 1983. The value to visitors of improving visibility at Mesa Verde and Great Smoky National Parks[M]//ROWE R D, CHESTNUT L G. Managing air quality and scenic resources at national parks and wilderness areas. Boulder, CO: Westview Press.

RANDALL A, BROOKSHIRE D S, 1978. Public policy, public goods, and contingent valuation mechanisms[R].

RANDALL A, IVES B, EASTMAN C, 1974. Bidding games for evaluation of aesthetic environmental improvements[J]. Journal of environmental economics and management, 1: 132-149.

REILING S D, BOYLE K J, PHILLIPS M L, et al. , 1990. Temporal reliability of contingent values[J]. Land economics, 66(2): 128-134.

ROE B, BOYLE K J, TEISL M F, 1996. Using conjoint analysis to derive estimates of compensating variation [J]. Journal of environmental economics and management, 31: 145-159.

SAGOF M, 1988. The economy of the earth[M]. Cambridge: Cambridge University Press.

SCHAEFFER R, MENDANHALL W, OTT L, 1986. Elementary survey sampling[M]. Boston: Duxbury.

SCHNEEMANN M, 1997. A meta-analysis of response rates to contingent valuation surveys conducted by mail[D]. Orono, ME: University of Maine.

SCHULZE W D, BROOKSHIRE D S, D'ARGE R C, 2021. Economic valuation of the risks and impacts of energy development[M]//TRAVIS C. Health Risks of Energy Technologies. New York: Routledge.

SCHULZE W D, D'ARGE R C, BROOKSHIRE D S, 1981. Valuing environmental commodities: some recent experiments[J]. Land economics, 57(2): 151-172.

SCHUMAN H, 1996. The sensitivity of CV outcomes to CV survey methods[M]//BJORNSTAD D, KAHN J. The contingent valuation of environmental resources: methodological issues and research needs. Cheltenham, UK: Edward Elgan Publishing.

SCOTT A, 1965. The valuation of game resources: some technical aspects[R]. Canadian fisheries report, Ⅳ. Department of Fisheries of Canada, Ottawa, Ontario.

SEN A, 1995. Environmental evaluation and social choice: contingent valuation and the market analogy[J]. The Japanese economic review, 46(1): 23-37.

SHARMA S,KREYE M M,2022. Social value of bird conservation on private forest lands in Pennsylvania,USA[J]. Ecological economics,196: 107426.

SHAW W D,JAKUS P,1996. Travel Cost Models of the demand for rock climbing[J]. Agricultural and resource economics review,25(2): 133-142.

SILVA A,NAYGA R M,CAMPBEL B L,et al.,2011. Revisiting cheap talk with new evidence from afield experiment[J]. Journal of agricultural and resource economics,36(2): 280-291.

SOHNGEN B,2000. The value of day trips to Lake Erie Beaches[R]. Unpublished report, Department of Agricultural, Environmental, and Development Economics, Ohio State University.

STEVENS T H,DECOTEAU N E,WILLIS C E,1994. Sensitivity of contingent valuation to alternative payment schedules[J]. Land economics,73(1): 140-148.

Stratus Consulting,2015. Economic evaluation of restoration actions for salmon and forests and associated wildlife in and along the Elwha River[R]. Boulder,CO: Stratus Consulting.

TAYLOR P A,GRANDIEAN B D,GRAMANN J,2011. National Park Service comprehensive survey of the american Public[R]. Natural Resources Report NPS/NRSS/SSD/NRR-2011/ 432. Laramie,WY: Wyoming Survey and Analysis Center,University of Wyoming.

TAYLOR P A,NELSON N M,GRANDJEAN B D,et al.,2009. Mode effects and other potential biases in panel-based internet surveys: final report[R]. Prepared for National Center for Environmental Economics,Office of Policy,Economics,and Innovation,U. S. Environmental Protection Agency,Washington,DC. WYSAC Technical Report No. SRC-905. Laramie,WY: Wyoming Survey & Analysis Center,University of Wyoming,60.

THURSTONE L L,1927. A law of comparative judgment[J]. Psychology review,34: 273-286.

TRAIN K E,1999. Mixed Logit Models for recreation demand[M]//HERRIGES J A,KLING C L. Valuing recreation and the environment: revealed preference methods in theory and practice. Cheltenham,UK: Edward Elgar.

TRAIN K,2009. Discrete choice methods with simulation[M]. 2nd ed. Cambridge: Cambridge University Press.

TRIPATHI P,KHATARKAR A,KUSHWAHA H S,2021. Growth and biomass productivity of maize (Zea maize L.) under ecological intensification practices[J]. Annals of agricultural research(3): 42.

TURNER R W,2012. Using contingent choice surveys to inform national park management[C]// Association for Environmental Studies and Sciences Conference. June 21-24, Santa Clara, California,45.

U. S. Environmental Protection Agency,2010. Guidelines for preparing economic analyses[Z]. Washington,DC: Environmental Protection Agency: 300.

U. S. Water Resources Council,1983. Economic and environmental principles and guidelines for water and related land resources implementation Studies[Z]. 137.

VARITIA Y Q,1983. Efficient methods of measuring welfare change and compensated income in terms of ordinary demand functions[J]. Econometrics,51(1): 79-98.

VICENTE P,MARQUES C,REIS E,2021. Willingness to pay for environmental quality: the effects of pro-environmental behavior, perceived behavior control, environmental activism, and educational level[R]. SAGE Open.

VOSSLER C A, EVANS M F, 2009. Bridging the gap between the field and the lab: environmental goods, policy maker input, and consequentiality[J]. Journal of environmental economics and management, 58(3): 338-345.

WALSH R, LOOMIS J, GILLMAN R, 1984. Valuing option, existence and bequest demands for wilderness[J]. Land economics, 60(1): 14-29.

WANG E, WANG Y, YU Y, 2017. Assessing recreation carrying capacity of the environment attributes based on visitors' willingness to pay[J]. Asia pacific journal of tourism research, 22(9): 965-976.

WANG J, LONG R, CHEN H, et al., 2021. Willingness of rural residents to pay for clean coal and stoves in winter: an empirical study from Zoucheng[J]. Shandong environmental science and pollution research, 28(2): 1948-1965.

WELSH M P, BISHOP R C, PHILLIPS M L, et al., 1997. Glen Canyon Dam, Colorado River Storage Project, Arizona: nonuse values study, final report [R]. Prepared for U. S. Department of the Interior, Bureau of Reclamation, Upper Colorado Regional Office, Salt Lake City UT Report No. EC-97-10: 382.

WELSH M P, POE G L, 1998. Elicitation effects in contingent valuation: comparisons to a multiple bounded discrete choice approach[J]. Journal of environmental economics and management, 36(2): 170-185.

WHITTAKER D, VASKE J J, DONNELLY M P, et al., 1998. Mail versus telephone survey: potential biases in expenditure and willingness-to-pay[J]. Journal of park and recreation administration, 16(3): 15-30.

WILLIG R D, 1976. Consumer's surplus without apology[J]. American economic review, 66: 589-597.

XIE W, CHEN C, LI F, et al., 2021. Key factors of rural households' willingness to pay for cleaner heating in Hebi: a case study in northern China[J]. Sustainability, 13(2): 633.